Kohlhammer
Urban
-Taschenbücher

Band 411

Rudolf Schieffer

Die Karolinger

Dritte, überarbeitete
Auflage

Verlag W. Kohlhammer

Die Deutsche Bibliothek – CIP-Einheitsaufnahme

Schieffer, Rudolf:
Die Karolinger / Rudolf Schieffer. – 3., überarb. Aufl. –
Stuttgart ; Berlin ; Köln : Kohlhammer, 2000
(Urban-Taschenbücher ; Bd. 411)
ISBN 3-17-016480-5

Umschlag: Monogramm Karls des Großen auf einer Urkunde vom Dezember 781 (MGH D.Kar.I.139; Original im Staatsarchiv Marburg).

Dritte, überarbeitete und erweiterte Auflage 2000

Stuttgart Berlin Köln
Verlagsort: Stuttgart
Umschlag: Data Images GmbH
Gesamtherstellung:
W. Kohlhammer Druckerei GmbH + Co. Stuttgart
Printed in Germany

Inhalt

Vorwort

Dieses Buch berichtet von einer Herrscherfamilie, deren Weg sich rund 400 Jahre lang verfolgen läßt. Im 7. Jahrhundert gelang es den frühesten bekannten Vorfahren Karls des Großen, sich über die gesamte fränkische Führungsschicht zu erheben. Dieser Vormacht verschafften im 8. Jahrhundert Karl Martell, Pippin der Jüngere und Karl selber bis an die Grenzen des merowingischen Frankenreiches und noch weit darüber hinaus Geltung, was 751 zur endgültigen Verdrängung der bisherigen Königsdynastie führte und 800 in der Erneuerung des (westlichen) Kaisertums gipfelte. Das 9. Jahrhundert war bestimmt vom immer mühsameren Bestreben, den Bestand des Großreiches und die Prärogative seines regierenden Hauses trotz der Herrschaftsteilungen, die seit Ludwig dem Frommen unumgänglich wurden, und gegen wachsende äußere Bedrohung zu wahren. Selbst nach Aufgabe dieses Anspruchs, die bei Absetzung und Tod Karls III. (887/88) zutage trat, vermochte sich ein Königtum der Karolinger, nun wieder in Konkurrenz zu anderen Geschlechtern, noch bis ins ausgehende 10. Jahrhundert zunächst im Osten, dann vor allem im Westen des zerbrochenen Reiches zu behaupten.

In allen Phasen erscheint die wechselvolle Entwicklung des *regnum Francorum* während jener Jahrhunderte engstens verknüpft mit dem Geschick, das der karolingischen Familie widerfuhr. Nicht nur die Gesamtdauer ihrer Herrschaft ergab sich ganz elementar daraus, daß zehnmal beim Tode eines Hausmeiers, Königs oder Kaisers mindestens ein männlicher Erbe bereit stand, der seine Nachfolge durchsetzen konnte; auch alle wichtigen Weichenstellungen zur Konzentration und zur Aufgliederung der Macht hingen davon ab, ob ein einziger Sohn, ob mehrere oder keiner vorhanden waren, ob sich die Sprößlinge verschiedener Eheverbindungen gegeneinander ausspielen ließen, ob Brüder den Vorrang vor ihren Neffen gewannen. Gewiß gab das Gewicht einflußreicher Adelskreise oft genug in solchen Auseinandersetzungen den Ausschlag, doch ändert das nichts an der Grundgegebenheit, denn den

Großen bot sich für ihre »Aufstände« und Positionskämpfe stets nur so viel an erfolgversprechenden Optionen, wie der jeweilige Personalbestand des Herrscherhauses an unausgetragenen Divergenzen in sich barg. Zumindest im 8. und im 9. Jahrhundert einte alle Beteiligten der Gedanke des dynastischen Erbrechts, der die Königswürde ausschließlich an einen Mannesstamm band und damit ihre Weitergabe den Wechselfällen des Lebens überließ. Dies war einem Zeitalter gemäß, das sich weit mehr an persönlichen Bindungen als an abstrakten Institutionen zu orientieren pflegte, also eher im jeweiligen König als im Königtum den Angelpunkt der politischen Ordnung erblickte. Kinderlosigkeit oder Kinderreichtum des Monarchen, seine Heiraten oder auch vorzeitige Todesfälle in der nachrückenden Generation wurden folgerichtig zu maßgebenden Determinanten für herrscherliches Handeln, für adlige Loyalität und für die politische Zukunft überhaupt.

Es bietet sich an, diese Zusammenhänge in den Mittelpunkt einer historischen Darstellung zu rücken und unter dem Titel »Die Karolinger« die Geschichte des Frankenreiches in ihrer Abhängigkeit von der Entwicklung seines zweiten Herrscherhauses zu behandeln. Dabei wird sich zeigen, daß diese Familie zwar nicht gerade, wie der französische Historiker Pierre Riché formulierte, »Europa gemacht hat«, aber doch durch ihr ganz privates Auf und Ab den weltgeschichtlichen Vorgang gestaltete, der am Beginn des Mittelalters die christlich gewordenen germanischen und romanischen Völker des Kontinents zu zeitweiliger politischer Einheit geführt und in gewandeltem Profil daraus wieder entlassen hat. Da sich in den Nachfolgereichen bald der Grundsatz der Unteilbarkeit Bahn brach, gibt es kein anschaulicheres historisches Beispiel als die Karolinger, um die ereignisgeschichtliche Dynamik und die verfassungsrechtliche Tragweite des dynastischen Prinzips zu verdeutlichen. Gegenüber dieser vorherrschenden Perspektive werden andere kennzeichnende Züge des Zeitalters in Wirtschaft und Gesellschaft, Kirche und Kultur, Rechts- und Alltagsleben geringere Beachtung finden. Ihre Entwicklung war ohnehin nicht dem Rhythmus der karolingischen Generationenfolge unterworfen und ist zudem in mancherlei Überblicks- und Studienwerken der letzten Zeit nachgezeichnet worden, mit denen das vorliegende Buch von vornherein nicht in Wettstreit treten möchte.

Die Konzentration auf die Dynastie sowie deren Gepflogenheit, ihren Söhnen, teilweise auch ihren Töchtern, immer wieder dieselben exklusiven Namen weiterzugeben, bringen es mit sich, daß der Leser nicht wenige gleichbenannte Personen auseinanderzuhalten hat. Um dies zu erleichtern, sind in der Darstellung die spätestens seit dem 19. Jahrhundert der deutschen Mediävistik geläufigen Beinamen vieler Karolinger beibehalten worden, unabhängig davon, ob die einzelnen Epitheta quellenmäßig hinreichend verbürgt sind oder auch nur dem heutigen Stand wissenschaftlicher Reflexion genügen. Karl »Martell«, Ludwig »der Fromme«, Ludwig »der Deutsche« oder Karl »der Einfältige« sind in ihrer Herkunft geklärte, nachträgliche Bezeichnungen, inzwischen aber auch traditionsbehaftete Verständigungsbegriffe, die eine rasche und zweifelsfreie Identifizierung erlauben. Das ist ihr Vorteil gegenüber der bisweilen vorgeschlagenen Numerierung namensgleicher Herrscher, wofür vor dem Einsetzen regelmäßiger Individualsukzession der eindeutige Bezugsmaßstab fehlt.

Bonn, im Januar 1992 Rudolf Schieffer

Zur 3. Auflage

Acht Jahre nach dem erstmaligen Erscheinen des Buches habe ich die Gelegenheit der Neuauflage zu etlichen kleineren Veränderungen des Textes genutzt. Sie erstrecken sich auf alle Kapitel und sollen, bei Wahrung der Konzeption im ganzen, Erkenntnissen und Präzisierungen der jüngsten Forschung Rechnung tragen. Die dafür maßgeblichen Arbeiten der 90er Jahre sind in das Quellen- und Literaturverzeichnis aufgenommen worden, dessen Wachstum gegenüber der 1. Auflage auch ganz allgemein die Regsamkeit der internationalen Beschäftigung mit den Karolingern verdeutlichen mag.

München, im Juli 2000 Rudolf Schieffer

I. Das Vorspiel im 7. Jahrhundert

Die Frage nach der Herkunft der Karolinger ist schon früh aufgetaucht. Bald nach 800, in den Glanzjahren Karls des Großen, entstand vermutlich in Metz eine knappe Aufzeichnung über die Vorfahren des Kaisers, die als »die erste Herrschergenealogie des christlichen Mittelalters überhaupt« gelten darf (O.G.Oexle). Nach dem sprachlichen Muster des Stammbaums Jesu Christi zu Beginn des Neuen Testaments verfolgt der unbekannte Verfasser die männliche Ahnenreihe Karls über mehr als 200 Jahre zurück bis zu einem Anspert »aus dem Geschlecht von Senatoren«, der Blithilt, die Tochter des Frankenkönigs Chlothar, zur Frau genommen und mit ihr vier Kinder gehabt habe: vor den späteren Heiligen Feriolus, Modericus und Tarsicia als Erstgeborenen einen gewissen Arnold (Arnoald), den Vater des Bischofs Arnulf von Metz, von dem dann eine gerade Linie über fünf Generationen bis zu Karl, dem Kaiser, führe.

So oder ähnlich hat man es im weiteren Mittelalter noch häufig wiederholt und ausgeschmückt, doch ist sich die Geschichtsforschung seit langem einig, daß dieser Stammbaum – bis auf den Namen des letztgenannten Arnulf – eine phantasievolle Konstruktion ist, die zur höheren Ehre des regierenden Hauses Versatzstücke aus älteren Schriftquellen nach Belieben verknüpft. Gleichwohl verdient die fiktive Ahnengalerie unser Interesse, denn es ist offenkundig, daß hier die tragenden Fundamente der karolingischen Herrschaft über das Frankenreich beschrieben werden sollen. Schon ein Dichter des mittleren 9. Jahrhunderts hat eigens ausgesprochen, daß in der Ehe des Senators Anspert mit der Königstochter Blithilt der Bund zwischen *Roma* und *Francia* sichtbar geworden sei und daß in der Hervorbringung dreier Heiliger die göttliche Begnadung des in Arnold und seinen Kindeskindern fortlebenden Geschlechts zum Ausdruck komme. Vor allem aber bahnt die Metzer Genealogie mit der Kennzeichnung der angeblichen Stammutter Blithilt als Tochter König Chlothars (I., 511–561) eine Vorstellung an, die dann im Verlauf des 9. Jahrhunderts rasch Boden gewann, obwohl sie den historischen Weg der Dynastie gerade nicht geprägt hatte: daß nämlich die Karolinger nicht bloß (seit 751) die Nachfolger der Merowinger auf dem fränkischen Königsthron, sondern auch – in weiblicher Linie wenigstens – ihre blutsmäßigen Erben seien. Es war der gelehrte Erzbischof Hinkmar von Reims, der bereits 869 in Metz bei der Krönung Karls des Kahlen diesen Enkel des großen Karl ganz offiziell als »Nachfahren« des Reichsgründers Chlodwig, des ersten getauften Frankenkönigs aus Merowechs Stamm, ausgab, und noch vor dem Ende des Jahrhunderts kündet eine sächsische Dichtung zum Ruhme Kaiser Karls von der Vermischung beider Herrschergeschlechter in verbreiteten »volkstümlichen Liedern« über »die Pippin, Karl, Chlodwig, Theuderich, Karlmann und Chlothar... «

Tatsächlich waren die frühen Ahnen Karls des Großen, soweit wir sehen, keineswegs von königlichem Geblüt, und ihr politischer Aufstieg hat sich auch nicht mit jener Folgerichtigkeit abgespielt, die Beobachter späterer Zeit ohne weiteres darin erblickten. Über die Abkunft Arnulfs von Metz, der das Bindeglied zwischen gesicherter Quellenüberlieferung und nachträglichem Familienmythos darstellt, ist zuverlässig nicht mehr in Erfahrung zu bringen, als was der zeitgenössische Verfasser der Vita sancti Arnulfi vermerkt hat, der ihn als »Franke und von genügend erhabenen und edlen Eltern geboren, dazu sehr reich an irdischen Gütern« vorstellt. Sein erstes Auftreten in der fränkischen Reichsgeschichte hat die um 660 abgeschlossene Chronik des sog. Fredegar bei der Schilderung der merowingischen Thronwirren des Jahres 613 mit den Worten festgehalten: »Als Brunichild, die mit den vier Söhnen Theuderichs (ihres verstorbenen Enkels) namens Sigibert, Childebert, Corbus und Merowech in Metz Hof hielt, den Sigibert in das Königtum seines Vaters einsetzen wollte, fiel Chlothar auf Betreiben Arnulfs, Pippins und der übrigen Großen in Auster ein«. Diese eher dürren Auskünfte in Quellen, die noch kaum die spätere Bedeutung der Familie im Blick hatten, erlauben gleichwohl einige wesentliche Schlußfolgerungen.

Zunächst einmal ist deutlich, daß Arnulf, der 613 an führender Stelle den neustrischen Merowinger Chlothar II. (584–629) auf den Plan rief, sein Wirkungsfeld in Austrien hatte, d. h. dem nordöstlichen der drei Teilreiche, in die das *regnum Francorum* – und zumal der engere fränkische Siedlungsraum zwischen Rhein und Loire, die später sogenannte Francia – im Zuge der Erbauseinandersetzungen unter den Nachfahren Chlodwigs I. († 511) zerfallen war. Im haßerfüllten Streit zwischen der alten Königin Brunichild, der Witwe Sigiberts I. (561–575), die mit ihren Enkeln neben Austrien seit langem auch das südlich gelegene Burgund beherrschte, und ihrem Neffen Chlothar II., dessen Königtum sich bis dahin auf das küstennahe Neustrien im Nordwesten der Francia beschränkt hatte, war es offenbar gerade die Parteinahme Arnulfs, die wesentlich zum Sturz des bestehenden austroburgundischen Regiments und zum Erfolg des neustrischen Rivalen beitrug.

Als Voraussetzung eines derartigen politischen Gewichts betonen die genannten Quellen die vornehme fränkische Abkunft Arnulfs – das in der Vita gebrauchte Wort *nobilis* war im 6. Jahrhundert noch den römischen Senatorenfamilien Galliens vorbehalten geblieben – und seinen beträchtlichen Reichtum. Aus wenig jüngeren Urkunden ist zu entnehmen, daß die ausgedehnten Besitzungen Arnulfs ihren räumlichen Schwerpunkt zwischen der oberen Mosel und der oberen Maas, also in der Gegend von Metz und Verdun, gehabt haben dürften, sich aber ähnlich wie bei anderen damals führenden Familien nicht allein auf diese eine Landschaft beschränkten. Ererbtes gesellschaftliches Ansehen und handfeste Machtmittel verfehlten nicht ihre Wirkung auf eine Vielzahl anderer Menschen: auf unfreie Dienstleute und abgabenpflichtige Bauern ohnehin, aber auch auf waffenfähige freie Männer, auf weniger begüterte Grundherren, auf Schutzsuchende aller Art in einer gewalttätigen Umwelt. Wer mit einer solchen Klientel im Rücken in der Lage war, sich gegen seinesgleichen, notfalls auch gegen den König und dessen Beauftragte zu behaupten, gehörte zur Spitzenschicht der »Großen« des Merowingerreiches, und sofern dieser Vorrang bereits so gefestigt war, daß er vom Vater auf den Sohn übergehen konnte – was im 7. Jahrhundert klarer zu erkennen ist als im 6. Jahrhundert –, sind wir auch berechtigt, von Adel zu sprechen. Die Monarchie, der als römisches Erbe nur ein spärlicher »Staatsapparat« von eher abnehmender Wirksamkeit zu Gebote stand, war darauf angewiesen, solche regionalen Machthaber für sich einzunehmen, sie mit öffentlichen Ämtern auszustatten und dabei zugleich die Rangfolge unter ihnen durch bedachtsame Gunsterweise zu steuern. Wohl in diesem Sinne ist es aufzufassen, wenn Arnulf seiner Vita zufolge schon früh in der Umgebung des austrischen Königs Theudebert II. (596–612) eine wichtige Rolle spielte und als dessen »Ökonom« *(domesticus)* die Aufsicht über sechs Amtssprengel *(provinciae)* geführt haben soll.

Schließlich ist zu vermerken, daß Arnulf 613 die Hinwendung zum neustrischen Herrscher nicht als Einzelner vollzog, sondern an der Spitze einer ganzen Gruppe von anscheinend ähnlich gestellten Großen *(proceres),* unter denen nur einer namentlich hervorgehoben wird: Pippin. Es ist nicht bezeugt, aber keineswegs auszuschließen, daß auch er mit königlicher Amtsgewalt versehen war; jedenfalls aber verfügte Pippin der Ältere genau wie Arnulf über beträchtlichen Familienbesitz, den die spätere karolingische Hausüberlieferung vornehmlich zwischen dem »Kohlenwald« (südlich und östlich des heutigen Brüssel) und der mittleren Maas lokalisiert. Der erst im Hochmittelalter ausdrücklich mit dem frühesten Pippin in Verbindung gebrachte alte Ort Landen (etwa halbwegs zwischen Brüssel und Lüttich) könnte durchaus zu seinen Gütern gehört haben. Jedenfalls wird unschwer begreiflich, daß ein politisches Zusammengehen beider Männer, gewissermaßen eine Koalition über die Ardennen hinweg, noch dazu verstärkt durch weitere Große, die austrischen Kräfte in bedeutendem Umfang bündelte und im Ringen der verfeindeten Merowinger den Ausschlag zu geben vermochte, wodurch Brunichild und ihre Urenkel binnen kurzem ein schreckliches Ende fanden. Es ist für die folgende Entwicklung wichtig, daß sich Arnulf, Pippin und ihr Anhang 613 als Repräsentanten Austriens und seines Adels empfunden und durchgesetzt hatten.

Umgekehrt formuliert, waren sie gewiß nicht gegen Brunichilds Dauerherrschaft aufgestanden, um einer neuen starken Zentralgewalt des Neustriers Chlothar II. den Weg zu bereiten. Vielmehr dürften sie sich auch weiterhin bestimmenden Einfluß auf den Gang der Dinge zumindest in ihrem Teilreich ausbedungen haben. Das viel erörterte Edikt, das der König 614 von seiner Residenz Paris aus erließ, ist demgemäß in wesentlichen Bestimmungen als »Garantie gegen eine Überfremdung durch neustrische Gefolgsleute Chlothars« (E. Ewig) gedeutet worden. Eine grundsätzliche Entscheidung lag ferner darin, daß allen drei Teilreichen ein gesonderter Hausmeier *(maior domus)* belassen wurde; dieses Amt, das als eine Art von »Haushaltungsvorstand« mit umfassenden administrativen Kompetenzen an den merowingischen Königshöfen des 6. Jahrhunderts in den Vordergrund gerückt war, bezeichnete ursprünglich eine persönliche Vertrauensstellung beim jeweiligen Herrscher und wurde nun zum Ausweis der politischen Vormacht innerhalb der Teilreiche, auch gegenüber der Monarchie.

Insofern verdient es Beachtung, daß die austrische Hausmeierwürde in den ersten Jahren nach 613 weder Arnulf noch Pippin zufiel, sondern zunächst im Besitz eines Rado und später (617/18) eines Chucus (Hugo) gewesen ist. Dies allein macht bereits deutlich, daß Chlothar II. auch auf andere Adelskreise in Auster Rücksicht zu nehmen hatte und daß die Rivalität untereinander bei den Großen nicht weniger Energien geweckt haben wird als das Streben nach Mitsprache beim König. Wenn Arnulf dabei seit 614 als Bischof von Metz in Erscheinung trat, so ist dies allerdings kaum als Zurücksetzung zu werten, denn das Bischofsamt war im Merowingerreich mit vielerlei hoheitlichen Funktionen und großem öffentlichen Ansehen verbunden; es war – zumal an den Residenzorten des Hofes – nicht ohne das Zutun der Könige zu erlangen und verschaffte fühlbaren politischen Einfluß. Die erwähnte Vita Arnulfi berichtet denn auch unumwunden von der »häufigen Anwesenheit am Hof«, durch die sich der Metzer Bischof bei Chlothar II. schier unentbehrlich gemacht habe. Im Unterschied dazu vernehmen wir über Pippin den Älteren zehn Jahre lang nichts, bis es 623 zu einer Umgestaltung der Herrschaftsverhältnisse in Auster kam. Damals erhob nämlich Chlothar seinen etwa 15jährigen Sohn Dagobert (I.) zum (Unter-)König und wies ihm ein Gebiet zwischen Vogesen, Ardennen, Kohlenwald und Rhein als Machtbereich zu. Die Beweggründe für diese (bis dahin unübliche) Regelung sind nicht überliefert, doch mögen die praktischen Schwierigkeiten, das ganze Frankenreich von einer Zentrale aus zu beherrschen, ebenso eine Rolle gespielt haben wie der Wunsch der Austrier, ihre Eigenart durch die ständige Präsenz eines Königs im Lande betont zu sehen. Manches spricht dafür, daß Arnulf und Pippin maßgeblich - und vielleicht in Auseinandersetzung mit anderen politischen Konzepten - auf eine solche räumliche Verselbständigung Dagoberts hingewirkt haben, denn sie selber waren fürs erste die eigentlichen Nutznießer der neuen Ordnung. Der Metzer Bischof fungierte fortan als »Erzieher« des jungen Königs und Pippin als sein erster »Berater«, spätestens ab 624/25 auch förmlich mit dem Titel eines Hausmeiers.

Erst damit waren die beiden unzweifelhaft an die Spitze des

selbstbewußten austrischen Adels gerückt, doch wird man gut daran tun, die Stärke ihrer Stellung auch weiterhin nicht zu überschätzen. Schon das folgende Jahr (624/25) brachte eine blutige Abrechnung mit einem anderen, vielleicht gar den Merowingern verschwägerten Großen namens Chrodoald, der als »überaus reich ... und voller Hochmut« geschildert wird und »auf Betreiben Arnulfs, Pippins und anderer« in Trier umgebracht wurde; daß er in der Fredegar-Chronik ausdrücklich »dem edlen Geschlecht der Agilolfinger« zugerechnet wird, kann als wertvolles Indiz dafür genommen werden, wie weit eine Aversion zwischen der schon im 6. Jahrhundert königsgleichen bayerischen Herzogsdynastie und den nun erst in den Vordergrund tretenden Arnulfingern/Pippiniden zeitlich zurückreicht. Der Metzer Bischof, wiederum im Verband mit weiteren Großen, tat noch ein übriges, indem er 625 die Heirat des jungen Dagobert zum Anlaß nahm, um dem königlichen Vater Chlothar eine Ausweitung von Dagoberts Unterherrschaft – und damit zugleich des Einflußbereichs seiner führenden Berater – auf das gesamte Austrien (zwischen Champagne und Rhein) abzunötigen.

Dabei blieb es indes nicht lange, denn wenige Jahre später, noch vor Chlothars II. Tod, faßte Arnulf den Entschluß, sich aus der Politik zurückzuziehen. Womöglich nicht ganz freiwillig und jedenfalls nicht ohne seine beiden Söhne (aus vorbischöflicher Zeit) namens Chlodulf und Ansegisel am austrischen Hof eingeführt zu haben, legte er die Leitung der Kirche von Metz nieder und folgte seinem Freund Romarich in die Einöde der Vogesen, wo dieser den Aufbau des später nach ihm benannten Klosters Remiremont betrieb. Unverkennbar ging eben damals vom monastischen Leben, zumal in seiner durch den Iren Columban († 615) erneuerten Form, eine eigentümliche Faszination auf die Adelsgesellschaft des Frankenreiches und nicht zuletzt auf die Vorfahren der Karolinger aus, unter denen auch Arnulfs »Blutsverwandter« (Halbbruder?) Bertulf als gleichzeitiger Abt in Columbans norditalischem Grabkloster Bobbio zu erwähnen ist. Die fromme Verehrung, die solchen wundertätigen Asketen und Einsiedlern schon zu Lebzeiten entgegengebracht wurde, und die machtvolle Fürsprache am Throne Gottes, die man nach dem Tode von ihnen erwartete, waren nach den Begriffen der Zeit sehr dazu angetan, auch das Ansehen der in der Welt verbliebenen Familienangehörigen und Nachfahren zu mehren.

So konnte es nicht ausbleiben, daß der Glanz des »Hausheiligen« Arnulf, der um 640 in Remiremont starb und bald danach in die Metzer Apostelkirche (später St. Arnulf) überführt wurde, auf alle nachfolgenden Generationen der Karolinger ausstrahlte.

Auch der Hausmeier Pippin vermochte seinen bestimmenden Einfluß nicht auf Dauer zu behaupten. Nachdem ihm zunächst an Arnulfs Statt der Bischof Kunibert von Köln als geistlicher Ratgeber König Dagoberts zur Seite getreten war, entfiel 629 durch den Tod Chlothars II. überhaupt das austrische Sonderkönigtum, auf das sich Pippin gestützt hatte. Dagobert I., der das Erbe des Vaters im Gesamtreich antrat und nach Neustrien ging, wandte sich dort anderen Kreisen zu, verstieß die angetraute Gattin zugunsten seiner Magd Nanthild und hörte dem sog. Fredegar zufolge auf, den Rat Pippins zu befolgen, dem er zeitweise einen Aufenthalt in Orléans anwies. Dessen »politische Kaltstellung« (M. Werner) wird daran sichtbar, daß in den 630er Jahren die großen Entscheidungen ohne Pippins Beteiligung fielen, als es darum ging, vornehmlich mit Blick auf militärische Gefahren rechts des Rheins die austrische Unterherrschaft zu erneuern, diesmal für Dagoberts minderjährigen Sohn Sigibert (III.), und zu faktischen Regenten neben Bischof Kunibert den Herzog *(dux)* Adalgisel aus einer weiteren, gewiß vornehmen Familie Austriens zu bestellen, schließlich, nach der Geburt eines zweiten Königssohnes namens Chlodwig (II.), auch über Dagoberts Tod hinaus ein Nebeneinander von austrischer und neustrischer Monarchie ins Auge zu fassen.

Allerdings fällt auf, daß während all dieser Jahre kein neuer Hausmeier für Austrien in den Quellen auftaucht, also Pippins Anspruch auf eine führende politische Rolle zumindest theoretisch gewahrt blieb. Auch die Verheiratung seiner Tochter Begga mit Arnulfs Sohn Ansegisel, die in jene Zeit fallen muß und die beiden Familien der Arnulfinger und der Pippiniden dauerhaft miteinander verband, spricht gegen die Vorstellung, der Hausmeier könnte den Kampf um die Macht bereits verloren gegeben haben. Seine Stunde schlug erneut, als König Dagobert Anfang 638 oder 639 mit rund 30 Jahren starb, lange bevor seine beiden Söhne zu regierungsfähigem Alter herangewachsen waren. Anschaulich wird in der Fredegar-Chronik geschildert, wie Pippin sogleich den Umschwung zu seinen Gunsten in Auster herbeiführte: »... mit Kunibert beschloß er, wie es einst gewesen, so für immer das Band der gegenseitigen Freundschaft fest zu bewahren und dazu die Freundschaft aller gemeinsamen Anhänger unter den Austriern auf ewig an sich zu binden, indem er ihnen klug und freundlich entgegentrat und sie milde regierte. Durch Gesandte wurde der gebührende Anteil Sigiberts an den Schätzen des Dagobert von der Königin Nanthild und dem König Chlodwig (von Neuster) abverlangt und zur Übergabe ein Gerichtstag anberaumt«. Man sieht, daß Pippins politisches Gewicht wesentlich von der Unterstützung durch eine Vielzahl maßgeblicher Standesgenossen in Auster getragen war und nun eingesetzt wurde, um im Namen des etwa zehnjährigen Königs Sigibert die Belange der Austrier gegenüber dem neustrischen Hof seines vielleicht fünfjährigen Bruders Chlodwig zu reklamieren. Die Könige kamen dabei gar nicht selbst zu Wort, sie erscheinen eher in der Rolle eines Aushängeschilds oder Faustpfands, dessen sich die rivalisierenden Großen im Machtkampf bedienten, und dies sollte fortan auch so bleiben, denn nach Dagoberts I. Tod ist kein Merowinger mehr auf längere Frist zu eigenständiger Regierung gelangt.

Der Hausmeier Pippin der Ältere hat freilich die Früchte der so angebahnten Entwicklung nicht mehr ernten können, denn er starb bald nach seinem letzten Triumph, wohl im Jahre 640 und angeblich von allen Austriern betrauert »wegen seiner Liebe zur Gerechtigkeit und seiner Güte«. Seine Witwe Itta (Iduberga), aus nicht näher bestimmbarem Adelsgeschlecht, tritt erst nach Pippins Tod deutlicher in den Quellen in Erscheinung, und zwar als Klostergründerin. Nach Art mancher vornehmer Damen der Zeit schuf sie sich gemeinsam mit ihrer jüngeren Tochter Gertrud einen geistlichen Alterssitz in Nivelles am Kohlenwald (südlich von Brüssel) und stattete ihn reich mit Familiengut aus. Bei der Einrichtung des Nonnenkonvents beriet sie der aus Aquitanien stammende Missionsbischof Amandus, der (ganz ähnlich wie Arnulfs Gefährte Romarich) enge Beziehungen zum columbanischen, also iro-fränkischen Mönchtum hatte. Wenig später rief Itta sogar noch ein zweites Kloster weiter südlich in Fosses (bei Namur) ins Leben, das ausschließlich von Iren besiedelt wurde. Hier wie vor allem in Nivelles, wo sie 652 starb und beigesetzt wurde, wird die Gründung von dem Wunsch bestimmt gewesen sein, einen Ort beständigen Gebets für sich und ihre Angehörigen zu gewinnen, dazu ein allseits respektiertes Zentrum pippinidischer Macht und Größe, womöglich auch ein Refugium in Tagen des Unglücks. Wie sehr ein solches Kloster in den Rahmen adliger Familienherrschaft eingebettet war, ist schon daran abzulesen, daß Gertrud der Mutter nahtlos in der Leitung von Nivelles nachfolgte – sie sollte eine im Mittelalter weithin verehrte Heilige werden – und daß auch nach ihrem Tode (659) die Würde der Äbtissin gleichsam im Erbgang auf Gertruds Nichte Wulfetrud, die Tochter ihres Bruders Grimoald, überging.

Auf dem zuletzt genannten Grimoald dem Älteren, dem einzigen Sohn des Hausmeiers Pippin und seiner Gemahlin Itta, ruhten ab 640 die politischen Hoffnungen des Hauses. Daß er sogleich den Anspruch auf die eben erst zurückgewonnene austrische Machtstellung seines Vaters erheben und schließlich auch durchsetzen konnte, zeigt deutlich den Sog des dynastischen Denkens, in den das Hausmeieramt inzwischen geraten war. Zwar hatte Grimoald 641 zunächst noch als *dux* und gemeinsam mit dem seit den 630er Jahren führenden *dux* Adalgisel einen Feldzug des halbwüchsigen Königs Sigibert gegen den Thüringer-Herzog *(dux)* Radulf zu bestehen, an dessen Seite der Agilolfinger Fara, Sohn des früher umgebrachten Chrodoald, fiel, ohne daß Radulf unter die Botmäßigkeit der Austrier gebracht werden konnte, doch als dann 642/43 Grimoalds schärfster Konkurrent am austrischen Hof, der »übermütige und ehrgeizige« Königserzieher Otto, durch den Alemannen-Herzog Leuthar getötet worden war, gab es kein Hindernis mehr: Der Sohn Pippins wurde »Hausmeier im Palast Sigiberts und im ganzen Reich der Austrier«. Zwei Urkunden der folgenden Jahre, wiederum eine Klostergründung betreffend, geben Aufschluß über die seitherige Kräfteverteilung. 647/48 wurde die Güterausstattung von Cugnon am Südrand der Ardennen von Sigibert III. »auf den Rat der Bischöfe von Köln, Trier und Metz sowie der Großen Grimoald, Bobo und Adalgisel« vorgenommen, und ebenso standen Kunibert von Köln und der Hausmeier Grimoald 648/50 bei der Verlagerung dieser Neugründung an ihren endgültigen Standort Stablo-Malmedy (in den nördlichen Ardennen) an der Spitze einer urkundlichen Namensliste von vier Bischöfen und neun weltlichen Großen, unter denen wir auch Grimoalds Schwager Ansegisel und dessen Bruder Chlodulf, also die Söhne Arnulfs von Metz, als königliche *domestici* wiederfinden. Noch weitere Indizien sprechen dafür, in dem Hausmeier »die eigentlich treibende Kraft« (Th. Kölzer) bei der Gründung zu sehen, die Grimoald überdies durch Übertragung an den Abt Remaklus aus Solignac (bei Limoges) an das irofränkische Mönchtum Innergalliens anzuschließen suchte. Wie sehr seine Kirchenpolitik zugleich die Familieninteressen im Auge hatte, zeigt sich auch daran, daß 648/49 der Aquitanier Amandus, mit Pippins Witwe Itta durch die Gründung von Nivelles verbunden, als Landfremder zum Diözesanbischof in Maastricht gemacht werden konnte und daß um 654/55 der *domesticus* Chlodulf den einstigen bischöflichen Stuhl seines Vaters Arnulf in der austrischen Residenzstadt Metz bestieg.

Offensichtlich verstand es Grimoald, die Regierung Austriens ganz mit eigener Hand zu führen, selbst nachdem König Sigibert III. um 645 das Mündigkeitsalter von 15 Jahren erreicht hatte. Dieser Zustand scheint den Hausmeier allmählich zu dem kühnen Plan beflügelt zu haben, seiner Familie auch in aller Form die königliche Würde zu verschaffen. Dabei dachte er keineswegs daran, das Geschlecht der Merowinger vom fränkischen Thron zu stoßen, den es seit Chlodwigs Zeiten inzwischen in sechster Generation exklusiv innehatte, sondern er wollte die herrschende Dynastie ganz friedlich beerben. Da das Unterfangen Jahre später in einem Fiasko geendet ist, hat die karolingerzeitliche Quellenüberlieferung einen dichten Schleier des Geheimnisses darüber gebreitet und mitunter glatt bestritten, daß Grimoald der Ältere überhaupt einen Sohn gehabt hat. Tatsächlich kennen wir nicht einmal seinen eigentlichen Namen, denn der Königsname Childebert, unter dem er in fränkischen Herrscherlisten des 8./9. Jahrhunderts begegnet, ist ihm zweifellos erst in dem Augenblick beigelegt worden, da er sich als vollgültiger Merowinger ausweisen sollte. Ob dem eine regelrechte Adoption durch Sigibert III. zugrunde lag, wie ein sehr später Chronist wissen will, ist ungewiß, doch dürfte feststehen, daß der Sohn des Hausmeiers, sobald Sigibert gestorben war (656), mit einem so begründeten Anspruch auf dessen Nachfolge hervorgetreten ist. Dabei konnte er wohl auf die Furcht vieler Austrier bauen, nach Sigiberts Ende wieder von Neustrien aus regiert zu werden, wo dessen jüngerer Bruder Chlodwig II., mit der früheren Sklavin Balthild verheiratet, immerhin drei kleine Söhne hatte.

In seinem ehrgeizigen Kalkül ließ sich der Hausmeier Grimoald selbst dadurch nicht beirren, daß Sigibert III. einen, wenn auch unmündigen, ehelichen Sohn hinterließ, der den Namen seines Großvaters Dagobert erhalten hatte. Gemäß einer kurz vor dem Tod des austrischen Königs getroffenen Absprache »ließ er den kleinen Dagobert scheren und schickte ihn mit Bischof Dido (Desiderius) von Poitiers auf eine weite Reise nach Irland (in ein dortiges Kloster), um den eigenen Sohn zum König zu machen«. Das »Buch der Frankengeschichte« eines unbekannten Neustriers wohl aus der Gegend um Soissons aus dem Jahre 727, das mit diesen Worten als einzige Quelle über den »Staatsstreich« berichtet, fügt sogleich an, die Franken seien darüber sehr entrüstet gewesen, hätten Grimoald in einen Hinterhalt gelockt, ihn ergriffen und dem König Chlodwig (II., † 657) zur Aburteilung übergeben; in Paris sei er dann eingekerkert und zur Strafe für den Frevel an seinem Herrn grausam getötet worden. Die Hinrichtung Grimoalds durch seine neustrischen Widersacher steht damit fest, doch ist aus einer einzigen, zufällig überkommenen Urkunde, die eine Datierung nach dem »6. Jahr des Königs Childebert« aufweist, der Schluß zu ziehen, daß der adoptierte »Merowinger« und mit ihm sein leiblicher Vater, der Hausmeier und wahre Machthaber Grimoald, zuvor jahrelang Anerkennung in Auster gefunden haben müssen. Da von einem gewaltsamen Ende Childeberts (III.) nichts verlautet, mag er 661/62 eines natürlichen Todes gestorben sein und erst dadurch Grimoald in eine unhaltbare Lage gebracht haben, die es den Gegnern leicht machte, ihn alsbald zu vernichten.

Der Sturz war tief. Mit dem Hausmeier Grimoald dem Älteren und dem adoptierten Childebert erlosch bereits in der 2. bzw. 3. Generation der Mannesstamm der Pippiniden. Die Neustrier unter der Führung ihres Hausmeiers Ebroin und der Königin Balthild, der Witwe Chlodwigs II., die im Namen des noch nicht erwachsenen Chlothar III. (657–673) regierten, ignorierten die Rechte des nach Irland verbrachten Dagobert und schickten 662 Childerich II., den jüngsten Bruder des eigenen Königs, nach Austrien, wo inzwischen die mit Grimoald verfeindeten Adelskreise den Ton angaben. An der Seite von Sigiberts Witwe Chimnechild wurde der *dux* Wulfoald mit Rückhalt an den Neustriern zur bestimmenden Figur dieser Jahre; auf seine Wirksamkeit dürfte es sich beziehen, wenn die Klosterüberlieferung von Nivelles zu vermelden weiß, »Könige, Königinnen und selbst Bischöfe« hätten die Äbtissin Wulfetrud († 669), Grimoalds Tochter, »aus Haß gegen ihren Vater von ihrem Amt durch Überredung und schließlich mit Gewalt entfernen wollen«. Auch bei der Bischofswahl in Maastricht kam um 670 mit dem einheimischen Lambert offenbar ein Gegner der Pippiniden zum Zuge, und die Doppelabtei Stablo-Malmedy mußte damals eine Königsurkunde entgegennehmen, in der Grimoalds Gründungsinitiative völlig außer acht gelassen und die Ausstattung mit Waldungen in den Ardennen ausdrücklich um die Hälfte vermindert wurde. Maßgeblich beteiligt war dabei ein *dux* Gundoin, der sehr wahrscheinlich gleichzusetzen ist mit jenem Gundewin, der einige Zeit nach 662 Grimoalds Schwager, den *domesticus* Ansegisel, erschlug. Da auch Bischof Chlodulf von Metz, der andere Sohn Arnulfs, bald nach 670 gestorben sein dürfte und anscheinend von seinem Sohn Aunulf nicht lange überlebt wurde, verblieben aus Arnulfs und Pippins Geschlecht allein Begga, die Witwe Ansegisels, und ihr Sohn, der um 640/50 geborene Pippin der Mittlere.

Wie es beiden gelungen ist, sich während der kritischen 660er und 670er Jahre ihrer zahlreichen Widersacher zu erwehren, Besitzungen und bewaffnete Anhängerschaft trotz aller Einbußen als entscheidendes politisches Kapital im Kern zu behaupten und obendrein die Erinnerung an machtvolle Taten der Vorväter an der Spitze der Austrier wach zu halten, ist nirgends überliefert. Bezeichnenderweise ließ Begga nach dem Tode ihres Gemahls mehrere Jahrzehnte verstreichen, bevor sie um 691 (d.h. erst nach dem Sieg ihres Sohnes) die für eine hochadlige Matrone geradezu standesgemäße Klostergründung in Andenne an der Maas vornahm, die ihr in späterer Zeit den Rang einer Heiligen eintrug. Vorerst jedoch mußten Pippin und sie ziemlich ohnmächtig mitansehen, wie die Entwicklung des Frankenreiches über ihr Haus hinwegzugehen schien. Im Zentrum des wechselvollen Geschehens stand der neustrische Hausmeier Ebroin, der sein Machtwort in allen drei Teilreichen zur Geltung brachte und auch von den jugendlichen Merowingerkönigen allenfalls zeitweilig beiseite zu schieben war. Immerhin scheint der bisweilen blutig unterdrückte Widerstand geistlicher und weltlicher Großer am heftigsten in Auster gewesen zu sein, und dort begann sich auch das Blatt zu wenden, als Childerich II., mittlerweile König des Gesamtreiches, 675 ermordet wurde und sein Hausmeier Wulfoald wenig später starb. Gegen den Versuch des daraufhin aus Klosterhaft entwichenen Ebroin, im Namen des verbliebenen Merowingers Theuderich III. (673/75–690/91) von Neustrien her sein Regiment zu erneuern, trat nun der halbvergessene Vetter Dagobert II. auf, aus seinem langjährigen irischen Exil hervorgeholt von austrischen Kreisen, in denen auch Pippin zu vermuten ist. Jedenfalls gilt im »Buch der Frankengeschichte« Wulfoalds und »der Könige« Tod als Voraussetzung dafür, daß ein gewisser *dux* Martin und eben Pippin, der Sohn Ansegisels, in Auster die Oberhand gewannen und mit einem großen Heer gegen Theuderich und seinen Hausmeier Ebroin zogen.

Anderthalb Jahrzehnte nach dem schmählichen Scheitern Grimoalds und seines Königsplans stand also der Neffe Pippin wieder in vorderster Linie der Austrier. Das völlige Schweigen der Quellen über die Hintergründe dieser erstaunlichen und höchst folgenreichen Entwicklung hat unter den Historikern manche Bemühungen ausgelöst, wenigstens indirekt näheren Aufschluß zu gewinnen. Dabei richtet sich das Augenmerk vor allem auf die Tatsache, daß gerade in die dunkelsten Jahre um 670 Pippins Heirat mit Plektrud, der Tochter Hugoberts, fallen muß, die in den folgenden Jahrzehnten eine recht bedeutende Rolle im Frankenreich spielen sollte. Daß sie einer vornehmen austrischen Familie entstammte, darf man ohne weiteres unterstellen, doch scheint es, daß sich dieser Eindruck, wenn auch nicht mit letzter Sicherheit, genealogisch präzisieren läßt. Demnach wäre Plektruds Mutter Irmina gewesen, die als Witwe Äbtissin des Nonnenklosters Oeren bei Trier und Stifterin des Mönchsklosters Echternach an der Sauer wurde und außer Plektrud eine weitere Tochter namens Adela hatte, die Gründerin und erste Äbtissin des Klosters Pfalzel bei Trier. Zusammen mit einigen weiteren Verwandten, die auf diesem Wege erschlossen werden können, zeichnet sich hier das Bild eines hochbedeutenden Adelsgeschlechts ab, dessen Macht sich von der mittleren Mosel über die Eifel bis an den Niederrhein nördlich von Köln erstreckte und in dieser Weiträumigkeit den Arnulfingern/Pippiniden kaum nachstand. Wenn sich Pippin, der Erbe der vorerst ausgeschalteten Hausmeierdynastie, um 670 mit einer derartigen Familie verschwägert haben sollte, die zudem in Plektruds Generation keinen eigenen Stammhalter mehr hervorgebracht zu haben scheint, dürfte ihm ein Potential zugewachsen sein, das die Verluste an der Hinterlassenschaft der beiden Großväter mehr als aufwog und ihm gestattete, im Kreise der austrischen Führungsschicht wieder einen vorrangigen Platz zu beanspruchen. Zugleich würde diese Kombination Plektruds besonderen Rang an der Seite Pippins verständlich machen. Wie dem auch sei: Sicher ist, daß die späteren Karolinger an den Wiederaufstieg unter Pippin dem Mittleren eine konkretere Erinnerung hatten als an die Ursprünge ihrer Dynastie um die Wende zum 7. Jahrhundert. Als Pippins »normensetzende Tat« (K. Hauck) galt nicht seine einträgliche Heirat, sondern der rächende Totschlag an Gundewin, dem Mörder seines Vaters Ansegisel. Um 800 wurde dies ausdrücklich mit Davids Sieg über den Riesen Goliath verglichen – für jenen der Anfang seines Weges zum Königtum – und zeitlich an die Spitze der gesamten Familienüberlieferung gerückt. Pippin sollte demnach bereits als ganz junger Mann den übermächtigen Gegner niedergestreckt und sogleich dessen Schätze unter seine Getreuen verteilt haben; daraufhin hätten sich »Stärke und Erfolg« *(virtus atque victoria)* Pippins weit herumgesprochen, und die Vornehmsten der Franken, die durch Pippins Vater Ansegisel zu ihren Ämtern gekommen waren, hätten sich mit ihrem Gefolge ihm angeschlossen. So sei Pippin zur »Führung bei den östlichen Franken« *(orientalium Francorum principatus)* gelangt, heißt es zugespitzt in den sog. Metzer Annalen, die damit immerhin den Mechanismus der Gefolgschaftsbildung treffend wiedergeben.

Das rühmende Andenken an eine geglückte Blutrache, die tatsächlich wohl nicht mehr war als eine Episode in den austrischen Adelsfehden jener Jahrzehnte, überdeckte später die wichtigere Tatsache, daß Pippin bei seinem Aufstieg ab 675 keineswegs vom Erfolg verwöhnt war und sehr leicht vom Strudel der Machtkämpfe hätte hinweggespült werden können. Der Feldzug, den er noch gemeinsam mit dem Gefährten Martin (trotz mancher Mutmaßung wohl keinem seiner Verwandten) zwischen 675 und 679 gegen den Hausmeier Ebroin anführte, endete nämlich nach schwerem Ringen bei Lucofao (in der Nähe von Laon) mit einem Sieg der Neustrier, der Martins Tod zur Folge hatte, während Pippin sein Heil in der Flucht suchte. Einen weiteren argen Rückschlag muß für ihn die Ermordung »seines« Königs Dagobert II. Ende 679 bedeutet haben. In dieser prekären Lage rettete ihn zunächst nur, daß auch Ebroin kurz danach (680) der Bluttat eines Neustriers anheimfiel und der neue Hausmeier Waratto bereit war, gegen die Stellung von Geiseln Pippins Vormacht in Auster hinzunehmen. Doch schon bald wurde Waratto von seinem aggressiveren Sohn Gislemar verdrängt, der mit Waffengewalt 681/83 gegen Pippin vorging; Namur und Köln werden dabei als dessen Stützpunkte genannt, die jedoch nicht verhindern konnten, daß er abermals den kürzeren zog. Gislemar vermochte den Erfolg indes nicht zu nutzen, weil er plötzlich starb, worauf sein Vater Waratto wieder ins Hausmeieramt zurückkehrte und seine ausgleichende Politik fortsetzte. Eine Verschiebung der Gewichte trat erst ein, als nach Warattos Tod (686) dessen Schwiegersohn Berchar Hausmeier wurde, denn dieser Mann hatte offenbar von vornherein mächtige Gegner im neustrischen Adel, die sich nun mit Pippin verschworen und ihn zum Eingreifen ermunterten. Bei Tertry (an der Somme) errang er im Jahre 687 den entscheidenden Sieg über die Neustrier unter Berchar und König Theuderich III. Damit konnte Pippin seine politische Vormacht in Auster endgültig festigen und zugleich den Weg zu deren formaler Legalisierung ebnen. Denn nach dem baldigen Ende Berchars hinderte ihn nichts mehr, seine Autorität vollends auch auf Neustrien auszudehnen, und er »nahm König Theuderich samt seinen Schätzen bei sich auf«, wie der Fortsetzer der Fredegar-Chronik fünfzig Jahre später in stolzer Pointierung die Tatsache umschrieb, daß Pippin fortan den bestimmenden Einfluß auf den Merowinger und das gesamte Frankenreich besaß.

II. Die erste Generation: Pippin der Mittlere (687–714)

Der blutige Tag von Tertry (687) sah an sich nur einen der zahlreichen Zusammenstöße unter den verfeindeten Großen des späten Merowingerreiches; erst in der Rückschau wurde er für frühkarolingische Annalisten ebenso wie für moderne Historiker zur geschichtlichen Wendemarke, weil von da an Pippins Geschlecht genau 200 Jahre lang die politische Führung des Frankenreiches innehatte und noch ein weiteres Jahrhundert verging, bis die Karolinger ganz von der historischen Bühne verschwanden.

Vor 687 war das austrische Teilreich der Rahmen gewesen, in dem sich Arnulf, Pippin, Grimoald, Ansegisel und abermals Pippin zunächst an der Zurückdrängung der Königsgewalt und später am Machtkampf mit ihresgleichen beteiligt hatten. Die Frage ist kaum bündig zu beantworten, was letztlich für ihren Erfolg den Ausschlag gab. Sicher war wichtig, daß in der Hand Pippins des Mittleren endgültig das Potential zweier mächtiger Familien zusammenkam: Die späteren Karolinger waren im Mannesstamm Arnulfinger, ihrem Selbstbewußtsein nach (das sich etwa an der Namengebung ablesen läßt) aber mehr noch Nachfahren der Pippiniden, die im 7. Jahrhundert die insgesamt bedeutendere politische Rolle gespielt hatten. Die Zusammenballung von Besitzungen und Anhängern in den zentralen Bereichen Austriens zwischen Maas, Mosel und Rhein begünstigte gewiß den wiederholten Anspruch der Familie, innerhalb des Merowingerreiches mit traditionellem Schwerpunkt an Seine, Oise und Schelde als Sachwalter von ganz Austrien aufzutreten. Ohne eine bereits eingewurzelte Loyalität vieler austrischer Großer gegenüber seinem Hause ist der Aufstieg Pippins des Mittleren seit etwa 675 nicht zu erklären. Dennoch muß durchaus angenommen werden, daß auch andere Familien mit vergleichbarer Ausgangsposition beim Niedergang der merowingischen Monarchie im 7. Jahrhundert in das Ringen um die Macht eintraten; an den Gefährdungen und Rückschlägen Pippins und seiner Vorfahren kann man ablesen, daß außer politischem Instinkt und persönlicher Verschlagenheit auch die Kontinuität der Sohnesfolge und schließlich blanke Zufälle über Sein oder Nichtsein entschieden. Jedenfalls spricht nichts für die Vorstellung, die frühen Ahnen Karls des Großen hätten ihre Überlegenheit spezifischen politischen Konzepten zu verdanken gehabt.

Daher ist vielleicht mehr darauf zu achten, wie es Pippin gelang, das Glücksrad, das sich zuletzt immer schneller gedreht hatte, in dem Moment anzuhalten, da er selbst ganz oben stand. Zu den Lektionen, die er aus der Vergangenheit gelernt hatte, gehörte offensichtlich, mit welchen unwägbaren Risiken der Griff nach dem Königtum verbunden war. Indem er sich dafür entschied, zwar die ausschlaggebende Machtstellung im Gesamtreich sich und seiner Familie zu reservieren, aber das merowingische Königtum als ehrwürdige Institution und legitimierenden Rückhalt nicht anzutasten, zeichnete er die staatsrechtliche Linie der nächsten Jahrzehnte vor. Daß er die Regierung wenigstens theoretisch nur im Namen des Königs führte, erleichterte sicherlich seinen Umgang mit den anderen Familien von höchstem Adel und – eng damit verknüpft – sein Bemühen um die allmähliche Stärkung der Zentralgewalt. Wie behutsam hier vorzugehen war, mochte ihn das Beispiel Ebroins lehren, der trotz langjähriger Vorherrschaft schließlich der Vielzahl seiner Feinde unter den Großen erlegen war (680). Dem suchte Pippin anfangs offenbar dadurch zu entgehen, daß er den bezwungenen neustrischen Rivalen Berchar im Amt des Hausmeiers beließ, also eine Art von Herrschaftsteilung ins Auge faßte. Erst als dieser Ende 688 einem Anschlag seiner Schwiegermutter Ansfled zum Opfer gefallen war, verschaffte sich Pippin auch förmlich den höchsten Rang nach dem König und verheiratete seinen Sohn Drogo mit Berchars Tochter Adaltrud, der Enkelin Ansfleds. Auf diese Weise verband er sein Haus mit einer mächtigen Adelssippe von der unteren Seine, die schon vor 687 in Neustrien erkennbar der pippinidischen Herrschaft vorgearbeitet hatte. Selbst zog er es jedoch vor, sein Regiment vom heimischen Austrien her zu führen, ohne dort das frühere Sonderkönigtum wiedererstehen zu lassen. Bei den in ihren neustrischen Pfalzen (nördlich von Paris) residierenden Merowingern ließ er sich durch einen loyalen »Verbindungsmann« namens Nordebert vertreten, der wahrscheinlich burgundischer Herkunft war und um 700 Bischof von Clermont geworden sein dürfte, während bereits seit 690 ein gewisser

Gripo als Bischof in Rouen erscheint, den seine Namensgleichheit mit einem Karolinger der übernächsten Generation als vermutlichen Verwandten des Hausmeiers verrät.

Was man die »Aufrichtung der austrischen Reichsgewalt« (Th. Schieffer) genannt hat, begann also mit kleinen Schritten, die eher improvisiert wirken, und vollzog sich ganz im Rahmen persönlicher Bindungen, wie sie den Aufstieg der Karolinger von Anfang an gekennzeichnet hatten. Es galt ja seit jeher, sich und der Familie so viele Große wie nur möglich zu verpflichten, weiträumig Schlüsselpositionen in Königsdienst und Kirche zu gewinnen, den Anhängern am eigenen Erfolg Anteil zu geben und gegnerischen Koalitionen vorzubeugen. Nachweislich sind denn auch durch Pippins Sieg die Möglichkeiten seiner austrischen Gefolgsleute gewachsen, über das angestammte Teilreich hinaus herrschaftlich Fuß zu fassen, was auf die Dauer eine folgenreiche Gewichtsverlagerung zugunsten des kaum romanisierten Ostens der Francia mit sich brachte; doch gebot zugleich die politische Klugheit, durch gezielte Gunsterweise auf die Führungsschichten Neustriens und Burgunds einzuwirken und wenigstens zu verhindern, daß sich dort eine breite Opposition gegen den austrischen Hausmeier zusammenfand. Die Reichseinheit im Sinne einer Integration der so lange verfeindet gewesenen merowingischen Regna mußte vornehmlich auf der Ebene der regionalen Machthaber erreicht werden und sollte eine Aufgabe für Generationen sein, die auch nicht ohne Rückschläge gemeistert worden ist. Ein Weg zu diesem Ziel, den bereits Pippin der Mittlere beschritt, war die Dezentralisierung der Familienherrschaft, sobald dazu die personellen Voraussetzungen bestanden. Sein ältester, nach Neustrien verheirateter Sohn Drogo wurde kurz vor 700 als *dux* mit der Hoheit über Burgund und die Champagne betraut, während der jüngere Grimoald um dieselbe Zeit sogar das Hausmeieramt des Vaters übernahm und nach Neustrien ging, was dort den Spielraum der merowingischen Könige weiter einengte und ihre unmittelbaren Kontakte mit anderen Großen erlöschen ließ. Pippin selber konnte sich daher nach 700 darauf beschränken, in der ganz informellen Stellung eines *princeps Francorum* seine persönlich errungene Autorität einzusetzen, die eben auch den dynastischen Anspruch einschloß, die Macht unter seinen Nachkommen aufzuteilen (und eines Tages zu vererben).

Zu den deutlichen Erinnerungen an Pippin, die noch nach 100 Jahren in den Metzer Annalen zutage treten, gehört, daß er nicht nur die Vorherrschaft *(principatus)* bei den Franken errang, sondern auch »um den Gewinn verschiedener Stämme, die einst den Franken untertan gewesen waren, den Kampf aufnahm, nämlich gegen die Sachsen, Friesen, Alemannen, Bayern, Aquitanier, Waskonen und Bretonen«. Damit ist auf die Tatsache angespielt, daß das Merowingerreich einst in seiner expansiven Phase unter Chlodwig I. († 511) und dessen Söhnen weit über den engeren Bereich fränkischer Siedlung zwischen Rhein und Loire ausgegriffen und nicht wenige Völkerschaften fremder Sprache und fremden Rechts in seine Abhängigkeit gebracht hatte. Die Herrschaft lag dort durchweg in den Händen von Herzögen *(duces)*, die aus der fränkischen Führungsschicht hervorgegangen oder zumindest mit ihr versippt waren, sich aber im Laufe der Zeit immer mehr an die Vorstellung gewöhnt hatten, eigenständige Repräsentanten ihrer Stämme und Gebieter über ein abgegrenztes *regnum* unter der allenfalls nominellen Oberhoheit des fernen fränkischen Königs zu sein. Gegenüber den arnulfingisch/pippinidischen Hausmeiern, die seit 687 ihre Dominanz in der Francia auszuspielen begannen, konnten sie sich als gleichrangig, wenn nicht als überlegen, empfinden, wie schon die frühe Rivalität Arnulfs und Pippins des Älteren zu Mitgliedern der bayerischen Herzogsfamilie der Agilolfinger (624/25, 641) beweist und wie es eine schwäbische Überlieferung des 9. Jahrhunderts ausdrücklich festgehalten hat, die über die Zeit nach 687 berichtet: »Gottfried, der Herzog der Alemannen, und die übrigen Herzöge umher wollten den Herzögen (!) der Franken nicht gehorchen, weil sie nicht den merowingischen Königen dienen konnten, wie sie es zuvor gewohnt waren, und darum hielt sich ein jeder für sich«. Wenn Pippin der Mittlere strikt am angestammten Herrschergeschlecht festhielt und auf Theuderich III. († 690/91) dessen ältesten Sohn Chlodwig III. (690/91–694), dann den jüngeren Sohn Childebert III. (694–711) und schließlich dessen Sohn Dagobert III. (711–715/16) folgen ließ, sie alle aber gewissermaßen unter Kuratel hielt, so wird ihn dabei gerade auch der Gedanke an die peripheren Herzöge geleitet haben, denen er den exklusiven Zugang zum Königtum voraushaben wollte.

Bei der Ausdehnung der eigenen Macht bis an die äußeren Grenzen des fränkischen Großreiches ging es mithin nicht zuletzt darum, ob sich Pippins Haus auch über »ältere«, d. h. früher im Dienste der Merowinger aufgestiegene oder mit ihnen verbündete Familien erheben konnte. Für den *princeps Francorum* scheint dies vorerst mehr eine langfristige Aussicht gewesen zu sein, denn er räumte zeitlebens offenbar dem Bemühen Vorrang ein, seine *patria,* also die engere Francia, zu »befrieden«, und führte außerhalb davon nur einen Bruchteil der Feldzüge, die ihm später von den Annales Mettenses in geraffter Perspektive zugeschrieben wurden. Ganz ungewiß ist, ob er im Süden Galliens über indirekte Eingriffe (z. B. bei der Besetzung von Bischofsstühlen) hinaus auch militärisch aktiv wurde; jedenfalls ist die autonome Stellung des aquitanischen Herzogtums mit Zentrum Toulouse von ihm nicht erkennbar beeinträchtigt worden. Im rechtsrheinischen Gebiet, das seit jeher mit Auster verbunden war, sind zwar mehrere Vorstöße Pippins nach Alemannien in den Jahren 709–712 verbürgt, aber das agilolfingische Bayern scheint weiter unbehelligt geblieben zu sein, und auf dem Boden Hessens, Thüringens und Mainfrankens begnügte man sich mit dem eher lautlosen Einsickern fränkischer Siedlung unter dem Schutz lokaler und regionaler Befehlshaber. Keine Rede kann schließlich sein von einem kraftvollen Vorgehen Pippins gegen die Sachsen, denn dieses Volk befand sich eben um 700 selbst in der Offensive und näherte sich von Westfalen her dem Niederrhein. Seine volle Energie richtete der Hausmeier indes gegen die Friesen, die bis dahin noch außerhalb des Frankenreiches gestanden hatten und zuletzt unter ihrem Herzog Radbod über Rhein und Maas hinweg nach Süden vorgedrungen waren. Hier brachte Pippin in zwei Kriegszügen 690 und 695 seine Übermacht zur Geltung und erreichte nach der Einnahme von Utrecht einen Modus vivendi, der auch eine Heirat seines Sohnes Grimoald mit Radbods Tochter Theudesinde einschloß, also die Aufnahme der friesischen Führung in die pippinidische Familie anbahnte.

Bald nach dem ersten Konflikt mit Radbod hatte Pippin eine Begegnung, die von den Zeitgenossen zunächst wenig beachtet worden sein mag, im Rückblick aber als höchst zukunftsträchtig erscheint: Er traf den angelsächsischen Mönch Willibrord, der mit elf Gefährten auf den Kontinent gekommen war, um nach dem Abschluß der Christianisierung seiner insularen Heimat unter den sprachverwandten Heiden im nördlichen und östlichen Vorfeld des Frankenreiches als Missionar zu wirken. Daß er sich zu diesem Zweck sogleich an Pippin als den eigentlichen Machthaber wandte und von ihm eine »Erlaubnis zur Predigt« *(licentia praedicandi)* erbat, die mit der Zuweisung eines Tätigkeitsfeldes in eben erobertem friesischen Gebiet verbunden war, entsprach zwar grundsätzlich »der in der angelsächsischen Heimat üblichen Kongruenz von kirchlicher und staatlicher Ordnung« (A. Angenendt), bedeutete aber in der konkreten Situation vor allem eine Entscheidung gegen ein eigenständiges Christentum der Friesen und für deren Einbeziehung in die fränkische Kirche. Die enge Bindung Willibrords an Pippin und sein Geschlecht, als dessen »Getreuer« er in Urkunden erscheint, sowie seine betonte Hinwendung zum Papst, von dem er 695 in Rom die Weihe zum Erzbischof von Friesland empfing, sind charakteristisch geworden für die mit ihm beginnende angelsächsische Mission, die rechts des Rheins im 8. Jahrhundert den stärkeren Gott der Franken verkündete und damit der inneren Festigung der karolingischen Macht ebenso wie ihrem Bündnis mit dem Papsttum ganz wesentlich die Wege ebnete. Der Kastellort Utrecht, wo Willibrord vor 703/04 von Pippin den Platz für seine Kathedrale erhielt, wurde der erste von der neuen fränkischen Dynastie begründete Bischofssitz.

Die geistliche Unterstützung, die Willibrord dem *princeps Francorum* lieh (und sich von ihm entgelten ließ), wirkte indes nicht bloß nach außen, sondern kaum minder nach innen. Mochte es schon allgemein das Ansehen des mächtigen Mannes heben und seine Widersacher lähmen, wenn er einen solch weitgereisten Asketen und Glaubensboten in seine persönliche Nähe ziehen konnte, so war dessen Beteiligung von ganz besonderem Wert, wenn es darum ging, nach dem bewährten Vorbild der Vorfahren durch die Stiftung von Klöstern weitere Schwerpunkte des fürbittenden Gebets und des geistlichen Nachruhms, aber auch der politisch-materiellen Sicherheit für das regierende Haus zu schaffen. Die relativ gut dokumentierte Entstehungsgeschichte der Abtei Echternach (im heutigen Luxemburg) kann dies veranschaulichen, denn das Kloster ging auf eine Initiative der begüterten Äbtissin Irmina von Oeren zurück, vermutlich der Mutter von Pippins Gemahlin Plektrud; sie vertraute um 698 ihre Echternacher Besitzungen Willibrord für die geplante Gründung an, und dieser übertrug sie 706 an Pippin und Plektrud, um sie sogleich in vermehrtem Umfang zurückzuerhalten und fortan unter deren Herrschaft *(dominatio)* und Schutz *(defensio)* das Kloster zu leiten. Eine damals ausgestellte Urkunde des Herrscherpaares legte ausdrücklich fest, daß nach Willibrords Tod ein Nachfolger zu wählen sei, »der unseren Erben in allem treu erscheint«, und unterstrich damit die dauerhafte Bestimmung zum karolingischen Hauskloster, das seinen Schutzherren im Diesseits und im Jenseits von Nutzen sein sollte. Zusammen mit den früheren Gründungen des 7. Jahrhunderts und weiteren Klöstern, die Pippin teils selbst errichtete, teils von den Stiftern entgegennahm, fügte sich Echternach in eine Sakrallandschaft ein, die im mittleren Austrien immer deutlichere Konturen annahm und über Bistumsgrenzen und traditionelle kirchenrechtliche Zuständigkeiten hinweg durch die unmittelbare Bindung jedes einzelnen Konvents an die Pippiniden deren Führungsanspruch auch im geistlichen Sinne hervorkehrte. Als räumliches Zentrum dieser Herrschaft erscheint zumal das Maasland, wo sich Pippin auf die Gutshöfe (Pfalzen) Jupille und Herstal stützte sowie den befestigten Chèvremont, den er durch Einsetzung einer Klerikergemeinschaft auch als seine Ruhestätte vorsah. Mit der wachsenden politischen Bedeutung dieses Raumes scheint auch die allmähliche Verlagerung des Maastrichter Bischofssitzes nach Lüttich zusammenzuhängen, die eben damals in Gang kam.

Die letzten Jahre Pippins des Mittleren waren von familiärem Unglück überschattet. 708 verlor er seinen ältesten Sohn Drogo, den *dux* der Burgunder, der sein Grab in Metz – als erster der Familie – beim heiligen »Spitzenahn« Arnulf fand. Er hinterließ vier Söhne, die wohl noch minderjährig waren und daher vorerst hinter Pippins jüngerem Sohn Grimoald zurückstanden, den der Vater ja früher schon durch die Überlassung des Hausmeieramtes bevorzugt hatte. Im März 714 war Pippin dann bereits so krank, daß er eine Urkunde zur Übertragung des Klosters Susteren (an der Maas) an Willibrord nicht mehr selbst unterschreiben konnte, weshalb Plektrud das Rechtsgeschäft übernahm; ihre präzise Formulierung, daß künftige Äbte die Treue zu »uns und unserem Sohn Grimoald und dessen Söhnen und den Söhnen Drogos, unseren Enkeln« wahren sollten, wirkt wie die Vorahnung künftiger Konflikte, war sie doch sichtlich von der Sorge bestimmt, daß nach dem erwarteten Tod Pippins auch Söhne aus anderen Verbindungen ihre Ansprüche erheben könnten. Das betraf vor allem Karl (Martell), den um 690 geborenen Sohn der vornehmen Chalpaida, mit der Pippin nach neuerer Erkenntnis rund ein Jahrzehnt lang eine vollgültige Ehe geführt hatte, bis er vor 702 wieder zu Plektrud zurückkehrte, weniger wohl Childebrand, den ihm eine namentlich nicht bekannte Mutter geboren hatte. Den denkbar schwersten Schlag mußte es daher gerade für Plektrud bedeuten, daß ihr aus Neustrien herbeigerufener Sohn Grimoald, in dem wohl jeder seit langem den Nachfolger Pippins sah, im folgenden Monat in Lüttich von einem Heiden, wohl einem Friesen, erschlagen wurde. Um die Konkurrenz der Halbbrüder abzuwehren, griff man auch jetzt nicht auf die Söhne Drogos zurück, sondern faßte den raschen Entschluß, Grimoalds Sohn Theudoald zum neuen Hausmeier zu machen, der in einem Teil der Quellen, jedoch wohl in polemischer Absicht, als minderjährig bezeichnet wird und jedenfalls den Makel hatte, seinerseits nicht ehelichen Ursprungs zu sein. Ob Pippin selber, wie ihm später nachgerühmt wurde, noch die Kraft fand, die Bluttat an seinem Sohn zu rächen, ist zweifelhaft; jedenfalls starb er am 16.12.714, anscheinend in Jupille, ohne einen allseits anerkannten Erben, auf den reibungslos die Vormacht unter den Franken hätte übergehen können, wie sie Pippin in seiner Jugend erkämpft und dann 27 Jahre hindurch behauptet hatte.

III. Die zweite Generation: Karl Martell (714–741)

Die stürmischen Jahre, die auf den Tod Pippins des Mittleren folgten und den Aufstieg seines Sohnes Karl zum Gebieter über das Frankenreich mit sich brachten, sind besonders geeignet, die Machtgrundlagen der frühen Karolinger bloßzulegen. Pippins Sonderstellung unter den Großen hatte auf seinen Waffentaten beruht, mit denen er sich rundum Respekt zu verschaffen wußte; sie erschien zugleich legitimiert durch den Ruhm seiner Vorfahren und strahlte insofern auf seine ganze Familie aus, die er folgerichtig auch an Repräsentation und Vollzug der Herrschaft beteiligte. Schon dies bezeugt unübersehbar den Anspruch auf Erblichkeit seines Vorrangs, den Pippin zudem durch bedachtsame Ehebündnisse und die zielstrebige Ausweitung seiner Anhängerschaft langfristig zu sichern trachtete. Der Erfolg dieses dynastischen Strebens hing freilich davon ab, daß bei seinem Tode ein unanfechtbarer Erbe bereit stand, der gewissermaßen durch sein bloßes Dasein alle zur Unterwerfung zwang. Hätte Pippin nur ein Jahr früher die Augen geschlossen, so wäre dies fraglos der Hausmeier Grimoald der Jüngere gewesen, mit dem sich der »Prinzipat« der Familie ohne weiteres in der nächsten Generation fortgesetzt hätte. Nach dessen Ermordung aber und der Ersetzung durch den jungen Theudoald – in Abwehr der Ansprüche des Stiefbruders Karl – mußte schlagartig alles ins Wanken geraten, was Pippin erreicht hatte, obwohl doch die strukturellen Rahmenbedingungen gleich geblieben waren, einfach deshalb, weil Freund und Feind ein gutes Stück Handlungsfreiheit zurückgewonnen hatten. Der personelle Zwiespalt, den der pippinidische Führungsanspruch plötzlich aufwies, stürzte die unentbehrliche, vor allem in Austrien verwurzelte Anhängerschaft in Loyalitätskonflikte und lähmende Ungewißheit und gab den vornehmlich in Neustrien und an den Rändern des Reiches lebendigen Gegenkräften die Zuversicht, das innerlich geschwächte Regiment der austrischen Hausmeier doch noch beseitigen zu können, also dem Hause Pippins 100 Jahre nach seinem ersten Hervortreten etwa das

Schicksal Ebroins zu bereiten, über den die Geschichte völlig hinweggegangen ist.

Die Existenzkrise, die hier unvermittelt hereinbrach, ist dadurch gekennzeichnet, daß es im damaligen Frankenreich keine Instanz gab, von der eine wirksame Entscheidung erwartet werden konnte, denn das merowingische Königtum erwies sich rasch als viel zu schwach und wurde selbst zum Spielball der rivalisierenden Parteien, während die Kirche, vertreten durch den Episkopat, in sich uneins blieb und schließlich schweren materiellen und moralischen Schaden nahm. So war der Ausgang allein dem offenen Kampf überlassen, in dem sich durchsetzte, wer die stärkere Anzahl von Großen hinter sich brachte. Daß Karl, der vor 714 in keiner für uns erkennbaren Weise hervorgetreten war, aus anfänglicher Defensive heraus letztlich der Sieger wurde, erinnert an den Aufstieg seines Vaters Pippin, der gleichfalls die austrischen Kräfte im entscheidenden Augenblick zu bündeln verstanden hatte, und spricht zugleich für Karls Entschlußkraft und Führungsstärke, die sich auch später zeigen sollten und ihm seit dem ausgehenden 9. Jahrhundert den Beinamen Martell (»der Hammer«) eingetragen haben. Der Glanz der Sieghaftigkeit, der ihn bald umgab, überstrahlte die Ansprüche seines Stiefneffen aus der Nachkommenschaft der Plektrud, die mit ihrem Erbteil einst Pippin ganz wesentlich emporgeholfen zu haben scheint. Ohnehin dürfte er unter der Voraussetzung einer anerkannten Ehe seiner Mutter Chalpaida mit dem Hausmeier in einer Ausgangsposition gewesen sein, die ihm allerhand Zulauf verhieß, sobald er die zupackende Energie an den Tag legte, die in den Augen der Zeitgenossen zur Herrschaft befähigte. So vermochte er der Geschichte seiner Familie eine neue Richtung zu geben, und dies drückt sich sinnfällig darin aus, daß der zuvor nirgends belegte, also traditionslose Name Karl zum Leitnamen unter seinen Deszendenten wurde, die wir daher Karolinger nennen.

Für den Umbruch ist bezeichnend, daß Plektrud, die zu Lebzeiten ihres Gatten in den Quellen mit rühmenden Superlativen geschmückt wurde, nun als Witwe sogleich die Züge der bösen Stiefmutter annimmt, die Karl ränkevoll um das väterliche Erbe zu bringen versuchte. Tatsächlich lagen um die Jahreswende 714/15 die Machtmittel und die politische Initiative zunächst noch bei ihr. Sie ließ den Stiefsohn in Gewahrsam nehmen und leitete unter Berufung auf Pippins letzten Willen eine Herrschaftsordnung in die Wege, nach der ihr Enkel Theudoald als Hausmeier König Dagoberts III. vorwiegend in Neustrien und sein inzwischen herangewachsener Vetter Arnulf, einer der Söhne Drogos, mit dem Titel eines *dux* wohl in Burgund/Champagne fungieren sollten, ihr selbst aber von Köln aus, wo sie sich niederließ, die höchste Autorität verblieb: »Plektrud lenkte nun alles mit ihren Enkeln und dem König in heimlicher Regentschaft«, beschreibt das »Buch der Frankengeschichte« dieses Konzept, bei dem Plektrud daran gedacht haben mag, daß ihr verstorbener Gatte gleichfalls viele Jahre lang ohne förmliches Amt die Fäden in der Hand behalten hatte. Tatsächlich brachte sie aber eben nicht dieselben Voraussetzungen für ein solches *discretum regimen* mit wie der kampferprobte Pippin, weshalb es den neustrischen Gegnern der Dynastie offenbar leicht fiel, unter Hinweis auf die unangebrachte Zügelführung einer Frau zum Sturm zu blasen. Die alten Gräben zwischen West und Ost wurden wieder aufgerissen, und schon binnen Jahresfrist kam es am 26.9.715 bei Compiègne zu einem blutigen Zusammenstoß, bei dem Theudoald den kürzeren zog und die Neustrier erstmals seit Tertry (687) die Oberhand in der Francia gewannen. Sie bemächtigten sich des Königs Dagobert und brachten ihn dazu, einen der Ihren, den nördlich von Paris begüterten Raganfrid, zum Hausmeier zu machen an Stelle des geflohenen Theudoald, der aus dem Machtkampf ausschied. Da Dagobert III. im Winter 715/16 starb, kamen Raganfrid und sein Anhang rasch in die Lage, ganz nach dem Vorbild Pippins einen weiteren Merowinger als nominellen König bestimmen zu können. Sie entschieden sich für einen früher in den Klerus abgeschobenen Sohn Childerichs II., der sich fortan Chilperich II. nannte und den zu neuem Selbstbewußtsein erstarkten Neustriern für das bevorstehende Ringen um Auster den legitimierenden Rückhalt bot. Wie schlecht die Sache der Pippiniden mittlerweile stand, wurde deutlich, als Raganfrids Leute nicht zu hindern waren, plündernd in die Ardennen und bis zur Maas vorzustoßen, also nach der angestammten Machtbasis ihrer Gegner zu greifen. Im Zusammenspiel mit den Friesen unter Radbod (dem Schwiegervater des ermordeten Grimoald), die rheinaufwärts heranrückten, wurde im Frühjahr 716 sogar Köln das Ziel ihres Angriffs, wo der bedrängten Plektrud schließlich nichts übrig blieb, als Chilperich und seinem Hausmeier ansehnliche Schätze auszuhändigen.

Das offenkundige Scheitern der Witwe Pippins schuf die historische Situation, in der Karl Martells Aufstieg möglich wurde. Der damals etwa 25 Jahre alte Sohn Chalpaidas hatte sich der Haft seiner Stiefmutter entwinden können und sah nun seine Chance darin, statt ihrer als wirksamer Retter der austrischen Suprematie und damit als der wahre politische Erbe seiner Vorfahren aufzutreten. Den Zustrom von Anhängern, die er zur Durchsetzung seines Machtanspruchs brauchte, konnte er nur in Gang setzen, wenn er im bewaffneten Kampf Zutrauen zu seiner Schlagkraft weckte. So trat er zunächst den Friesen entgegen und ließ sich auch durch eine empfindliche Niederlage, die ihn zur Flucht zwang, nicht entmutigen. Vielmehr setzte er kurzentschlossen den abrückenden Neustriern nach und konnte ihnen bei Amblève in den Ardennen eine erste Schlappe beibringen. Der Erfolg war durchaus begrenzt und bestand wohl nur darin, dem weiteren Zerfall der pippinidischen Klientel Einhalt geboten und auf die eigene Entschlossenheit aufmerksam gemacht zu haben. In der doppelten Rebellion gegen die neustrische Reichsregierung wie auch gegen die bisher tonangebende austrische Führungsgruppe um Plektrud verharrend, sammelte Karl Martell indes weitere Kräfte hinter sich und war übers Jahr imstande, Chilperich II. und Raganfrid am 21.3.717 bei Vinchy im Cambrésis siegreich aus dem Felde zu schlagen. Erst nachdem er in dieser Weise den Austriern insgesamt wieder Geltung verschafft hatte, wandte er sich gegen Köln und erzwang von der Stiefmutter die förmliche Anerkennung seiner Rechte. Plektrud gab ihre politischen Ambitionen auf und ging in den folgenden Jahren als Stifterin des Kölner Konvents von St. Maria im Kapitol in die Geschichte ein, während Karls Position an der Spitze der Austrier niemand mehr anzufechten wagte. Mit der Einsetzung eines eigenen merowingischen Königs namens Chlothar IV. erhob er offen den Anspruch auf Gleichrangigkeit mit seinem Gegenspieler Raganfrid, der sich seinerseits mit Eudo, dem *dux* von Aquitanien, verbündete. Die Entscheidung fiel, als Karl wohl schon im Frühjahr 718 vor den Mauern von Soissons aus der Defensive heraus den Durchbruch nach Paris und weiter bis zur Loire erkämpfen konnte. Eudo unterwarf sich und lieferte den mitgeführten neustrischen König Chilperich II. samt dessen Schätzen dem Sieger aus. Da Chlothar IV. rasch gestorben war, bot sich die Lösung an, daß Karl den überlebenden Merowinger unter seine Kuratel nahm, von ihm das Hausmeieramt empfing (ab 720 bezeugt) und damit auch formal den Rivalen Raganfrid verdrängte, der indes eine lokale Herrschaft im Anjou bis zu seinem Tode (731) behauptete.

Die »größte Verwirrung im Volk der Franken«, als welche die Metzer Annalen die »pippinidisch-karolingische Sukzessionskrise« (J. Semmler) nach 714 bezeichnen, war mehr als nur ein vorübergehender Rückschlag im stetigen Machtzuwachs der Dynastie. Es wird in den kargen Quellen eigens hervorgehoben, daß es die Gefolgsleute *(leudes)* Pippins, Grimoalds und Theudoalds gewesen waren, die zunächst bei Compiègne den Neustriern unterlagen, daß aber Karl Martell sich dann ein neues Heer »aus tüchtigen und vornehmen Männern« schuf, um seine Stiefmutter Plektrud auszuschalten und die Vorherrschaft der Austrier bei Amblève, Vinchy und vor Soissons wiederherzustellen. Die Umschichtung im überschaubaren Kreis der Herrschaftsträger läßt sich veranschaulichen an der Gestalt Bischof Rigoberts von Reims, der als einstiger Taufpate Karls ganz gewiß zu den Vertrauten Pippins des Mittleren gehört hatte, 718 jedoch in der entscheidenden Phase des Machtkampfs eine unschlüssige Haltung einnahm und daher vom siegreichen Hausmeier seines Amtes enthoben wurde; an seine Stelle trat Bischof Liutwin von Trier, offenbar ein zuverlässiger Parteigänger Karls, der fortan beide Kirchen und dazu vielleicht noch die von Laon verwaltete und diese kirchenrechtlich unzulässige Personalunion auch noch auf Jahrzehnte seinem Sohn Milo vererben durfte. Erst recht zu den Verlierern zählte die Nachkommenschaft Plektruds, also der kurzfristige Hausmeier Theudoald und die insgesamt vier Söhne Drogos, die jedoch anscheinend ihren Frieden mit dem Stiefonkel machten. Am deutlichsten in Erscheinung tritt Hugo, der zwischen 713 und 715 zum Priester geweiht worden war und nach 719 als Verwalter der Bistümer Paris, Rouen, Bayeux, Lisieux und Avranches sowie der Abteien Saint-Denis, Saint-Wandrille und Jumièges zu einer Hauptstütze der karolingischen Dominanz in Neustrien wurde. In seiner Nachbarschaft fungierte dort der *dux* Rotbert, der seinen Stammsitz im (heute belgischen) Henne- und Hasbengau, also in Auster, hatte und durch wiederholte Anwesenheit bei Gerichtsverhandlungen des Hausmeiers als dessen besonderer Vertrauensmann zu erkennen ist. Auch die urkundenwissenschaftliche Forschung hat festgestellt, daß Karl »nach seinem Sieg über Chilperich und Raganfrid nicht mehr an die alte Hofämtertradition anknüpfte« (I. Heidrich) und sich allmählich eine neuartige »Kanzlei« aufbaute.

Was in der höchsten Führungsschicht und in der unmittelbaren Umgebung des Hausmeiers geschah, setzte sich bis weit in die fränkische Gesellschaft hinein fort. Die Bedingungen des inneren Machtkampfes, der nur zu bestehen war, wenn eine wohlgerüstete, räumlich weit verzweigte und persönlich treu ergebene Schar von Kriegern möglichst großen Umfangs zu Gebote stand, beförderten wesentlich einen längerfristigen Prozeß, der im Rückblick als die Entstehung des mittelalterlichen Lehnswesens erscheint. Er beruht im Grunde auf der Verknüpfung und Systematisierung älterer Rechtsformen, die Herrschaft und Dienst auf verschiedenen sozialen Ebenen geregelt hatten. Zu der gallorömischen Vasallität, wonach sich ein Freier zu seinem Unterhalt und Schutz einem Mächtigeren verknechten konnte, kam die seit der Merowingerzeit praktizierte Ausleihe von Land durch einen Herrn als »Wohltat« *(beneficium)*, u. a. für geleistete Hilfe. Beides zusammen war hervorragend geeignet, den Aufbau und das Wachstum bewaffneter Verbände zu bewirken, sofern ein Gebieter dank persönlicher Autorität wirksamen Schutz und ruhmreichen Kampf erwarten ließ und zugleich über hinreichende Ressourcen verfügte, um seinen Mitstreitern die nötige materielle Sicherheit bieten zu können. Gewiß waren auch im 7. Jahrhundert schon Aufstieg und Fall der verschiedenen Protagonisten in den Auseinandersetzungen des fränkischen Adels begleitet gewesen vom Entstehen und Vergehen solcher Vasallenheere, doch erreichte die Entwicklung offenbar durch Karl Martell eine neue quantitative und qualitative Dimension, weil er zur Ausstattung seiner Anhängerschaft auch auf Güter des Königs und der Kirchen zurückgriff und damit einen uneinholbaren Vorsprung vor den sonstigen Adelsherrschaften erlangte. Da sich etwa um dieselbe Zeit die letzten Spuren der exklusiven und rechtlich privilegierten Königsgefolgschaft der Merowinger verlieren, scheint der soziale Umbruch zum vorläufigen Abschluß gekommen zu sein, durch den das neue Herrschergeschlecht eine große Zahl aufsteigender Familien dauerhaft an sich zu binden vermochte.

Im Besitz der seit 718/19 gesicherten Macht über die Francia verhielt sich Karl Martell in mancher Hinsicht anders als sein Vater Pippin in den Jahrzehnten nach Tertry. Vor allem weist sein Regiment eine viel stärker persönliche Prägung auf, was schon daran sichtbar wird, daß er sich Amt und Titel des Hausmeiers auch innerhalb seiner Familie zeitlebens allein vorbehielt. Seine Gattin Chrodtrud, gewiß von Adel und vielleicht aus dem Hause der Widonen, tritt in keiner seiner Urkunden und in keiner erzählenden Quelle als mithandelnd in Erscheinung und wird überhaupt nur anläßlich ihres Todes (725) in verschiedenen Annalen vermerkt; sie hat an Karls Seite kaum eine mit Plektrud vergleichbare Rolle gespielt. Von ihren Söhnen Karlmann und Pippin (dem Jüngeren), die sie neben einer Tochter Hiltrud gebar, findet sich lediglich der ältere 723 einmal mit seinem Handzeichen in einer Urkunde des Vaters (und ist damit wohl damals als erwachsen bezeugt), doch blieb er ebenso wie Pippin vor dem Tode Karls ohne jede offizielle Funktion. Während unter den Abkömmlingen der Stiefmutter Plektrud einzig der erwähnte Hugo († 730) als Inhaber bedeutender neustrischer Bistümer und Abteien zu einer führenden Stellung kam, war Karls illegitimer Halbbruder Childebrand, der über Besitz in der Gegend von Melun verfügte, bloß mit einem regionalen Kommando in Burgund und dem Grafentitel ausgestattet. Er hat sich eher einen Namen dadurch gemacht, daß er später eine Fortschreibung des sog. Fredegar zu »einer Familienchronik des karolingischen Hauses« (W. Levison) für die Jahre 736 bis 751 veranlaßte und darin mit seinem Sohne Nibelung auch noch einen Nachfolger für die Zeit bis 768 fand. Erst recht im Hintergrund standen drei weitere Söhne Karls namens Bernhard, Hieronymus und Remedius (Remigius), die er von einer Nebenfrau mit dem vermutlichen Namen Ruodhaid hatte. Alle Fäden liefen, so scheint es, mehr als zwanzig Jahre lang bei dem Hausmeier zusammen, der allerdings insofern der politischen Tradition seines Hauses treu blieb, als er die bloße Institution des Königtums auch weiterhin nicht antastete. Auf Chilperich II. ließ er 721 den unmündigen Theuderich IV. folgen, über den so gut wie nichts bekannt ist.

Ein folgenschwerer Unterschied zu Pippin dem Mittleren lag ferner darin, daß sich Karl Martell keineswegs mit dem Gewinn der Vorherrschaft in der Francia begnügte, sondern sogleich daran ging, seine Macht nach allen Richtungen hin zu erweitern, bis an die äußeren Grenzen des Merowingerreiches und womöglich noch darüber hinaus. Diese Expansionspolitik ergab sich mit einer gewissen Zwangsläufigkeit aus den Erfahrungen der Sukzessionskrise nach 714, in die von der Peripherie her Friesen, Sachsen und Aquitanier gegen Karl und seine Austrier eingegriffen hatten. Offenkundig war zudem geworden, daß die auf Distanz zu den Hausmeiern bedachten rechtsrheinischen Herzöge leicht versucht waren, sich mit innerfränkischen

Rivalen der Karolinger zu verbünden oder ihnen zumindest Rückhalt und Zuflucht zu gewähren. Viel erörtert wurde dieser Zusammenhang in neuerer Forschung am Beispiel des hl. Rupert, der, wohl aus einem mächtigen Geschlecht am Mittelrhein stammend, um 696 seinen Bischofssitz Worms verlassen haben dürfte und dann knapp zwei Jahrzehnte lang in Salzburg unter dem Schutz der Agilolfinger wirkte, bis er ausgerechnet 714/15 nach Worms zurückkehrte, als die Macht Pippins und seines Hauses gebrochen zu sein schien. Sich solcher »antikarolingischen Adelsopposition« (H. Wolfram) zu erwehren, erforderte von dem Hausmeier, die Reichweite seiner Autorität über die Francia hinaus allmählich mit dem gesamten Frankenreich zur Deckung zu bringen.

Die Serie der Feldzüge, die dazu nötig wurden, begann noch im selben Jahr, da sich das Ringen mit den Neustriern vor Soissons entschied. Im Sommer oder Herbst 718 drang Karl in einer Strafexpedition, die sächsische Überfälle vergelten sollte, vom Rhein bis zur Weser vor und eröffnete damit, langfristig betrachtet, die schicksalhafte Auseinandersetzung der Franken mit ihren heidnischen Nachbarn im Nordosten. Vordringlicher war ihm jedoch zunächst die Abrechnung mit den Friesen, die ihn 716 vor Köln in die Flucht geschlagen hatten, nun aber durch den Tod ihres Herzogs Radbod (719) entscheidend geschwächt waren. Bis 722 gelang Karl Martell anscheinend die Wiederherstellung der fränkischen Oberhoheit im Bereich der Rheinmündungen, doch waren weitere Vorstöße in den Jahren 733/34 nötig, um auch die nördlichen Regionen des Stammesgebiets zu unterwerfen. Während so in Friesland die Reichsgrenzen über ihren merowingerzeitlichen Verlauf hinaus vorgeschoben wurden, blieb Karls offensive Energie gegenüber den weit stärkeren Sachsen auf wiederholte Demonstrationen militärischer Macht ohne feste Eroberungsabsicht beschränkt, wovon aus den Jahren 720, 722, 724 sowie, mit offenbar lebhafterem Echo, 738 berichtet wird.

Auch im Verhältnis zu jenen Herzögen, die bei prinzipiell unbestrittener Zugehörigkeit zum Frankenreich erbliche Teilherrschaften im östlichen Vorfeld Austriens innehatten, wurde das wachsende Übergewicht der karolingischen Zentralgewalt rasch spürbar. Daß der mainfränkisch-thüringische Dukat um Würzburg nach 717 aus den Quellen verschwindet, wird zumeist einer Veranlassung des Hausmeiers zugeschrieben, der auch dafür gesorgt haben dürfte, daß der letzte, um 740 gestorbene Herzog des Elsaß aus dem Hause der Etichonen ohne Nachfolger blieb. Zäher war der Widerstand in Alemannien, wo schon Pippin gekämpft hatte und Karl Martell sich 725 und 728 den Durchmarsch nach Bayern erzwang. 730 zog der Hausmeier auch eigens gegen den dortigen Herzog Lantfrid zu Felde, der entweder dabei umkam oder noch im selben Jahre starb. Vielleicht betrachtete Karl damit das alemannische Herzogtum gleichfalls als erloschen, doch blieb immerhin Lantfrids jüngerer Bruder Theudebald unbezwungen, dem die fränkischen Quellen den Titel *dux* vorenthalten. Der eigentliche Gegner östlich des Rheins war jedoch das agilolfingische Bayern, dessen Autonomie unter dem Herzog Theodo († 717/18) auf ihren Höhepunkt gelangt war; er hatte seine Enkelin mit dem Langobardenkönig Liutprand (712–744) in Italien verheiraten können und kurz vor seinem Tode eine Romreise unternommen, die der Schaffung einer (dann doch nicht zustande gekommenen) eigenen bayerischen Bistumsorganisation galt. Seine Herrschaft war durch Erbteilung auf seinen Sohn Grimoald und dessen Neffen Hukbert übergegangen, die indes miteinander verfeindet waren und so Karl Martell das Eingreifen erleichterten. Der Hausmeier drang 725 und nochmals 728 nach Bayern vor, bewirkte Sturz und Tod Grimoalds und führte dessen Gemahlin Pilitrud samt deren Nichte Swanahild als Gefangene mit sich. Daß er Swanahild, deren genaue Einordnung in die Genealogie der Agilolfinger umstritten ist, bald nach dem Tod seiner ersten Gattin Chrodtrud ehelichte, stellt offenbar den Versuch dar, auch auf dynastischem Wege das bayerische Herzogshaus in das werdende karolingische Gesamtreich einzubeziehen. Jedenfalls konnte der Hausmeier seinen maßgeblichen Einfluß zur Geltung bringen, als 736 nach dem Tode des verbliebenen Herzogs Hukbert »durch Geschenk des Herrschers Karl« *(largiente ... Carolo principe),* wie die Metzer Annalen meinen, die Führung Bayerns an Odilo fiel, der ebenfalls als naher Verwandter Swanahilds bezeugt ist und überdies mit guten Gründen als Sproß einer Verbindung der alemannischen Herzogsfamilie mit den Agilolfingern angesehen wird. Vor solchem Hintergrund dürfte Grifo, der Sohn aus der zweiten Ehe Karl Martells mit Swanahild, nicht nur von edelster Abkunft, sondern geradezu das Unterpfand der karolingischen Hoffnungen in Süddeutschland gewesen sein.

Bei seinem Bemühen um die innere Gewinnung der germanischen Stammesgebiete an den nördlichen und östlichen Rändern des Reiches konnte Karl Martell im übrigen ebenso wie schon sein Vater auf Männer der Kirche bauen. Der angelsächsische Friesenmissionar Willibrord, bereits Pippin dem Mittleren eng verbunden, schlug sich nach 714 offenbar früh auf Karls Seite und hat ein wertvolles Zeugnis seiner Anteilnahme am Geschick der Dynastie in seinem persönlichen Kalender hinterlassen, wo sich die entscheidenden Kämpfe von Compiègne (715) und Vinchy (717) ebenso wie die Araberschlacht von 732 mit ihren Tagesdaten verzeichnet finden. Als Abt des karolingischen Hausklosters Echternach, der den neuen Hausmeier ausdrücklich als seinen »Herrn« bezeichnete, wurde er dazu ausersehen, dessen Sohn Pippin, den späteren König, zu taufen. Es überrascht daher nicht, daß sich die weiteren Fortschritte seiner kirchlichen Aufbauarbeit in Friesland im exakten Gleichschritt mit der politisch-militärischen Unterwerfung dieser Gegenden durch Karl Martell einstellten. Ähnlich wie Willibrord († 739) suchte auch sein um eine Generation jüngerer Landsmann Winfrid, der seit 719 den römischen Namen Bonifatius führte, den Rückhalt an der fränkischen Zentralgewalt. Nach anfänglichem Wirken an der Seite Willibrords in Friesland wandte er sich 721 den nur oberflächlich christianisierten, zunehmend fränkisch durchsetzten Landschaften Hessens und Thüringens zu und stützte sich dabei sowohl auf eine 722 in Rom empfangene Bischofsweihe als auch auf einen Schutzbrief des Hausmeiers, der ihn in der Manier eines königlichen Befehls allen »Bischöfen, Herzögen, Grafen, Untergrafen, Verwaltern, Beauftragten und Sendboten« empfahl. So geschah es denn auch im Schatten einer fränkischen Befestigung, der Büraburg bei Fritzlar, daß Bonifatius 723/24 ostentativ die Donar-Eiche von Geismar fällte, um den Nimbus der heidnischen Götter zu brechen. Mehr noch als die elementare Mission lag ihm freilich die Schaffung klösterlicher Mittelpunkte und die Ausbreitung eines geordneten kirchlichen Lebens nach römisch-angelsächsischem Vorbild am Herzen, doch kam es trotz einer päpstlichen Vollmacht von 732, die Bonifatius zum Erzbischof erhob, bei Lebzeiten Karl Martells in den rechtsrheinischen Gebieten fränkischer Siedlung nicht zur Errichtung einer regulären kirchlichen Hierarchie mit festen Bischofssitzen, anscheinend weil der Hausmeier Bedenken und Widerständen aus Kreisen des austrischen Episkopats und der ihm selbst unentbehrlichen Großen folgte. Günstigere Bedingungen bestanden in Bayern, wo Bonifatius 739 unter Herzog Odilo (mindestens mit Duldung

Karls) Gelegenheit bekam, die Sprengel von Salzburg, Freising, Regensburg und Passau abzugrenzen und ihnen erste Diözesanbischöfe zuzuordnen. Anders verhielt sich die kirchliche Lage in Alemannien, wo es schon seit spätmerowingischer Zeit Bischofssitze in Konstanz und Augsburg gab; hier tritt als Zeitgenosse des Bonifatius der offenbar aus Gallien stammende Abt-Bischof Pirmin († 753) in Erscheinung, der als Gründer des Inselklosters Reichenau im Bodensee (wohl 724) binnen kurzem von dem Herzogsbruder Theudebald »aus Haß gegen Karl« *(ob odium Karoli),* wie uns versichert wird, vertrieben wurde und sich im linksrheinischen Elsaß ein neues Tätigkeitsfeld suchte, – ein hinreichend deutliches Indiz dafür, daß auch dort die politische und die kirchliche Integration des Karolingerreiches Hand in Hand gehen sollten.

Während die Räume von Friesland bis Bayern seit jeher im Blickfeld Austriens, des Stammlandes der Arnulfinger, gelegen hatten, betrat Karl Martell beim Griff nach Aquitanien ein eher fremdartiges Terrain. Die weiten Landschaften südlich der Loire waren einst von Chlodwig den Westgoten abgerungen worden, hatten aber kaum fränkische Siedlung aufgenommen und stattdessen viel spätantik-römisches Erbe bewahren können, das an der Vielzahl der Städte *(civitates),* an der Kontinuität des senatorischen Adels und an der Dominanz der daraus hervorgehenden Bischöfe abzulesen ist. Die Bewohner erschienen den spätmerowingischen Quellen nicht nach Stämmen gegliedert, sondern global als *Romani,* und ein Herzogtum, das im Namen an die römische Provinz Aquitanien anknüpfte, entstand wohl erst im 7. Jahrhundert aus der Abwehr der über die Pyrenäen eingedrungenen Waskonen (Basken). Der Höhepunkt dieser regionalen, von den Gegenden um Toulouse und Bordeaux nordwärts drängenden Herrschaftsbildung war gerade unter jenem *dux* Eudo erreicht, der sich 717 mit den Neustriern unter Raganfrid gegen die Austrier verbündet und daher auch an deren Niederlage Anteil hatte. Mit dem Sieger Karl Martell kam er bald zu einer Übereinkunft, bei der wohl bereits ins Gewicht fiel, daß Aquitanien mittlerweile vom Süden her durch einen anderen, schwer berechenbaren Feind bedroht wurde. Die fränkischen Quellen sprechen meist von Sarazenen oder Ismaeliten und meinen damit weniger eigentliche Araber als islamisierte Berber Nordafrikas (Mauren), die 711 im Sturmlauf das spanische Westgotenreich überrannt hatten und nun auch gegen die gotischen Außenposten in Südgallien (vornehmlich

Narbonne) andrängten. Eudo konnte sie 721 mit einem vielbeachteten Abwehrerfolg vor Toulouse in die Schranken weisen, was zur Folge hatte, daß sich maurische Scharen mehr dem Rhônegebiet zuwandten und plündernd bis ins südliche Burgund vorstießen. Anscheinend um die relative Selbständigkeit Aquitaniens zu behaupten, verlegte sich Eudo in der Folgezeit auf eine Politik der Balance, die auch das Bündnis mit einem der Berberführer einschloß. Der erwünschte Effekt war indes nicht von langer Dauer: Als Karl Martell 731 die früheren Abmachungen für gebrochen erklärte und mit einem Heer die Loire überschritt, kam niemand Eudo zu Hilfe, und als sein Verbündeter im innerislamischen Machtkampf unterlag, sah sich dessen Gegner Abdarrahman, der arabische Statthalter des Kalifen in Spanien, gleich veranlaßt, auch gegen den aquitanischen Herzog vorzugehen. Eudo war ihm nicht gewachsen, mußte die Niederbrennung von Bordeaux und Poitiers hinnehmen und flüchtete sich selbst in den Schutz des fränkischen Hausmeiers. Im Oktober 732 brachte Karl zwischen Tours und Poitiers den maurischen Vormarsch zum Stehen, und da Abdarrahman im Kampf fiel, räumten seine Truppen eilends das Feld.

Dieser Sieg ist zweifellos die berühmteste Tat Karl Martells, die sein Bild zumal im französischen Geschichtsbewußtsein bestimmt hat. An der Vorstellung von einer welthistorischen Entscheidung, die damals das Abendland vor dem Islam bewahrt habe, sind bei nüchterner Betrachtung gewiß einige Abstriche zu machen, doch bleibt festzuhalten, daß bereits ein zeitgenössischer Beobachter fand, es seien die – erstmals im Frühmittelalter so bezeichneten – *Europenses* gewesen, die dort die Söhne Ismaels bezwungen hätten. Allerdings stammt diese Quelle aus Spanien und ist gerade nicht repräsentativ für den Blickwinkel der fränkischen Chronisten, die die Araberschlacht ohne allzu großen Nachdruck in die lange Serie der Waffentaten Karls einordnen. Auch ihm selbst dürfte es dabei primär darum gegangen sein, sich im Vergleich zu Eudo als überlegen in der Verteidigung des Reiches (konkret: des Martinsgrabes in Tours) zu erweisen und damit seinen umfassenden Hoheitsanspruch sichtbar zu legitimieren. Tatsächlich bedeutet der Feldzug von 732 den definitiven Durchbruch zur Unterwerfung auch der Südhälfte Galliens unter die Herrschaft der Karolinger. Gegenüber dem aquitanischen Herzogtum bedurfte es dazu nach dem Tode Eudos (735) nur noch eines bewaffneten Vorstoßes bis zur Garonne, um den Sohn und Nachfolger Hunoald zu einem Treueid zu nötigen. In Burgund und entlang der Rhône dagegen war der Hausmeier entschlossen, die Vertreibung der eingedrungenen Mauren als Hebel zu benutzen, um viele lokale Machthaber zu verdrängen und durch zuverlässige Anhänger aus seinem persönlichen Umfeld zu ersetzen: »Er gab das Gebiet jenes Reiches (Burgund) seinen bewährtesten Getreuen, Männern, die tatkräftig genug waren, um aufständischen und ungläubigen Völkern zu widerstehen«, meint der Fortsetzer der Fredegar-Chronik zu dieser 733 einsetzenden Politik, die Karl in mehrfachen Vorstößen bis nach Lyon, nach Arles und nach Marseille gelangen ließ. Der Widerstand gegen die Vereinnahmung durch den fränkischen Norden paktierte in der Provence offen mit den Sarazenen, so daß sich Karl schon bei der Rückeroberung von Avignon und einer vergeblichen Belagerung von Narbonne (737), vollends aber 738/39 bei einer abermaligen maurischen Offensive bis Arles und gleichzeitigem Aufstand einheimischer Großer unter dem *dux* Maurontus einer doppelten Herausforderung gegenübersah. Neben der Hilfe seines Halbbruders Childebrand, der zeitweilig allein das Kommando führte, war dem Hausmeier vor allem eine Allianz mit dem Langobardenkönig Liutprand von Nutzen, denn dessen bloßes Erscheinen in der Provence soll die Mauren bereits zum Rückzug bewogen haben, so daß sie sich schließlich nur im septimanischen Küstenland um Narbonne zu halten vermochten.

Beim Kampf um den romanischen Süden Galliens ging Karl Martell mit kompromißloser Härte auch gegen eine ganze Anzahl dortiger Bischöfe vor, die gewohnt waren, im Gebiet ihrer *civitas* eine wirtschaftlich und politisch dominierende Stellung einzunehmen. Gut bezeugt ist der Fall des Bischofs Eucherius von Orléans († 738), den Karl für zu mächtig gehalten haben soll, weshalb er ihn nach seinem Sieg bei Poitiers kurzerhand in die Verbannung nach Köln schickte und die Masse der Kirchengüter von Orléans an seine eigenen Gefolgsleute austeilte. Daß es dabei um nichts Geringeres als eine planvolle Einebnung von vorfränkischen Herrschaftsstrukturen ging, zeigen Hinweise auf ähnliche Einbußen, die damals die Kirchen von Sens, Langres, Auxerre, Autun, Mâcon, Lyon u.a. hinnehmen mußten. Besonders wirkungsvoll (und schon unter Pippin dem Mittleren in Neustrien erprobt) war die mehr oder minder erzwungene Übereignung bischöflicher Klöster an die Familie des Hausmeiers, die dadurch weit über Austrien hinaus wesentlich an materiellem Potential, personellem Spielraum und geistlichem Rückhalt hinzugewann. Man hat mit Recht betont, daß erst diese Hinordnung so vieler Kirchen auf die neue Dynastie den wechselseitigen Austausch und damit die Kulturblüte des 9. Jahrhunderts möglich gemacht habe, und in der »Einstaatung der Kirche« überhaupt eine er »größten politischen Leistungen Karl Martells« erkannt (F. Prinz), doch sollte nicht übersehen werden, daß die davon Betroffenen natürlich ein schreiendes Unrecht zu erleiden meinten. Mehr als alle Gewalttaten oder auch die Duldung kirchlicher Mißstände haben diese dem Aufbau der karolingischen Reichsgewalt dienenden Übergriffe auf geistliche Ämter und Besitzungen das Andenken Karls bei der Nachwelt verdunkelt. Seine sog. Säkularisationen – genauer: Zwangsanleihen, um deren Anerkennung und wenigstens partielle Rückerstattung viele Kirchen generationenlang zu ringen hatten – setzten den Hausmeier zumal im kanonistisch bewußteren 9. Jahrhundert deutlicher Kritik aus und veranlaßten Erzbischof Hinkmar von Reims, dem geschädigten Eucherius von Orléans eine Vision zuzuschreiben, wonach Karl als Kirchenräuber schweren Höllenstrafen ausgeliefert sei.

Wer sich die vielfältigen Kämpfe Karl Martells vor Augen hält, deren Regelmäßigkeit in damaligen Klosterannalen schon dazu führte, daß eigens vermerkt wurde, wenn in einem Jahr kein Feldzug stattfand, wird es nicht schwer haben, dem Urteil beizupflichten, seine Herrschaft sei eine »eiserne Zeit« für das *regnum Francorum* gewesen (E. Ewig). In der Tat scheint an ihm nichts so sehr hervorzustechen wie die unbeugsame Zähigkeit, mit der er zunächst den eigenen Aufstieg gegen alle Widerstände ertrotzte und dann die Vormacht seines Hauses in der Francia sicherte, um schließlich weit über den Aktionsradius seines Vaters Pippin hinaus bis an die Grenzen des Merowingerreiches alle Machthaber zur Anerkennung seiner Überlegenheit zu zwingen. Dabei blieb er sich offenbar stets bewußt, wieviel er der austrischen Klientel zu verdanken hatte, auf der seine Erfolge gründeten; er ließ sie regelmäßig am Gewinn teilhaben, der in nutzbaren Rechten und Besitzungen, in weltlichen und geistlichen Ämtern bestand, und gab ihren Interessen – aller naiven Gottesfurcht zum Trotz – notfalls auch den Vorrang vor kirchlichen Belangen und Reformwünschen. Bezeichnend für seine Haltung ist eine eher beiläufige Episode des Jahres 739, die ihre Denkwürdigkeit erst aus rückblickender Perspektive gewinnt: Papst Gregor III., der sich in Rom damals durch die Langobarden unter König Liutprand akut bedroht sah, richtete zwei Gesandtschaften an Karl, die ihm die Schlüssel des Petrusgrabes und weitere Geschenke überbrachten, eine Lösung Roms vom (ost-)römischen Kaiser in Aussicht stellten und fränkischen Beistand erbaten. Der Hausmeier soll darauf freundlich reagiert haben, unternahm aber – anders als später sein Sohn und sein Enkel – nichts Bestimmtes zugunsten des Papsttums, schon mit Rücksicht auf die Schützenhilfe, die ihm Liutprand eben erst in der Provence geleistet hatte, doch vermutlich auch weil sein politischer Horizont noch ganz vom Frankenreich merowingischen Zuschnitts geprägt war.

In seinen Briefen von 739/40 titulierte der Papst Karl Martell als »Vizekönig« *(subregulus)* und spielte damit wohl auf das staatsrechtliche Novum an, daß der Hausmeier seit dem Tode Theuderichs IV. (737) ohne einen König im Hintergrund fungierte. Dabei kann Karl selbst am allerwenigsten zweifelhaft gewesen sein, daß er längst über sämtliche königliche Vorrechte verfügte und an faktischer Macht alle Merowinger übertraf, die es seit 200 Jahren gegeben hatte. Auch seine zunehmende Vorliebe für die klassischen Königspfalzen im Oise-Tal und die gewiß frühzeitig getroffene Entscheidung, die letzte Ruhe nicht mehr im austrischen Metz oder auf dem Chèvremont, sondern in der traditionsreichen Königsabtei Saint-Denis vor Paris finden zu wollen (wo zuletzt Chlodwig II. 657 bestattet worden war), spiegeln sein gesteigertes monarchisches Selbstgefühl, doch bleibt uns verborgen, wie er sich die Zukunft dieses persönlichen »Prinzipats« dachte. Die vereinzelte Nachricht, daß er seinen zweiten Sohn Pippin um 737 (?) zum befreundeten (und kinderlosen) Langobardenkönig Liutprand nach Italien schickte, der ihn nach der Sitte seines Volkes durch eigenhändiges Scheren des Haupthaars adoptierte, mag darauf hindeuten, daß er mit diesem nunmehrigen »Königssohn« Besonderes vorhatte. Andererseits ist durch Childebrands Fredegar-Fortsetzung und die Metzer Annalen einhellig überliefert, daß der seit 739 kränkliche Hausmeier »nach dem Rat der Großen«, vermutlich also auf der im März üblichen Heeresversammlung spätestens von 741, das Reich für die Zeit nach seinem Tode derart aufteilte, daß sein ältester Sohn Karlmann Austrien, Alemannien und Thüringen (ohne Bayern) und der nächste Bruder Pippin Neustrien, Burgund und Provence (ohne Aquitanien) beherrschen sollte. Dieser Erbregelung zugunsten der erwachsenen

Söhne Chrodtruds stehen Beobachtungen gegenüber, wonach gegen Ende von Karls Lebenszeit in seiner Umgebung eher eine »bayerische Partei« um seine zweite Gattin Swanahild dominierte. Ihr Verwandter, Herzog Odilo, hielt sich, anscheinend verdrängt von bayerischen Großen, 740/41 in der Francia auf und knüpfte damals seine Beziehung zu Karls Tochter Hiltrud an, aus der ihr Sohn Tassilo (III.) – mit gut bezeugtem Geburtsjahr 741 – hervorging, übrigens ein Skandal, der noch zu Ludwigs des Frommen Zeiten in peinlicher Erinnerung war. Von daher gewinnt auch das widerwillige Eingeständnis der Metzer Annalen zusätzliches Gewicht, dem jungen Grifo aus Karls Ehe mit Swanahild sei nachträglich auf Betreiben seiner Mutter, »eines ruchlosen Weibes« *(improbae mulieris)*, vom Vater ein Erbteil in Neuster, Auster und Burgund, also inmitten des Reiches, zuerkannt worden. Dies steht womöglich für noch weitergehende Zusagen, denn Swanahild und ihr Sohn, nicht aber Karlmann und Pippin werden fünf Wochen vor Karls Tod in dessen letzter Urkunde als Zustimmende erwähnt, standen also bis zum Ende mit ihm in sichtlichem Einvernehmen. Als der Hausmeier am 15. oder 22.10.741 in der Pfalz Quierzy dahinschied, hatte er zwar seiner Familie insgesamt die Oberhand gesichert, aber wie sein Vater keine wirklich haltbare Verfügung über die künftige Machtverteilung getroffen.

IV. Die dritte Generation: Karlmann und Pippin der Jüngere (741–768)

Der Generationswechsel von 741 bildete gerade noch den Horizont zeitgeschichtlicher Erinnerung, als um 790 ein Geistlicher aus der Umgebung Karls des Großen den angemessenen Auftakt für ein neu konzipiertes Annalenwerk suchte, das aus der zentralen Sicht des Hofes Wachstum und Größe des Frankenreiches unter karolingischer Führung darstellen sollte. Für die innere Anteilnahme dieses ersten Verfassers der sog. Reichsannalen an dem rund fünfzig Jahre zurückliegenden Geschehen spricht es, daß er den Eindruck zu erwecken trachtete, die Herrschaft sei damals reibungslos von Karl Martell auf seine Söhne Karlmann und Pippin übergegangen; er mußte sich deshalb ein weiteres Vierteljahrhundert später von einem Überarbeiter seines Werkes durch den Einschub korrigieren lassen, Karl habe drei Erben – Karlmann, Pippin und Grifo – gehabt, die zunächst einen Machtkampf untereinander austrugen. Augenscheinlich gehörten die Ereignisse nach dem Tod Karl Martells noch lange zu den Themen, über die man im Kreis der Sieger ungern sprach, und das macht es auch für uns nicht leicht, die abermalige Weichenstellung der Familiengeschichte in ihren Voraussetzungen und ihrer Tragweite zu erfassen. Sicher ist, daß mit dem Wechsel an der Spitze nicht anders als 27 Jahre zuvor nach dem Tod Pippins des Mittleren ein Autoritätsverlust verbunden war, der freilich von geringerem Ausmaß gewesen ist als 714, obgleich der enge Zusammenhang zwischen Divergenzen in der Herrscherfamilie und dem Aufbegehren der Randvölker rasch erneut zutage trat. Karl Martell, der für sich selbst zeitlebens nichts als die Alleinherrschaft erstrebt hatte, muß es am Ende im Vollgefühl seiner Erfolge für hinnehmbar, vielleicht sogar im Hinblick auf die Praxis der merowingischen Könige für inzwischen »standesgemäß« gehalten haben, das Reich zu teilen und jedenfalls seinen beiden erwachsenen Söhnen aus erster Ehe, dem mindestens 33jährigen Karlmann und dem etwa 26jährigen Pippin dem Jüngeren, gleichberechtigt den »Prinzipat« zu hinterlassen; er ließ sich aber eindeutig darüber hinaus noch für den dynastisch konsequenten Gedanken gewinnen, auch seinen höchstens 15jährigen Sohn Grifo aus zweiter Ehe, der samt seiner Mutter besonderer Sympathien in Bayern gewiß sein durfte, mit einem eigenen Anteil auf Kosten der älteren Halbbrüder auszustatten. Die absehbaren Verwicklungen mit Swanahilds agilolfingischen Verwandten wurden noch dadurch prinzipiell verschärft, daß ihnen ebenso wie dem aquitanischen Herzog erstmals zugemutet wurde, eine Übertragung des Hausmeieramtes im reinen Erbgang, ohne jede Legitimierung durch einen König, mitzuerleben. Ob Karl an die Durchsetzbarkeit des Teilungsplans auch in seiner modifizierten Form geglaubt hat, steht dahin, doch muß auffallen, daß nur für das ursprüngliche Konzept zugunsten Karlmanns und Pippins eine förmliche Zustimmung der Großen bezeugt ist, während die Einbeziehung Grifos allgemeine Besorgnis ausgelöst haben soll. An dieser tendenziösen Überlieferung scheint so viel richtig zu sein, daß die beiden älteren Brüder zusammen auf den bei weitem größeren Rückhalt in der fränkischen Führungsschicht vertrauen konnten, was hauptsächlich erklären dürfte, warum es Grifo anders als einst seinem Vater nicht gelang, sich gegen die Stiefbrüder durchzusetzen.

Tatsächlich scheint die politische Ungewißheit nur kurz gewesen zu sein, die selbst Bonifatius veranlaßte, ein briefliches Hilfsersuchen an jeden der drei Söhne des eben verstorbenen Karl zu richten. In einem sehr zügigen Drama zog nämlich die »bayerische Partei« der letzten Jahre Karl Martells rasch den kürzeren: Hiltrud eilte zu Herzog Odilo nach Bayern und heiratete nun den Vater ihres kleinen Sohnes Tassilo gegen den Willen ihrer Brüder. Falls Swanahild von dort Unterstützung für Grifo erwartete, blieb dies vergebens, denn Karlmann und Pippin haben anscheinend noch vor der Jahreswende 741/42 den Versuch ihres Halbbruders im Keim erstickt, sein zentral gelegenes Teilreich (oder mehr?) an sich zu reißen. Grifo wurde in Laon umzingelt und schließlich auf dem Chèvremont bei Lüttich gefangengesetzt, während seine Mutter im alten Königskloster Chelles bei Paris verschwand, das hier erstmals in Händen der Karolinger begegnet. Die Abqualifizierung der zweiten Gemahlin Karls als Konkubine bildete offenbar die moralische Rechtfertigung dieses Vorgehens und dürfte sich von daher in der Überlieferung ausgebreitet haben. Bevor die beiden Hausmeier dann den Kampf nach Bayern selbst trugen, unternahmen sie im Frühjahr 742 einen gemeinsamen Vorstoß in das (ebenfalls keinem von ihnen ausdrücklich zugesprochene) Aquitanien, wo sie dem *dux* Hunoald vornehmlich durch die Einnahme von Bourges ihre militärische Stärke erwiesen. Zusammen traten sie ferner im Herbst in Alemannien auf, um an der Donau wiederum gegnerische Kräfte einzuschüchtern. Der Vorbereitung auf die kommende Auseinandersetzung mit einer Koalition aller Unzufriedenen diente sichtlich auch die Entscheidung, Anfang 743 noch einmal einen merowingischen König namens Childerich III. einzusetzen, was zwar in den erzählenden Quellen verschwiegen wird, aber aus urkundlichen Zeugnissen hervorgeht und keinen anderen Zweck gehabt haben kann, als die Position der beiden Hausmeier unanfechtbar zu machen.

Nach einer lange verkannten Nachricht der Reichsannalen hatten Karlmann und Pippin 742 auf dem Rückweg aus Aquitanien in Vieux-Poitiers eine abermalige Reichsteilung vereinbart, die offenbar der Ausschaltung Grifos Rechnung tragen sollte. Da sich in den folgenden Jahren die rekonstruierbaren Zuständigkeitsbereiche der Hausmeier nicht völlig mit den ihnen vom Vater bei der ursprünglichen Zweiteilung zugewiesenen Regna decken, muß in Vieux-Poitiers eine abweichende Regelung getroffen worden sein, die den zeitweilig von Grifo beanspruchten Teil der Francia nicht mehr entlang der alten austrisch-neustrischen Grenze aufspaltete. Es zeichnet sich ab, daß Pippin eine südliche Zone Austriens um Reims, Metz und Trier sowie zumindest teilweise das Elsaß erhielt und dafür Karlmann ein gutes Stück des nördlichen Neustrien bis zur unteren Seine, u. a. mit Cambrai, Laon, Meaux und Rouen, überließ. Der Grund für diese Änderung des väterlichen Vermächtnisses wird im Zeichen gegenseitigen Einvernehmens kaum gewesen sein, bewußt jedem Wiederaufleben des alten austrisch-neustrischen Antagonismus vorzubeugen (obgleich darin der eigentlich zukunftweisende Aspekt dieser neuartigen Raumgliederung lag), sondern eher der Wunsch, einen gewissen Ausgleich zu schaffen zwischen dem in Austrien massierten Familienbesitz und dem in Neustrien verfügbar gewordenen Königsgut, die anteilig jedem der beiden Herrscher zufallen sollten. Außerdem scheint Pippin von vornherein einen eigenen Zugang zu den aussichtsreichen Expansionsgebieten rechts des Rheins angestrebt zu haben.

Nach dieser Konsolidierung der Verhältnisse in der inneren

Francia traten die Hausmeier 743 den gemeinsamen Feldzug gegen ihren ungeliebten Schwager Odilo von Bayern an, der sich sächsische, alemannische und slavische Hilfstruppen gesichert hatte. Am Lech fiel die Entscheidung, als die Franken den Flußübergang erzwingen und das bayerische Heer schlagen konnten; Odilo floh ebenso wie sein Verbündeter Theudebald, der Bruder des früheren Alemannenherzogs Lantfrid, und mußte sich beim Friedensschluß, wahrscheinlich unter Gebietsverlusten, erneut der karolingischen Oberhoheit beugen. Nach diesem Erfolg gingen die Hausmeier gegen die übrigen Feinde in sorgsam abgestimmter Weise vor: Während Karlmann 743 und nochmals 744 bis ins östliche Sachsen hinein Schrecken verbreitete, setzte sich Pippin wohl 744 mit Theudebald auseinander, der von Alemannien her ins Elsaß eingedrungen war. Das Jahr 745 sah dann wieder beide Brüder zusammen beim Heereszug gegen Hunoald von Aquitanien, der während des bayerischen Unternehmens einen Einfall in Neustrien gewagt hatte und nun zur Kapitulation gezwungen wurde. Man ließ ihn seine Tage im Kloster beschließen, gestattete ihm aber, seinem Sohn Waifar den aquitanischen Dukat zu übertragen. Den Abschluß dieser neuen Welle der Zentralisierung des Frankenreiches bildete das Einschreiten Karlmanns in Alemannien, der dort 746 eine letzte Empörung blutig niederschlug und das Herzogtum endgültig beseitigte. Die Überlieferung dieses Geschehens ist offenbar bald schon beschönigt worden und daher undeutlich, doch beruht es auf einer methodisch bedenklichen Kombination, wenn die Nachricht von einem Strafgericht des Hausmeiers in Cannstatt häufig mit einer isolierten Notiz über Tausende von Opfern seines Feldzuges in eins gesetzt wird. Jedenfalls war seither auch in Alemannien die Bahn frei für fränkische Grafen, die sich nicht selten mit der einheimischen Führungsschicht versippten und dadurch langfristig die Adelsbasis der Karolingerherrschaft verbreiterten.

Östlich des Rheins hatten im übrigen schon Pippin der Mittlere und erst recht Karl Martell zugleich auf die prägende Kraft des Christentums gesetzt und dabei vor allem angelsächsische Kirchenmänner gefördert, die außer dem Schutz des fränkischen Hausmeiers auch gern die Beauftragung durch den Papst suchten. Soweit die Bestrebungen zumal des Bonifatius über die eigentliche Glaubensvermittlung hinaus auch auf eine organisatorische Konsolidierung des Missionswerkes und eine

Überwindung unkanonischer Mißstände gerichtet waren, hatte Karl freilich deutliche Zurückhaltung geübt, und dies war es, was seine Söhne nun aufgaben. Wir wissen nichts Bestimmtes über eine geistliche Erziehung der beiden Hausmeier – nur einzelne Indizien weisen bei Karlmann auf Echternach, bei Pippin auf Saint-Denis –, doch ist offensichtlich, daß sie, die von Jugend an zur Herrscheraufgabe bestimmt waren, kirchlichen Bedürfnissen und Wünschen von vornherein stärker entgegenkamen als ihr Vater und dabei auch Spannungen mit einflußreichen Großen in Kauf nahmen, deren Machtstellung von einer durchgreifenden Kirchenreform bedroht war. Sie versprachen sich, so scheint es, von einer die herkömmliche Kloster- und Missionspolitik überbietenden Erneuerung des gesamten religiösen Lebens in ihrem Reich einen fühlbaren Zugewinn an moralisch fundierter Autorität, der dem nun in dritter Generation behaupteten Prinzipat der Familie zusätzlichen, sakralen Halt gewähren konnte. Allerdings war die Risikobereitschaft im Umgang mit der Aristokratie bei den Brüdern unterschiedlich groß, und zumal vor dem Hintergrund der neuen Erkenntnisse über die Reichsteilung von 742 gilt, daß der ältere Karlmann bei der Unterstützung des Bonifatius eindeutig die treibende Kraft war und den jüngeren Pippin nur bis zu einem gewissen Grade mitzureißen vermochte.

An der nach dem Tode Karl Martells einsetzenden ersten Reformära der fränkischen Kirche ist vor allem bezeichnend, wie eng ihr Verlauf mit den politischen Entschlüssen der karolingischen Machthaber verflochten war. Anders als bei den vorausgegangenen Klostergründungen konnte Bonifatius in Erfurt, Würzburg und auf der hessischen Büraburg Bischofssitze zur längst geplanten kirchlichen Organisation des christlichen Neulands erkennbar auf Fiskalgut einrichten und war daher unmittelbar von einer Verfügung des Hausmeiers abhängig. Der Entschluß ist eher Karlmann und dem Jahr 742 zuzuschreiben als Karl Martell und 741 (wie ein Teil der Forschung annimmt), und demgemäß scheint es im April 743 gewesen zu sein, als Bonifatius – nach vorherigem Briefwechsel mit dem Papst – zusammen mit den neu geweihten und wenigen anderen Bischöfen eine Synode an unbekanntem Ort abhielt, die erste nach Jahrzehnten der kirchlichen Stagnation im Frankenreich. Die Beschlüsse dieses später sog. Concilium Germanicum verkündete Karlmann als *dux et princeps Francorum* in einer nach königlichem Vorbild gestalteten Anordnung, die als Ziel proklamierte, »das Gesetz Gottes und die kirchliche Ordnung, die in den Tagen der früheren Gebieter *(in diebus preteritorum principum)* in Auflösung und Verfall gerieten, wiederherzustellen«. Zu dem klaren Bewußtsein, sich von der Haltung der Vorgänger abzuheben, trug gewiß mehr als alle Einzelgebote (zur Stärkung der bischöflichen Amtsgewalt, zur Lebensführung des Klerus, zur Beachtung der Benediktregel und zur Überwindung heidnischer Praktiken im Volk) der generelle Beschluß bei, den Kirchen die entfremdeten Güter zurückzuerstatten. Dies griff, beim Wort genommen, so tief in die Fundamente ein, auf denen Karl Martell und sein adliger Anhang ihre Herrschaft errichtet hatten, daß schon übers Jahr erhebliche Abstriche zu machen waren, als sich ein größerer, auch aus den neustrischen Regionen gekommener Kreis von Bischöfen im März 744 zu einer Synode des ganzen Karlmann-Reiches in Les Estinnes (Hennegau) traf. Über ihre Beratungen ließ der Hausmeier verkünden, daß »wegen der drohenden Kriegsnot und des Ansturms der umliegenden Völker ein Teil des Kirchenguts als zinspflichtige Landleihe zur Unterstützung des Heeres zurückbehalten« werde; immerhin gelang es offenbar dadurch, auch eine verhaltene Zustimmung Pippins zu gewinnen, der mit 23 Bischöfen seines Teilreiches in denselben Tagen in Soissons Ähnliches, freilich in noch weiter eingeschränkter Form, beschloß. 745 kam daraufhin sogar eine gesamtfränkische Synode (wiederum an unbekanntem Ort) zustande, die beide Hausmeier mit Bonifatius zusammenführte.

Einen empfindlichen Rückschlag erlitt der Angelsachse indes bei dem Bestreben, die Kirche der zentralen Francia auch personell in ihren Schlüsselpositionen zu erneuern. Die 744 beschlossene und vom Papst sanktionierte Einsetzung von je zwei Erzbischöfen als Metropoliten in jedem der beiden Teilreiche kam unter Pippin, wo Reims und Sens betroffen waren, gar nicht zustande, anscheinend wegen massiver Widerstände der zu verdrängenden Amtsinhaber, darunter des von Bonifatius besonders verabscheuten Doppel-Bischofs Milo von Trier und Reims († 757), und glückte auch unter Karlmann nur halb, weil zwar Grimo von Rouen durchgesetzt werden konnte, aber Bonifatius selbst nicht den angestrebten Sitz in Köln erhielt, sondern 746/47 mit Mainz als einfachem Bistum vorlieb nehmen mußte, nachdem der dortige Bischof Gewilib immerhin wegen einer mit eigener Hand verübten

Blutrache abgesetzt worden war. Bonifatius zog sich angesichts wachsender Schwierigkeiten mehr und mehr aus der vordersten Linie zurück, konzentrierte sich auf sein rechtsrheinisches Tätigkeitsfeld, wo er 744 das Kloster Fulda gegründet hatte, und starb schließlich gar als Märtyrer bei einem Überfall heidnischer Friesen, zu denen er sich 754 noch einmal als Missionar begeben hatte. Sein umfassendes Reformwerk war indes keineswegs gescheitert, sondern wurde von einheimischen fränkischen Kräften fortgeführt. Pippin berief zusammen mit Karlmann 747 eine Bischofsversammlung nach Düren und ging dazu über, Rechtsauskünfte unmittelbar beim Papst einzuholen, der durch die Angelsachsen zu gemehrtem Respekt im Frankenreich gelangt war. Das besondere Vertrauen des Hausmeiers in geistlichen Dingen genossen inzwischen Männer wie der irische Abt Virgil, der 745/46 mit seiner Unterstützung nach Bayern ging und sich in Salzburg niederließ, vor allem aber die vornehmen Franken Chrodegang, seit 742 Bischof von Metz, und Fulrad, seit 750 Abt von Saint-Denis.

Die unterschiedliche Haltung der beiden regierenden Brüder gegenüber Bonifatius gehört zu den wichtigsten Aspekten bei der Beurteilung der Frage, woran der erste Versuch einer Doppelherrschaft von Karolingern schließlich gescheitert ist. Die loyal gestimmten Quellen vermitteln sechs Jahre hindurch das Bild eines einträchtigen Miteinanders der Hausmeier, bei dem anfangs sogar eher Karlmann die aktivere Rolle spielte; gemeinsam setzten sie den ererbten Führungsanspruch innerhalb der Familie – gegen Grifo wie auch die schattenhaften Halbbrüder von eindeutig illegitimer Abkunft – durch und wiesen ebenso die peripheren Herzöge in die Schranken. Während Karlmann offenbar schon länger verheiratet war (mit einer Frau, deren Namen wir nicht kennen) und zumindest einen heranwachsenden Sohn Drogo hatte, wählte der jüngere Pippin wohl 744 seine Gattin Bertrada, die Tochter des Grafen Heribert von Laon, aus einem der führenden Geschlechter Austriens, der Stifterfamilie des Eifelklosters Prüm. Er war noch ohne Nachwuchs, als im Herbst 747 der Hausmeier Karlmann mit dem Entschluß hervortrat, »aus brennendem Verlangen nach frommer Hingabe« *(devotionis causa inextinctu succensus)* der Herrschaft zu entsagen und sich in Rom dem geistlichen Leben zu widmen. Die ausschließlich religiöse Begründung der Abdankung, die in den Quellen vereinzelt auch als Reue über die blutige Unterdrückung der Alemannen im Vorjahr präzisiert wird, verdient eine gewisse Skepsis, doch ist es der Forschung nicht gelungen, konkrete politische Differenzen der Brüder (etwa in der Behandlung des Adels, in der Königsfrage oder im Verhältnis zu den Langobarden) einsichtig zu machen. So bleibt wohl nichts übrig, als auf den besonderen Eifer Karlmanns für die Sache des Bonifatius hinzuweisen und eine persönliche Entscheidung aus dem Geist einer strengeren christlichen Herrscherethik anzunehmen, wozu neben dem Vorbild früherer angelsächsischer Könige auch eine gewisse Enttäuschung über die akuten Widerstände gegen die fränkische Kirchenreform beigetragen haben mag. Karlmann »übergab«, so wird uns versichert, »sein Regnum und seinen Sohn Drogo in die Hände seines Bruders Pippin«, bevor er sich von Papst Zacharias in den römischen Klerus aufnehmen ließ und auf dem Monte Soratte nördlich der Stadt ein Kloster gründete, von wo er etwa 750 als Mönch nach Montecassino auswich, angeblich weil ihm der häufige Besuch fränkischer Pilger, darunter wohl auch politischer Gegner seines Bruders, lästig wurde.

Als nunmehr alleiniges Familienoberhaupt war Pippin indes kaum gesonnen, die Macht abermals zu teilen, weshalb der junge Drogo nur ganz kurzfristig als Inhaber eines eigenen Herrschaftsbereichs in Austrien erscheint und spätestens beiseite geschoben wurde, als am 2.4.748 Pippins erster Sohn Karl, der künftige Kaiser, zur Welt gekommen war. In unklarem Zusammenhang damit steht die Nachricht, daß der früher schon ausgeschaltete Halbbruder Grifo 747 gleich nach Karlmanns Verzicht von Pippin auf freien Fuß gesetzt wurde, eine Versöhnung jedoch ablehnte und mit »sehr vielen jungen Männern aus fränkischem Adel, die ihren eigentlichen Herrn verließen«, zu den feindlichen Sachsen eilte. Als der Hausmeier auf die kaum verhüllte Rebellion mit einem raschen Feldzug bis zum Harz reagierte, floh Grifo weiter nach Bayern, wo er sich nach dem Tod des Herzogs Odilo (748) neue politische Chancen ausrechnete. Im Namen von dessen Witwe, seiner Halbschwester Hiltrud, und ihres unmündigen Sohnes Tassilo, die er in seine Gewalt brachte, begann er – als Agilolfinger und Karolinger zugleich – über diesen Dukat zu herrschen, unterstützt nicht bloß von bayerischen, sondern auch fränkischen und alemannischen Großen. Pippin war dadurch herausgefordert, 749 erneut mit starker Macht nach Bayern zu ziehen, warf seine Gegner bis hinter den Inn zurück und zwang sie zur Ergebung. Während Hiltrud die Vormundschaft über Tassilo in Bayern belassen wurde, erschienen Grifos Herrschaftsansprüche in der Francia offenbar immer noch als fundiert und sein Anhang als gewichtig genug, um Pippin zu veranlassen, ihm eine Abfindung mit 12 Grafschaften um Le Mans zu gewähren. Auch damit nicht zufrieden, wandte sich Grifo bald als letzter Zuflucht innerhalb des Reiches Aquitanien zu, dessen Herzog Waifar ihn jedoch nur für begrenzte Zeit schützen konnte. Beim Versuch, zu den Langobarden nach Italien durchzubrechen, wurde er 753 in den Alpen von Leuten Pippins im Kampf getötet und damit vollends zum Opfer des dynastischen Rangstreits mit dem älteren Stiefbruder.

Zu den Ungewißheiten im Hintergrund des Familienzwistes nach 741 gehört nicht zuletzt, ob die Brüder verschiedene Ansichten über das Festhalten am (743 nochmals erneuerten) Königtum der Merowinger hatten, oder anders gesagt: seit wann Pippin sich das Ziel setzte, selber offen an die Spitze des Reiches zu treten. Jedenfalls schufen erst der Rücktritt Karlmanns und die Überwindung Grifos die Bedingungen, unter denen der verbliebene Hausmeier daran gehen konnte, den eigentümlichen Bann zu brechen, der seit dem Scheitern seines Urgroßonkels Grimoald fast 90 Jahre zuvor über dem Verhältnis seines immer mächtiger gewordenen Hauses zur fränkischen Monarchie lag. Gegen die Verdrängung nicht nur eines einzelnen Königs, sondern des gesamten, auf Chlodwig und den sagenhaften Merowech zurückgehenden Geschlechts sträubte sich ein offenbar tief verwurzelter Legitimismus, dessen Gewicht wenigstens indirekt noch an dem Eifer abzulesen ist, mit dem die auf Rechtfertigung des »Staatsstreichs« bedachten Quellen die vermeintlich totale Machtlosigkeit der letzten Merowinger ausmalen, ja bis zur Karikatur steigern. Ihnen sei nach der klassischen Formulierung Einhards, des Biographen Karls des Großen, »nichts übrig geblieben, als zufrieden mit dem bloßen Namen eines Königs *(regio tantum nomine),* mit langem Haupthaar und ungeschorenem Bart auf dem Thron zu sitzen und den Anschein eines Herrschers *(speciem dominantis)* zu erwecken, die von überallher kommenden Gesandten anzuhören und ihnen beim Weggang Antworten, die ihnen beigebracht und befohlen waren, wie aus eigener Machtvollkommenheit zu erteilen...« Das Zerrbild einer Marionette an den Fäden des eigentlichen Gebieters soll nicht nur die Unhaltbarkeit der staatsrechtlichen Lage dartun, sondern auch den Schwund jeglichen angestammten Charismas der alten Königssippe, der ihrem Sturz erst das Frevelhafte nahm. Um diesem Eindruck gegen alle Zweifel zu verbindlicher Geltung zu verhelfen, schloß sich Pippin mit Zustimmung der Großen der Praxis der Angelsachsen um Bonifatius an, die immer wieder beim Papst in Rom die Richtschnur ihres Handelns gesucht und nach diesem Maßstab die fränkische Kirche zu reformieren begonnen hatten. Im Frühjahr 750, als rundum die Waffen schwiegen, sandte er den Bischof Burchard von Würzburg, einen Angelsachsen, und seinen persönlichen Vertrauten Fulrad zu Papst Zacharias, den Reichsannalen zufolge mit der Frage »nach den Königen im Frankenreich, die damals keine königliche Gewalt hatten, ob das gut sei oder nicht«.

Sie erhielten, vermutlich sogar schriftlich, den Bescheid, »daß es besser sei, der hieße König, welcher die Macht habe, als der, welcher ohne königliche Macht sei; damit die Ordnung nicht gestört werde *(ut non conturbaretur ordo),* befahl er kraft seiner apostolischen Vollgewalt, Pippin zum König zu machen«. Das berühmte Responsum des Zacharias fußte auf Vorstellungen Augustins und anderer Kirchenväter, für die *ordo* »die sinnvolle, in sich begründete Verteilung und Zuordnung der gleichen und ungleichen Dinge« (H. Büttner) gewesen war, und bot damit die erwünschte autoritative Grundlage, um die Diskrepanz zwischen Titel und Inhalt der königlichen Würde zu überwinden. Rechtsverbindlich wurde der Dynastiewechsel erst dadurch, daß Pippin wohl im November 751 in Soissons durch eine »Wahl aller Franken«, die in akklamatorischer Huldigung der Großen und förmlicher Thronsetzung bestand, das Königtum annahm, während Childerich III. sich das lange Haupthaar scheren lassen und samt seinem Sohn Theuderich den Weg ins Kloster Saint-Bertin antreten mußte. Die Rangerhöhung des Hausmeiers, der seine bisherige Stellung allein von sich aus, genauer: dank dem Erbe der Vorfahren und der eigenen Tatkraft, erlangt hatte, vollzog sich nach dem Befund der Quellen ganz ostentativ im Einklang mit dem herkömmlichen Herrscherzeremoniell der Franken, sollte also sichtbar von der Führungsschicht des Reiches getragen sein, aus der die Karolinger emporgewachsen waren und ohne die eine wirksame Regierung nicht denkbar schien. Als neuartiges, dem gewandelten Klima des mittleren 8. Jahrhunderts entsprechendes Element trat freilich die den Merowingern noch unbekannte bischöfliche Salbung des Königs und der Königin mit geweihtem Öl hinzu, die, vielleicht durch irische Anregung, auf Vorbilder im Alten Testament zurückgeht. Sie sollte die Legitimation des Herrschers stärken, indem sie seine göttliche Erwählung und Begnadung augenfällig machte, förderte aber auch die Vorstellung vom Königtum als einem verliehenen Amt und trug überhaupt der kirchlichen Mitwirkung im Vorfeld von Pippins Erhebung Rechnung. Daß niemand anders als Bonifatius diese Salbung (an Weihnachten 751?) vorgenommen habe, dürfte eine unzutreffende Ausschmückung in den Reichsannalen sein, drückt aber in einem tieferen Sinne die historische Einsicht aus, daß es die Angelsachsen gewesen waren, die den Karolingern den Weg nach Rom gewiesen hatten und damit zu einem Königtum neuer Art, das nicht einfach die Merowinger fortsetzte.

Der für das gesamte Mittelalter fundamentale Entschluß Pippins, den politischen Aufstieg seiner Familie mit Hilfe der universalen Autorität des Papsttums zu vollenden, ließ die Entwicklung des Frankenreiches rascher, als er erwartet haben mag, in neue, weitere Horizonte rücken. Die römische Kirche, die ihn moralisch stützte, befand sich nämlich gleichzeitig selbst in einer sehr prekären Lage. Mit dem (ost-) römischen Kaiser in Konstantinopel, zu dessen Reich Rom seit den Tagen Justinians I. († 565) nominell gehörte, war man wegen theologischer Streitigkeiten über die Verehrung der heiligen Bilder und damit zusammenhängender Konfiskationen von Kirchengut völlig zerfallen. Das verschaffte dem Papst zwar eine faktische Autonomie in der Herrschaft über die Ewige Stadt und ihr näheres Umland, raubte ihm andererseits aber jede Hoffnung auf kaiserlichen Schutz gegen die Langobarden, die seit 568 fast ganz Oberitalien und große Teile Mittelitaliens erobert und auch nach ihrem Übertritt zum katholischen Glauben bei aller Devotion gegenüber dem hl. Petrus das politische Ziel einer Beherrschung der ganzen Halbinsel mit Einschluß Roms nicht aufgegeben hatten. Gegen diese Bedrohung war bereits 739/40 Gregors III. vergeblicher Hilferuf an Karl Martell gerichtet gewesen, und gerade im Jahr von Pippins Königsanfrage zog aus römischer Sicht eine neue und noch schwerere Gefahr herauf, da sich der Langobardenkönig Aistulf anschickte, Ravenna, das Zentrum des kaiserlich gebliebenen Italien (des sog. Exarchats), einzunehmen, was ihm im Sommer 751 gelang. Als Aistulf daraufhin auch die Hoheit über Rom beanspruchte und von dem neuen Papst Stephan II. ultimativ Tribute verlangte (Ende 752), sah dieser keinen anderen Ausweg, als sich an König Pippin zu wenden und ihn zunächst heimlich durch einen rückkehrenden Pilger um eine Einladung ins Frankenreich zu bitten. Pippin ging darauf ein und entbot den Bischof Chrodegang von Metz sowie den *dux* Autchar nach Rom, die den Papst auf seiner Reise, der ersten eines römischen Pontifex über die Alpen, geleiten sollten. Ob Pippin zu diesem Schritt mehr von religiöser Verbundenheit mit der Kirche der Apostelfürsten oder eher von der politischen Hoffnung auf Machtgewinn in Italien bewogen wurde, steht dahin; sicherlich aber wollte er die persönliche Begegnung mit dem Papst auch zur weiteren Festigung seiner dynastischen Erfolge nutzen. Das zeigt sich schon darin, daß er ihm nach dem Eintreffen auf fränkischem Boden seinen künftigen Erben, den knapp sechsjährigen Sohn Karl, entgegenschickte, bevor er selbst ihm in der Pfalz Ponthion (Champagne) am 6.1.754 einen Empfang mit »kaiserähnlichen Ehrungen« (K. Hauck) bereitete. Für den jungen Karl müssen jene Tage ein prägendes Kindheitserlebnis gewesen sein.

Das Ersuchen um bewaffnete Hilfe gegen Aistulf, das Stephan sogleich vortrug und Pippin mit einem eidlichen Schutzversprechen für die römische Kirche beantwortete, stellte die Franken vor eine schwerwiegende Entscheidung. Anders als drei Jahre zuvor bei der anscheinend geräuschlosen Absetzung der Merowinger ist diesmal deutlich zu bemerken, daß es Widerstände im fränkischen Adel gegen den Bruch mit dem südlichen Nachbarreich und die schwer abschätzbaren Risiken eines Feldzuges zugunsten des Papstes gab. Vielsagend hält Einhard über die Beratungen Pippins auf der Heeresversammlung vom März 754 in Berny-Rivière (bei Soissons) fest, daß sich »einige der fränkischen Großen, mit denen er gewöhnlich zu Rate ging, so sehr seinem Vorhaben widersetzten, daß sie ganz offen erklärten, sie würden den König verlassen und nach Hause zurückkehren«. Pippin, der unbeirrt am papstfreundlichen Kurs der letzten Jahre festhielt und dafür auch traditionelle Maximen der fränkischen Politik, wie sie noch sein Vater Karl Martell befolgt hatte, aufzugeben bereit war, sah sich bald vollends in seiner noch jungen Königsautorität herausgefordert, als sein älterer Bruder, der zum Mönch gewordene ehemalige Hausmeier Karlmann, nach siebenjähriger Abwesenheit aus dem Kloster Montecassino ins Frankenreich zurückkehrte. Er kam »auf Weisung seines Abtes«, vor allem aber wohl auf Betreiben Aistulfs, denn seine Absicht war, warnend gegen die italischen Kriegspläne seines Bruders die Stimme zu erheben; zudem rief er durch sein bloßes Auftreten die übergangenen Herrschaftsrechte seines Sohnes Drogo (und offenbar weiterer Brüder) bedrohlich in Erinnerung. Gegen ihn bot Pippin ein Machtwort des Papstes auf, der Karlmann unter Hinweis auf sein Mönchsgelübde in ein fränkisches Kloster einwies; auch seine Söhne, über die danach nichts mehr verlautet, wurden »geschoren«, d.h. in den geistlichen Stand gezwungen und von jeder Thronfolge ausgeschlossen. Karlmann selber, der vielleicht auf Pippins Italienzug nach Montecassino zurückgebracht werden sollte, blieb krank in Vienne zurück und starb dort am 17.8.754.

Erst vor diesem Hintergrund wird verständlich, warum die angebahnte Allianz des Papstes mit den Franken vor allem als Bündnis mit den regierenden Karolingern, also Pippin und seinen Nachkommen unter Ausschluß der Seitenverwandten, Gestalt annahm. In Quierzy, wo der König zu Ostern (14.4.) 754 mit dem bereitwilligen Teil der Großen den Heereszug gegen die Langobarden beschloß und für den Fall des erwarteten Sieges dem Papst in einer Urkunde weitreichende Gebietszusagen in Mittelitalien machte, wurde zugleich zwischen Pippin und Stephan II. persönlich ein »Bund gegenseitiger Liebe« verabredet, der zumindest aus der Sicht des Königs dem fränkischen Brauch der Schwurfreundschaft unter Gleichrangigen folgte. Damit nicht genug, erteilte der Papst kurz vor dem gemeinsamen Aufbruch nach Italien am 28.7.754 in Saint-Denis Pippin auch noch eine neue Salbung, mit der wahrscheinlich die erste Königskrönung der fränkischen Geschichte verbunden war, und verlieh ihm zusätzlich den Ehrentitel eines Patricius der Römer, um die von ihm (anstelle des Kaisers) übernommene Verantwortung für Stadt und Kirche des hl. Petrus zu unterstreichen. Die zeremonielle Aufwertung dehnte Stephan im übrigen bedachtsam auf Pippins gesamte Familie aus, indem er auch dem Sohn Karl und dessen jüngerem Bruder, dem 751 geborenen Karlmann, eine Königsweihe durch Salbung spendete und der Königin Bertrada einen feierlichen Segen zuteil werden ließ, ja den Franken angeblich unter Banndrohung gebot, niemals mehr einen König aus einem anderen

Geschlecht zu erheben. Das richtete sich gegen Gedanken an die entthronten Merowinger ebenso wie an die Nachkommen des Hausmeiers Karlmann und zeigt, wie rasch die noch 751 gegen das Erbrecht ins Spiel gebrachte Salbung nun ihrerseits zur Stütze dynastischer Kontinuität wurde. Mit dem Hause Pippins fühlte sich der Papst nach dem Zeugnis seiner weiteren Briefe seither auch noch im Verhältnis der Gevatterschaft *(compaternitas)* verbunden, was darauf schließen läßt, daß er den beiden jungen Karolingern persönlich das Firmsakrament erteilt hat. Entsprechend groß waren seine Besorgnisse, als er um 756/57 von Scheidungsabsichten Pippins erfuhr, denen er heftig widerriet. Das päpstliche Bestreben nach dauerhafter geistlicher Verwandtschaft zeigte auch Paul I. (757–767), der in einem Schreiben an Pippin eigens festhielt, daß er das Tauftuch von dessen neugeborener Tochter Gisela in Empfang genommen habe und gemäß dieser symbolischen Taufpatenschaft nun als *compater* der königlichen Familie für deren Wohlergehen zu Gott bete.

Das auf den verschiedensten gedanklichen Ebenen geknüpfte Band zum Papsttum wurde zur Triebfeder der karolingischen Italienpolitik, die nach gescheiterten letzten Verhandlungen mit Aistulf im Spätsommer 754 mit einer Alpenüberquerung Pippins begann. Obwohl der Frankenkönig, vielleicht mit Rücksicht auf die innere Lage seines Reiches, nur ein eher kleines Heer mitgebracht hatte, gelang es ihm auf Anhieb, das langobardische Aufgebot zu schlagen und den gegnerischen König in seiner Residenz Pavia einzuschließen. Aistulf verstand sich rasch zu einem (auch Byzanz einbeziehenden) Friedensvertrag, in dem er die fränkische Oberhoheit anerkannte und eine Herausgabe seiner jüngsten Eroberungen versprach. Als Pippin jedoch abgezogen und Papst Stephan, geleitet von Pippins Stiefbruder Hieronymus, nach Rom heimgekehrt war, gedachte sich Aistulf nicht länger an seine Zusagen zu halten und rückte im Winter 755/56 sogar abermals gegen die Ewige Stadt. Falls er darauf vertraute, Pippins erster Italienzug werde eine singuläre Kraftanstrengung der Franken bleiben, durchkreuzte Stephan II. diese Hoffnung mit einem neuen, auf dem Seeweg an seinen Schutzherrn übermittelten Hilferuf, in dem er dem hl. Petrus selbst als mahnendem Himmelspförtner das Wort an seine »Adoptivsöhne« erteilte. Pippin griff daraufhin 756 wiederum ein und erzwang durch Belagerung Pavias einen verschärften Vertrag, der Aistulf auch zur Auslieferung eines Drittels seines Königsschatzes und zu jährlichem Tribut verpflichtete, vor allem jedoch die Rückgabe des eroberten Exarchats von Ravenna unter die Kontrolle der Franken stellte. Nutznießer der Abtretungen wurde aber nicht der Kaiser in Byzanz, dessen Abgesandte vergeblich darum baten, sondern der Papst, der sich damit die Grundlagen einer eigenen *res publica Romana* sichern, d. h. ein für seine Unabhängigkeit ausschlaggebendes Herrschaftsgebiet in Mittelitalien schaffen konnte, wenn auch wohl bei weitem nicht im vollen Umfang der »Pippinischen Schenkung« von Quierzy. Das Ringen um die Details der veränderten politischen Landkarte auf römischer Seite und ein relatives Wiedererstarken des Langobardenreiches unter dem neuen König Desiderius (ab 757) prägten den folgenden Pontifikat Pauls I., in dessen Verlauf die italischen Dinge Pippin wieder ferner rückten. Gleichwohl war es seine geschichtliche Leistung, die entscheidenden Schritte getan zu haben zur Umwendung des Papsttums vom byzantinischen Osten zum germanischen Westen wie auch zur politischen Gewinnung Italiens, eines Kernlandes der antiken Welt, ohne das die werdende abendländische Einheit nicht vorstellbar ist.

Über derart großen Perspektiven darf nicht übersehen werden, daß Pippin der Jüngere nie die feste Verankerung seiner Macht im Innern aus dem Auge verlor und mit der Einebnung lokaler Sonderherrschaften, mit der resoluten Ausbreitung eigener Anhänger und mit der Vereinnahmung weiterer Klöster eben der Linie folgte, die dem historischen Andenken seines Vaters Karl Martell so abträglich gewesen ist. Die Schauplätze dieses Bemühens lagen immer noch in der neustrischen Francia, vor allem aber in Burgund, im Elsaß und in den rechtsrheinischen Gebieten Alemanniens, Mainfrankens und Hessens, wobei stärker als zuvor auffällt, wie häufig weiträumige Querbeziehungen für die loyale Klientel der Karolinger eröffnet wurden. Sechs bayerische *principes* waren es z.B., denen ein Großteil des von Pippin eingezogenen Bistumsguts im burgundischen Auxerre zufiel, und umgekehrt vermochten damals die austrischen Grafen Ruthard und Warin, die wohl in die Ahnenreihen der Welfen bzw. der Widonen gehören, von neu geschaffenen Stützpunkten am Oberrhein aus sowohl im Breisgau als auch südlich des Bodensees, dort u. a. auf Kosten des Klosters St. Gallen, das Fiskalgut neu zu organisieren. In ihrer Wirkung noch übertroffen wurden sie von Abt Fulrad von

Saint-Denis, der seit etwa 760 durch Besitzerwerb für sein Kloster, Kirchengründungen und geistliche Verbrüderungen vom Elsaß her über den Neckar- und oberen Donauraum bis nach Bayern hinein Fuß zu fassen begann. Im Geflecht solcher Stützen der Zentralgewalt war auch Platz für Pippins illegitimen Halbbruder Remedius (Remigius), der schon um 742/45 die Verwaltung des Kirchenbesitzes von Langres übernommen hatte und von 755 bis zu seinem Tod (771) dem wichtigen Bistum Rouen vorstand, während sonst über eine Machtbeteiligung anderer Seitenverwandter des Königs kaum etwas zu erfahren ist. Dafür aber war Pippin darauf bedacht, seine beiden Söhne frühzeitig in ihre künftigen Aufgaben hineinwachsen zu lassen, indem er Karl, der bereits 760 als *vir illuster* in einer Urkunde genannt ist, erstmals 761 und dann 762 zusammen mit Karlmann an einem seiner Feldzüge beteiligte und 763 jedem von ihnen einige Grafschaften zur Verwaltung übertrug.

Zur Familie gehörte als Neffe des Königs eigentlich auch Tassilo III., der Erbe des agilolfingischen Herzogtums Bayern. Für ihn führte zunächst seine Mutter, Pippins Schwester Hiltrud, bis zu ihrem Tod (754) die Vormundschaft, die dann auf den König selbst übergegangen zu sein scheint mit der Folge, daß Tassilo ihn beim zweiten Zug gegen die Langobarden 756 nach Italien begleitete. 757 wurde der junge Herzog, 16jährig, für mündig erklärt und leistete in Compiègne Pippin sowie ausdrücklich auch dessen Söhnen Karl und Karlmann, seinen Vettern also, einen Treueid, der nachträglich zu einer förmlichen Lehnsbindung umgedeutet worden sein dürfte. Daß die damit übernommene Herrschaft in Bayern aus fränkischer Sicht gewissen Einschränkungen unterlag, geht schon aus der Beteiligung einer Reihe von Großen des Stammes an der Vereidigung hervor, die gewissermaßen für das Wohlverhalten Tassilos bürgen sollten, durch ihre unmittelbare Beziehung zum Frankenkönig die Autorität des Herzogs im Lande aber auch fühlbar schwächten. Den eingeräumten Spielraum soll Tassilo nach Darstellung der Reichsannalen, die seinen späteren Sturz rechtfertigen wollen, mißbraucht haben, indem er sich nach einigen Jahren (763) der Heerfolge des Onkels entzog, »nach Bayern ging und das Angesicht des genannten Königs nie wieder mehr sehen wollte«; damals oder wenig später vermählte er sich mit der Tochter des Langobardenkönigs Desiderius, offenbar um eine Allianz der letzten von den Karolingern halbwegs unabhängigen Mächte beiderseits der Alpen zu schmieden.

Er mag vorausgesehen haben, daß Pippins Reaktion matt ausfallen würde, ebenso wie auch gegenüber den Sachsen außer gelegentlichen Vorstößen (753, 758) nichts Ernstliches unternommen wurde, denn der fränkische König zeigte sich nach dem zweimaligen Erfolg in Italien entschlossen, nun alle Kraft auf die weitere Integration des südlichen Gallien zu konzentrieren. Hier boten sich neue Chancen durch innere Erschütterungen der islamischen Macht in Spanien, die Pippin bis 759 den Gewinn der einst gotischen Küstenlandschaft Septimanien mit dem Zentrum Narbonne und damit die vollständige Vertreibung der Mauren nördlich der Pyrenäen erlaubten. Damit wiederum war die Voraussetzung gegeben, um das ausgedehnte Herzogtum Aquitanien, nach dem schon Karl Martell gegriffen hatte, planmäßig niederzuringen. Die letzten Seiten der von Pippins Vetter Nibelung als Familienchronik redigierten Fredegar-Fortsetzung sind voll von Nachrichten darüber, daß seit 760 in nahezu jährlichen, zermürbenden Feldzügen der Widerstand südlich der Loire gebrochen und die Machtbasis des *dux* Waifar zerstört wurde. Um der fränkischen Königsgewalt Respekt zu verschaffen, wurden befestigte Städte erstürmt und ganze Landstriche verwüstet, »so daß kein Bauer der Gegend mehr Äcker oder Weinberge zu bebauen wagte«. 762 fiel Bourges, 766 war die Garonne erreicht, und 768 nahm der Kampf ein wenig rühmliches Ende, als der letzte aquitanische Herzog einem Mordanschlag aus der eigenen Umgebung zum Opfer fiel, an dem schon Zeitgenossen Pippin die Schuld gaben. Bei aller Brutalität des Geschehens ist nicht zu übersehen, daß die Beseitigung der Eigenständigkeit des romanischen Aquitanien für die spätere französische Geschichte von ähnlich fundamentaler Bedeutung war wie bald darauf die karolingische Eroberung Sachsens für das Werden Deutschlands.

Die beständigen Erfolge, die Pippin und sein Haus immer stärker emporhoben und zugleich der fränkischen Macht überhaupt zu ungekannter Geltung verhalfen, wurden von den Miterlebenden und gewiß auch von ihm selbst als untrügliche Zeichen seiner göttlichen Erwählung gedeutet. Prägnanten Ausdruck hat dieses frühkarolinigsche Selbstbewußtsein in dem hochgestimmten Prolog zur 763/64 neu gefaßten Aufzeichnung des fränkischen Volksrechts, der Lex Salica, gefunden, wo von dem »hehren Stamm der Franken« *(gens Francorum inclita)* die Rede ist, der, »von Gott gegründet«, als »tapfer unter Waffen und standhaft im gegebenen Friedenswort, weise im Rat und von edlem Aussehen«, aber auch als »zum katholischen Glauben bekehrt und frei von Irrlehren« gepriesen wird; Christus, »der die Franken liebt«, solle »ihr Reich schirmen und ihre Lenker *(rectores)* mit seiner Gnade erleuchten, ihr Heer schützen und seinen Glauben stärken«. Ganz ähnlich klang es in den liturgischen Gesängen, die unter Pippin zur zeremoniellen Ausgestaltung kirchlicher Festfeiern in Anwesenheit des geweihten und gekrönten Herrschers aufkamen. Darin wurden litaneiartige Anrufungen Christi, der Erzengel und der Heiligen verflochten mit Akklamationen des Papstes, des Königs und der königlichen Familie sowie der Großen und des Heeres der Franken. Beide Zeugnisse, zu denen sich auch gedankliche Entsprechungen in Pippins Urkunden finden, haben offenbar ihre Wurzel in einem Kreis von Geistlichen, der in dessen engster Umgebung entstanden und ihm nach der Art von Vasallen persönlich ergeben war. Die Kleriker trugen die Bezeichnung *capellani,* die sich von der Aufgabe herleitete, die kostbare Mantelreliquie *(cappa)* des hl. Martin als heilbringendes Unterpfand des fränkischen Königsschatzes zu hüten, widmeten sich aber darüber hinaus einer ganzen Reihe »für die Herrschaft unentbehrlicher Funktionen, vor allem eben des herrscherlichen Gottesdienstes und der schriftlichen Verwaltungstätigkeit« (J. Fleckenstein). Diese sog. Hofkapelle wurde als neuartiges und bald für die karolingische Regierungspraxis kennzeichnendes Element in die von den Merowingern übernommene Ordnung des Königshofes einbezogen (von dessen Spitzenämtern einzig das des Hausmeiers entfiel) und bildete so eine wesentliche Voraussetzung dafür, daß der Hof selbst zu einem impulsgebenden Zentrum des geistlichen Lebens im Reich werden konnte. Kein Geringerer als der erwähnte Abt Fulrad von Saint-Denis war der erste, der als oberster Kapellan an der Spitze des höfischen Klerikerverbandes stand und insofern stilbildend den kirchlichen Einfluß auf den Dynastiewechsel von 751 in eine dauerhafte geistliche Mitwirkung an Beratung, Formulierung und Vollzug der Politik des Herrschers von Gottes Gnaden umzusetzen vermochte.

Aus den geistigen Grundlagen des erneuerten Königtums ergab sich zugleich, daß Pippin das von den Angelsachsen begonnene Werk der fränkischen Kirchenreform sowohl als verpflichtenden Bestandteil seines göttlichen Herrschaftsauftrags begriff wie auch als Mittel zur weiteren Festigung seiner königlichen Autorität und zur Integration des vergrößerten Reiches. Anstelle des Bonifatius übernahm in dessen Todesjahr (754) Chrodegang von Metz durch Rangerhöhung zum Erzbischof und päpstliche Verleihung des Palliums vollends den Vorrang im fränkischen Episkopat, gestützt auf das Vertrauen des Königs ebenso wie auf seine Abkunft aus einem austrischen »Geschlecht höchsten Adels«. Wichtigstes Instrument der Veränderungen waren abermals große Bischofsversammlungen, an deren dichter Folge (755 Ver, 756 Verberie, 757 Compiègne, 762 Attigny) und zunehmendem Besuch die allmähliche Einwurzelung der Reformgedanken in weiten Teilen des Frankenreiches abzulesen ist. Zu den schon seit Bonifatius bekannten Bestrebungen nach Regulierung der kirchlichen Organisation kam nun die zuvor ungewohnte Einschärfung eines allgemeinen Zehntgebots, die wohl als Kompensation für die auch unter Pippin noch fortgesetzten Entfremdungen kirchlichen Gutes gedacht war, doch fällt während Chrodegangs Ägide besonders die Sorge um das permanente öffentliche Gebet auf, das gewiß vornehmlich »dem Zustand der Kirche sowie der Dauerhaftigkeit unserer Königsherrschaft und unserer Gattin samt unseren Söhnen und dem rechtgläubigen Volk« (so Pippin in einer Urkunde für das Kloster Prüm von 762) gelten sollte und zu dessen Sicherung eine Vereinheitlichung der liturgischen Bücher nach römischem Muster sowie eine spezifische Normierung der von den Mönchen zu unterscheidenden Gemeinschaften von Klerikern (Kanoniker) betrieben wurde. Das Schicksal des glücklich errungenen karolingischen Königtums schien eben abhängig zu sein vom ordnungsgemäßen Bemühen um den himmlischen Beistand und erst recht vom Festhalten am wahren Glauben, weshalb sich die fränkischen Bischöfe mit Pippin an der Spitze im Jahr nach Chrodegangs Tod (766) auf einer Synode in Gentilly (bei Paris) sogar auf das Wagnis einließen, einem Streitgespräch römischer und griechischer Theologen über die schwierigen Probleme des Bilderkults zu folgen. Dem in den Reichsannalen ohne ein Resultat vermerkten Ereignis waren ein Jahrzehnt lang Gesandtschaften zwischen Konstantinopel und dem fränkischen Hof vorausgegangen, die zunächst wohl durch die politische Berührung in Italien veranlaßt wurden, später aber (um 766/67) zum Angebot einer Ehe des Kaisersohns Leon mit Pippins Tochter Gisela führten, worauf sich der Frankenkönig freilich nicht einließ (angeblich mit der Begründung, er dürfe sein Kind nicht ins Ausland verheiraten, tatsächlich wohl eher aus Rücksicht auf den Papst, der jedem fränkisch-byzantinischen Zusammengehen mißtraute). Noch weiter spannte sich der Kontakt, als Pippin 765 auch an den Kalifen al-Mansur von Bagdad Boten abordnete, die drei Jahre später mit Gegengesandten aus dem Orient heimkehrten.

Das Ansehen des ersten karolingischen Königs begann also nicht nur über das Frankenreich, sondern bereits über die Grenzen des Abendlandes hinauszuwachsen, doch war es Pippin nicht mehr beschieden, auch in diesem abermals erweiterten Rahmen selbst noch wirksam zu werden. Auf dem Rückweg vom letzten aquitanischen Feldzug traf ihn im Juni 768 die tödliche Krankheit, die ihn zwang, sein Haus zu bestellen. Von den sechs Kindern, die Bertrada ihm geschenkt hatte, waren zwei Töchter und ein 759 zur Welt gekommener Sohn namens Pippin im Kindesalter gestorben, so daß ihm außer Gisela nur die beiden Nachkommen Karl und Karlmann blieben, denen die päpstliche Salbung schon 754 das Erbe der Herrschaft verbürgt hatte. Um ihre künftigen Machtbereiche gegeneinander abzugrenzen, verfügte Pippin mit Zustimmung der Großen, unter denen anders als 27 Jahre zuvor nun auch die fränkischen Bischöfe genannt werden, wiederum eine Reichsteilung, die vom Grundsatz der Gleichberechtigung ausging und in gewisser Anlehnung an die Vereinbarungen von Vieux-Poitiers (742) Karl ein nördliches Teilreich von der unteren Loire bis nach Thüringen und Karlmann ein südliches von Septimanien bis nach Alemannien zusprach, während das jüngst gewonnene Aquitanien ihnen je zur Hälfte zufallen sollte. Das eigene Heil im Jenseits suchte der König zu befördern, indem er während seiner letzten Lebensmonate dem hl. Martin in Tours und dem hl. Hilarius in Poitiers, vor allem aber dem Kloster Saint-Denis und seinem Abt Fulrad Schenkungen und Rechte zukommen ließ, zuletzt noch am 23.9.768, einen Tag also bevor er in Paris im Alter von etwa 54 Jahren seinen Leiden erlag. An der Seite merowingischer Könige, deren Geschlecht er endgültig von der Führung der Franken verdrängt hatte, fand er nach dem Vorbild seines Vaters Karl Martell sein Grab in Saint-Denis.

V. Die vierte Generation: Karl der Große und Karlmann (768–814)

Im Verlauf der nahezu vier Jahrhunderte karolingischer Geschichte bildet die Zeit Karls des Großen den unbestrittenen Höhepunkt. Sein Name, ererbt vom Großvater Karl Martell, ist mit gutem Grund auf die ganze Dynastie übergegangen, denn auf ihn scheint aller Aufstieg der Familie zuzulaufen, ebenso wie von ihm die weitere Entwicklung ihren Ausgang genommen hat. Was den Karolingern überhaupt als historische Leistung zugeschrieben wird, nämlich den Zerfall der lateinischen Welt im Zeitalter der Völkerwanderung überwunden und die Grundlagen der mittelalterlichen Einheit Europas geschaffen zu haben, verbindet sich in entscheidendem Maße mit der Gestalt des ersten nachantiken Kaisers im Westen, der schon zeitgenössisch »Vater Europas« genannt worden ist.

Bevor die Taten im einzelnen zur Sprache kommen, mit denen Karl diesen Ruhm erlangt hat, wird es nicht unnütz sein, die Umstände bewußt zu machen, die seinen Erfolg erleichtert haben. Dazu gehört bereits, daß er früh zur Herrschaft kam und in robuster Gesundheit ein Lebensalter erreichte, mit dem er – auch nach der Korrektur seines Geburtsjahres von 742 auf 748 – unter allen regierenden Karolingern einzig von seinem Enkel Ludwig dem Deutschen übertroffen wurde. Unerreicht ist die Spanne von gut 42 Jahren, während deren er allein an der Spitze der Familie und des Frankenreiches stand. Wichtiger noch war der günstige Zeitpunkt, zu dem Karl die geschichtliche Bühne betrat. Die Rolle, die ihm zukam, war dadurch bestimmt, daß zuvor in drei Etappen von jeweils 27 Jahren sein Urgroßvater Pippin der Mittlere die Vormacht des Hauses in der Francia errungen und behauptet hatte, sein Großvater Karl Martell der letzten Koalition innerer Gegner Herr geworden und bis an die äußeren Grenzen des Reiches vorgestoßen war und schließlich sein Vater Pippin der Jüngere im Bündnis mit dem Papsttum den fränkischen Königsthron bestiegen und bereits in Italien Fuß gefaßt hatte. Das war nicht ohne Krisen und Rückschläge verlaufen, zeugte insgesamt aber von soviel vorwärtsdrängender Dynamik, daß die Karolinger ihren bewaffneten Anhang als Basis aller Macht lawinenartig hatten vermehren und ausdehnen können. Das geballte Potential der Vasallenverbände unter Führung der Großen, das zuletzt hinter Pippin stand, drängte von sich aus zu weiterer Konzentration im Innern und Expansion nach außen und kam damit der politischen Linie entgegen, die Karl jahrzehntelang verfolgte, bis gegen Ende seiner Regierung eine gewisse Sättigung eintrat und sich neuartige äußere Gefahren abzuzeichnen begannen, die dann die Nachfolger in wachsende Bedrängnis bringen sollten. Karl war es beschieden, das Reich in der Phase seiner stärksten politisch-militärischen Vitalität zu regieren.

Daß es auch ganz anders hätte kommen können und jede historisch fruchtbare Situation ihren Vollstrecker braucht, beweist das Zwischenspiel der ersten drei Jahre, die auf Pippins Tod folgten. Das Nebeneinander der beiden seit 754 gesalbten Königssöhne Karl und Karlmann, die sich das Frankenreich gemäß überkommenem Erbrecht und väterlichem Vermächtnis je zur Hälfte teilten und die in betonter Parallelität am Dionysiustag (9.10.) 768 in Noyon bzw. in Soissons mit einem Huldigungsakt der jeweiligen Großen die Herrschaft antraten, war von vornherein spannungsvoll, zumal die Brüder im Unterschied zu den Sukzessionskrisen früherer Generationen offenbar nicht mehr unter dem Zwang zu gemeinsamer Abwehr gegnerischer Machtansprüche innerhalb oder außerhalb des Hauses standen. Die Rivalität beruhte denn auch nicht auf klar unterschiedenen politischen Konzepten, sondern war persönlicher Natur und betraf den Vorrang in der Familie. Deutlich wird das etwa daran, daß beide sich beeilten, in früher Ehe ihren jeweils ersten Sohn nach dem Vater Pippin zu benennen, um gewissermaßen die dynastische Zukunft auf ihre Seite zu ziehen: Karl in einer (bald wieder gelösten) Verbindung mit Himiltrud, die ihm 769/70 ein mißgestaltetes Kind gebar, das gleichwohl den Königsnamen empfing und in den Quellen als Pippin der Bucklige erscheint, und ebenso der drei Jahre jüngere Karlmann nach seiner Heirat mit Gerberga, die 770 auch mit einem Sohn niederkam, den man Pippin nannte. Solange Ungewißheit über das weitere Schicksal der beiden sich abzeichnenden karolingischen Linien bestand, waren Einbußen an Autorität gegenüber den Großen des Reiches wie auch dem agilolfingischen Bayern, den Langobarden und dem Papsttum unvermeidlich; es entstand ein lähmendes Klima des Mißtrauens, in dem die Schachzüge der Akteure nicht bloß der kargen Quellenlage wegen schwer zu durchschauen sind.

Gesichert ist, daß Karl sogleich im Frühjahr 769 daran ging, noch einmal in dem vom Vater unterworfenen Aquitanien einzuschreiten – nun gegen einen »Aufrührer« namens Hunoald (II.), in dem man einen Verwandten (Sohn?) des im Vorjahr umgekommenen letzten Herzogs Waifar vermuten darf –, und daß Karlmann, dem ja nach dem letzten Willen Pippins eine Hälfte Aquitaniens zugefallen war, dem Bruder bei einer Zusammenkunft in Montcontour (im Poitou) seine Hilfe verweigerte, angeblich »durch den schlechten Rat seiner Großen« gehindert. Karl setzte sich auch allein durch, indem er von dem Waskonenfürsten Lupus die Auslieferung des flüchtigen Hunoald erzwang, und legte damit endgültig seine Hand auf dieses Land, vielleicht bereits unter Einschluß von Karlmanns Anteil. Nach diesem energischen Auftakt scheint er jedoch die Initiative seiner Mutter Bertrada überlassen zu haben, denn das Jahr 770 sah die Witwe Pippins in einer für die gesamte karolingische Geschichte einzigartigen Weise im Vordergrund des Geschehens. Im Namen einer Politik des Ausgleichs nach allen Seiten vermittelte sie bei Karlmann in Selz (Elsaß) und begab sich dann zu Herzog Tassilo III., dem Vetter ihrer Söhne, nach Bayern, ferner zu dessen langobardischem Schwiegervater Desiderius nach Pavia und auch zu dem über jede fränkisch-langobardische Annäherung besorgten Papst Stephan III. (768–772) nach Rom. Das Ergebnis ihrer Diplomatie kam einer Preisgabe wesentlicher Ziele des verstorbenen Pippin nahe, denn es bestand in der Hinnahme der Eigenständigkeit Bayerns und in der Aussicht auf ein doppeltes Ehebündnis mit den zuvor zweimal zum Schutze des Papstes besiegten Langobarden. Diese überraschende Schwenkung kann nicht gegen Karls Willen erfolgt sein, denn er war es, der die von Bertrada mitgebrachte Tochter des Desiderius noch 770 heiratete, unter Aufgabe der Himiltrud und gegen beschwörende Warnungen aus Rom vor »dem treulosen und stinkenden Volk der Langobarden«. Zwar kam die von Desiderius auch gewünschte Vermählung seines Sohnes (und Mitkönigs) Adelchis mit der 13jährigen Gisela, der Schwester der Frankenkönige, nicht zustande, doch wog die neue Allianz schwer. Sofern sie nur dazu dienen sollte, dem jüngeren Karlmann, dessen südliches Teilreich allein an die Alpen grenzte, den Weg zu einer erfolgreichen Fortsetzung der hegemonialen Italienpolitik Pippins zu verbauen, war der Preis hoch, denn unter dem wachsenden Druck des Desiderius kam es bereits im Frühjahr 771 zu einem Umsturz in Rom, durch den die dortige frankenfreundliche Partei ausgeschaltet und Stephan III. genötigt wurde, sich den Langobarden zu fügen. Das mag bewirkt haben, daß Karl nicht lange bei diesem Kurs blieb, denn nach Einhards Bericht hat er die »auf Geheiß seiner Mutter« geheiratete langobardische Königstochter (unbekannten Namens) schon nach einem Jahr wieder verstoßen. Die Zeitangabe läßt offen, ob dieser Entschluß noch vor dem Tod Karlmanns gefaßt wurde (und dessen Witwe dann Veranlassung gab, sich zu Desiderius, Karls brüskiertem Schwiegervater, zu flüchten) oder erst nach dem Tod des Bruders, als die unverhoffte Aussicht auf die eigene Alleinherrschaft Karl die Bindung an den Hof von Pavia als lästige Fessel erscheinen ließ.

Jedenfalls brachte die sichtliche Verschlechterung der fränkischen Position in Italien keine Annäherung der karolingischen Brüder mit sich. Vielmehr soll ein offener Krieg zwischen beiden unmittelbar bevorgestanden haben, als der 20jährige Karlmann nach kurzer Krankheit am 4.12.771 in der Pfalz Samoussy (bei Laon) starb; er wurde in der Remigiuskirche in Reims bestattet. Sein plötzliches Ende spielte dem überlebenden Karl alle Macht in die Hände, denn er war ebensowenig wie zuvor sein Vater Pippin nach dem Klostereintritt des Hausmeiers Karlmann (747) bereit, Ansprüche seiner unmündigen Neffen – außer dem erwähnten Pippin noch mindestens eines weiteren, dessen Namen wir nicht kennen – auf ein Erbteil an der Herrschaft anzuerkennen. Zielbewußt sicherte er sich schon nach wenigen Tagen in Corbeny (bei Laon) die Akklamation der maßgeblichen Großen aus Karlmanns bisherigem Teilreich, darunter des Erzbischofs Wilchar von Sens, der als Nachfolger Chrodegangs höchster kirchlicher Würdenträger der Franken war, und des Abtes Fulrad von Saint-Denis, der wie unter Pippin auch Karlmanns Hofkapelle geleitet hatte und nun in gleicher Funktion in Karls Dienste trat. Immerhin verschweigen uns die Quellen nicht, daß es damals eine unzufriedene Minderheit vornehmer Franken vorzog, mit Karlmanns Witwe Gerberga und ihren kleinen Kindern ins Exil bei den Langobarden zu gehen. Auch die etwa gleichzeitige Verstoßung der Tochter des Desiderius, an deren Stelle bald Hildegard, die Tochter des fränkischen Grafen Gerold und der vornehmen Alemannin Imma, als neue Gemahlin Karls trat, blieb nicht ohne Widerspruch, denn es ist gut bezeugt, daß des Königs Vetter Adalhard, ein Enkel Karl Martells (über dessen illegitimen Sohn Bernhard), aus Unmut über diese Entwicklung die Umgebung Karls verließ und ins Kloster Corbie eintrat, von wo aus er später freilich noch mehrfach in die große Politik zurückkehren sollte. Desiderius hingegen nahm den hingeworfenen Fehdehandschuh auf und bedrängte alsbald den 772 erhobenen neuen Papst Hadrian I., die Söhne Karlmanns zu fränkischen Königen zu salben, also ostentativ gegen Karl Partei zu ergreifen. Aus den Verwicklungen des dreijährigen Doppelkönigtums erwuchs daher unmittelbar die neue Konfrontation mit den Langobarden.

Schneller und zudem müheloser als jeder seiner Vorgänger seit 687 war Karl zum obersten Gebieter des Frankenreiches aufgestiegen, indem er auf sich allein die Herrschaft seines Hauses konzentrierte. Denn nachdem die Familie des toten Bruders in die Flucht geschlagen, der Vetter Adalhard ins Kloster ausgewichen, die Mutter Bertrada um ihren zeitweiligen Einfluß gekommen und auch die Schwester Gisela allenfalls passiv als Objekt diplomatischer Heiratspläne in Erscheinung getreten war, ruhte das Erbe der Pippiniden seit der Jahreswende 771/72 zunächst ausschließlich auf Karls Schultern und wäre sogar erloschen, wenn ihn ein ähnlich jähes Ende wie Karlmann ereilt hätte, denn der bis dahin einzige Königssohn Pippin der Bucklige kam wegen zweifelhafter Legitimität und Eignung schwerlich als Nachfolger in Betracht. Für die Zukunft, die in seine Hand gegeben war, nahm sich der 24jährige Karl gewiß vor, den ruhmreichen Vorfahren nachzueifern oder sie gar noch an Machtentfaltung nach innen und außen zu übertreffen, und die Abrechnung mit den Langobarden wird er dabei als vordringlich betrachtet haben, aber es ist doch kaum anzunehmen, daß er darüber hinaus ein durchdachtes Programm zur politischen Einigung des Okzidents, gar mit der Konsequenz einer Erneuerung des römischen Kaisertums, vor Augen gehabt hätte. Der Verlauf der beiden folgenden Jahrzehnte, die tatsächlich im Zeichen kraftvoller Expansion standen, läßt vielmehr erkennen, daß Karl sich zwar früh entschlossen hat, über die merowingischen Reichsgrenzen auszugreifen, im einzelnen aber ganz unterschiedliche und kaum voraussehbare Chancen nutzte. Kennzeichnend ist vor allem die zeitliche Parallelität mehrerer Konflikte, zwischen denen der fränkische König rastlos hin- und hereilte. Erst ganz allmählich traten dabei die Konturen eines nicht nur vergrößerten, sondern auch in sich gewandelten Reiches zutage.

Da die politischen Verhältnisse in Italien noch unklar waren und der Kriegszug gegen die Langobarden nach den jüngsten Geschehnissen nicht bloß militärischer, sondern wohl auch psychologischer Vorbereitung bei den Franken bedurfte, mag es Karl vorgezogen haben, im Sommer 772 seine Schlagkraft zunächst durch einen Vorstoß nach Sachsen zu beweisen. Das Unternehmen, das vom Mittelrhein seinen Ausgang nahm, gipfelte in der Erstürmung der Eresburg über der Diemel, die den südlichen Zugang nach Engern sicherte, und in der Zerstörung der nahegelegenen Irminsul, einer geheimnisvollen heidnischen Kultstätte in Gestalt einer Baumsäule. Nachdem man ihren Zauber gebrochen zu haben meinte, drang Karl noch bis zur oberen Weser vor, ließ sich für künftiges sächsisches Wohlverhalten Geiseln stellen und wandte sich im Herbst wieder heimwärts. Das Vorgehen entspricht an sich früheren Strafexpeditionen, mit denen schon Karl Martell wie auch Karlmann und Pippin auf Grenzverletzungen der Sachsen reagiert und ihre Überlegenheit zur Schau gestellt hatten. Erst im historischen Rückblick, und zwar bereits der Reichsannalen von etwa 790, erscheint die Attacke von 772 als der Auftakt zu »dem langwierigsten, grausamsten und anstrengendsten Krieg des fränkischen Volkes«, als welchen Einhard die von ihm auf 33 Jahre bemessene Auseinandersetzung Karls des Großen mit den Sachsen bezeichnet hat. An ihrem Ende stand die völlige Christianisierung des nordöstlichen Nachbarvolkes und seine Einschmelzung in das zum Imperium gewordene Frankenreich, was ganz wesentlich der Zähigkeit Karls in dieser Konfrontation zuzuschreiben ist, doch scheint es eher Zufall zu sein, daß er den ersten Schritt gleich zu Beginn seiner Alleinherrschaft getan hat.

Dringlicher war ihm vorerst das Eingreifen in Italien, für das die Situation reif wurde, als etwa im März 773 Gesandte Papst Hadrians bei Karl erschienen, um ganz nach dem Vorbild von 753 über die bedrängte Lage der römischen Kirche zu berichten und seine bewaffnete Hilfe gegen die Machtansprüche des Desiderius zu erbitten. Karl war zu dem Schlag gegen seinen zeitweiligen Schwiegervater bereit und rückte nach dem Scheitern von Ausgleichsverhandlungen noch im Spätsommer über die Alpen. Offenbar war das fränkische Übergewicht ähnlich eindeutig wie unter Pippin, denn ernsthaften Widerstand leistete abermals allein das gut befestigte Pavia, wo Desiderius residierte. Während sich dort die Belagerung bis tief ins Jahr 774 hinzog, erreichte Karl mit geringerer Mühe ein anderes Kriegsziel, als ihm in Verona, vielleicht durch das Zutun von Desiderius' Sohn Adelchis, der nach Konstantinopel entkommen konnte, Karlmanns unglückliche Witwe Gerberga und deren Kinder in die Hände fielen. Da die Quellen über ihr weiteres Schicksal schweigen, haben sie jedenfalls die auf Karl zugeschnittene Dynastie nicht länger gefährden können. Die Stagnation, die mittlerweile wegen der langwierigen Einschließung von Pavia drohte, überwand Karl durch den Entschluß, als erster Frankenherrscher persönlich nach Rom zu kommen, wo er rechtzeitig zum Osterfest (3.4.) 774 eintraf und von Hadrian mit den protokollarischen Ehren eines Patricius, also des höchsten Rangs nach dem Kaiser, empfangen wurde. Karl betete wie alle Pilger am Grab des Apostels Petrus, erneuerte den Freundschaftsbund seines Vaters mit dem Papst und gab eine feierliche Garantie für die Pippinische Schenkung eines päpstlichen Hoheitsgebiets in Mittelitalien, bei dessen großzügiger, später nie realisierter Grenzumschreibung offenbar noch mit einem Fortbestand der bedrohlichen Nachbarschaft des Langobardenreiches gerechnet wurde. Dies sollte sich freilich rasch wandeln, denn als Karl bald nach der Rückkehr aus Rom siegreichen Einzug in Pavia halten konnte, vermied er jeden Friedensvertrag, verwies Desiderius in ein fränkisches Kloster, bemächtigte sich des Königsschatzes und übernahm selbst ohne förmlichen Wahlakt die langobardische Herrscherwürde. Sein am 5.6.774 erstmals urkundlich belegter Titel eines »Königs der Franken und der Langobarden«, wenig später erweitert um das dritte Element eines »Patricius der Römer«, bringt zum Ausdruck, daß die 200 Jahre lang von den Langobarden beherrschten Gebiete Ober- und Mittelitaliens in Personalunion mit dem Frankenreich verbunden (und auf diesem Wege auch der fränkischen Führungsschicht geöffnet) werden sollten und daß auch die nominell dem Kaiser in Byzanz unterstehende, faktisch vom Papsttum dominierte Stadt Rom samt dem werdenden Kirchenstaat fortan unter Karls Schutz und Hoheit standen. Gerade zwanzig Jahre nach dem Beginn von Pippins Italienpolitik waren dies bereits »die ersten und entscheidenden Schritte auf dem Wege, der das Frankenreich weit über die Stellung eines der seit der Völkerwanderungszeit von germanischen Dynastien begründeten Regna hinausführte« (P. Classen).

Weil die Abwesenheit Karls in Italien von sächsischen Gruppen genutzt worden war, um die Zerstörung der Irminsul mit Überfallen auf fränkische Siedlungen und christliche Kirchen in Hessen zu vergelten, wurde sogleich wieder Sachsen zum Angriffsziel des Königs. Aus der Sicht des frühen 9. Jahrhunderts schien es so, als ob Karl damals im Winter 774/75 beschlossen hätte, »den ungläubigen und vertragsbrüchigen Stamm der Sachsen mit Krieg zu überziehen und so lange durchzuhalten, bis sie entweder besiegt und der christlichen Religion unterworfen oder völlig ausgerottet seien«. Daran ist zumindest richtig beobachtet, daß die fränkischen Operationen seither immer größere Dimensionen annahmen und zugleich der christlichen Mission den Weg ebneten, also mehr und mehr auf eine dauerhafte Beherrschung des Sachsenlandes abzielten. Vom Niederrhein brach Karl im Sommer 775 ostwärts auf, um die Sigiburg (Hohensyburg) an der Ruhr und die inzwischen wieder verlorene Eresburg zu erstürmen; er erzwang trotz heftiger Gegenwehr den Weserübergang bei Höxter und stieß beim Teilstamm der Ostfalen bis zur Oker vor. Dort wie auch auf dem herbstlichen Rückweg durch die Gebiete der Engern und Westfalen nahm er jeweils Treueide und Geiseln entgegen, und es mag sein, daß ihm dabei die vorläufige Annexion einer Grenzmark mit den beiden genannten Burgen vorschwebte. Jedenfalls hielt Karl die Lage für stabil genug, um Anfang 776 nach Oberitalien zu ziehen, wo er einen Aufstand des Herzogs von Friaul mit dem angeblichen Ziel einer Wiederherstellung des langobardischen Königtums unter Adelchis, dem nach Byzanz entwichenen Sohn des Desiderius, schnell und blutig niederschlug. Die Sachsen, die inzwischen die Eresburg abermals erstürmten und die Sigiburg berannten, rechneten offenbar nicht damit, daß der Frankenkönig noch im selben Herbst, aus Italien zurückgekehrt, erneut in ihren Gefilden erscheinen und seinen Machtwillen nur umso massiver zur Geltung bringen würde. Nunmehr schien die Unterwerfung vollkommen, denn bei den Lippequellen fanden sich Sachsen »aus allen Gegenden« ein und leisteten das doppelte Versprechen, Christen zu werden und die Herrschaft Karls und der Franken anzuerkennen. Von ersten Massentaufen ist zu hören und von der Errichtung eines fränkischen Stützpunktes, der zu Ehren des Siegers »Karlsburg« heißen sollte und anscheinend mit dem späteren Paderborn gleichzusetzen ist. Als an diesem Platz dann im folgenden, kampflos verlaufenen Jahr 777 erstmals eine fränkische Reichsversammlung auf sächsischem Boden stattfand, die, verbunden mit weiteren Taufen sowie einer Kirchweihe, die planmäßige Mission in die Wege zu leiten suchte, konnten Karl und seine Umgebung hochgestimmt der Ansicht sein, drei Jahre nach dem Erfolg in Italien auch hier den Durchbruch erzielt und mit den Sachsen ein großes, bislang bedrohliches Nachbarvolk für den wahren Gott und das Reich der Franken gewonnen zu haben. In zeitgenössischen Annalen wird eine Parallele zu Papst Gregor dem Großen († 604) gezogen, dem Urheber des angelsächsischen Christentums.

Die Ernüchterung folgte bald und war in gewissem Sinne gerade durch die Paderborner Tage bedingt. Im stolzen Gefühl seines Triumphes hatte Karl dort nämlich Abgesandte aus dem islamischen Spanien empfangen und ihnen Waffenhilfe im inneren Machtkampf gegen den Emir von Cordoba, Abdarrahman, versprochen, offenbar in der Erwartung, dadurch selbst im südwestlichen Vorfeld des jüngst gesicherten Aquitanien größeren Landgewinn erzielen zu können. Der Feldzug, dem Papst gegenüber als Abwehr eines drohenden Sarazeneneinfalls deklariert, wurde mit starken Kräften im Sommer 778 über die Pyrenäen geführt, lief sich aber nach der Einnahme einiger Städte vor Zaragoza fest, weil man die Verhältnisse auf mohammedanischer Seite falsch eingeschätzt hatte. Verärgert trat Karl den Rückzug an, machte sich dabei durch die Schleifung von Pamplona auch noch die christlichen Waskonen zum Feind und erlitt in den Pyrenäen durch deren Überfall auf die fränkische Nachhut schwere Verluste. Das Gefecht vom 15.8.778 ist vor allem durch die spätere Sage berühmt geworden, die Hruodland (Roland), den Befehlshaber an der bretonischen Grenze, unter den prominenten Gefallenen hervorhob und den Schauplatz bei Roncesvalles suchte, doch fiel von vornherein schwer ins Gewicht, daß Karl nicht nur überhaupt besiegt worden war, sondern die Niederlage in einem Kampf hatte hinnehmen müssen, der in vergröbernder Sicht den Ungläubigen galt. Die offiziösen Reichsannalen haben denn auch den ganzen peinlichen Vorfall verschwiegen, während Einhard Jahrzehnte später davon berichtet und hinzufügt, eine Rache sei nie erfolgt. Zu allem Unglück erreichten Karl auf gallischem Boden auch noch die ersten Nachrichten darüber, daß sich die überwunden geglaubten Sachsen, geführt von dem westfälischen Adligen Widukind, kräftiger denn je erhoben hatten und nach Niederlegung der Karlsburg plündernd und mordend bis an den Rhein vorgedrungen waren. Nach Jahren des scheinbar unaufhaltsamen Aufstiegs wurden schlagartig Grenzen der karolingischen Macht sichtbar. Da mag es über das Persönliche hinaus ein Lichtblick gewesen sein, daß Karl bei der Rückkehr im Königshof Chasseneuil (bei Poitiers) weiteren Familienzuwachs antraf, da seine Gemahlin Hildegard während des spanischen Feldzugs Zwillingssöhne zur Welt gebracht hatte. Zusammen mit den beiden älteren, Karl und (vorerst) Karlmann genannten Brüdern, die Hildegard ihm 772/73 bzw. 777 geschenkt hatte (neben zwei Töchtern, der in Italien geborenen und früh verstorbenen Adelheid sowie ihrer Schwester Rotrud) war die wachsende Zahl der Stammhalter geeignet, das Vertrauen in die Zukunft von Karls Haus zu stärken und neue Möglichkeiten zur Beherrschung des wachsenden Reiches zu eröffnen. Vielleicht schon im Hinblick darauf wurden die beiden jüngsten Sprößlinge, nachdem die karolingischen Leitnamen an ihre älteren Brüder vergeben waren, den Merowingern Chlodwig I. und Chlothar I. nachbenannt, die sich einst in Aquitanien bzw. gegen die Sachsen durchgesetzt hatten. Chlodwig/Ludwig sollte später Karls Erbe im Gesamtreich werden, während Lothar als Kleinkind gestorben ist.

Die Häufigkeit, mit der den Sachsen in den Quellen Treulosigkeit und Vertragsbruch vorgehalten werden, läßt ahnen, wie schwer es den Franken fiel, sich auf die Eigenart dieses Gegners einzustellen. Die raschen Siegesmeldungen der mittleren 770er Jahre hatten sie nur darüber hinweggetäuscht, daß die Sachsen gar keine politisch handlungsfähige Gesamtheit darstellten, sondern in regionale Teilstämme, in Sippen und Kultverbände, dazu in scharf abgegrenzte soziale Schichten zerfielen. Sie hatten keine allgemein anerkannte Spitze wie andere Stämme im Blickfeld der Franken und waren daher auch nicht in einem Akt zu christianisieren oder zu »befrieden«. Was mit den einen vereinbart wurde, beeilten sich die anderen bei nächster Gelegenheit zu mißachten, wobei eine gewisse Neigung des Adels auffällt, sich auf die fränkischen Eroberer einzulassen, während der Widerstand vornehmlich von den unteren Schichten getragen war und sich in einzelnen Großen wie Widukind die Anführer suchte. Der Erbitterung der Sachsen über die mit der Missionsinitiative von 776/77 verbundenen Übergriffe gegen angestammte Kultplätze stand die Entrüstung der Franken über den heimtückischen Abfall der im Prinzip längst Bekehrten gegenüber, so daß sich der Eindruck einer »Eskalation« (H.-D. Kahl) der beiderseitigen Wut aufdrängt. Karl war entschlossen, die von Widukind ausgehende Herausforderung eines räumlich wechselnden, zähen Kleinkriegs anzunehmen, und widmete sich seit 779 der mühsamen Unterwerfung immer weiterer Landstriche bis zur Elbe. Auf Heeresversammlungen in Lippspringe proklamierte er 780 eine abermalige Einteilung der Missionssprengel und 782 die Einsetzung von Grafen, unter denen sich auch sächsische Große befanden. Gleichwohl spitzte sich die Lage weiter zu, als bei einem blutigen Überfall am Süntel, einem Teil des Weserberglandes, eine ganze fränkische Streitmacht von sächsischen Kräften aufgerieben wurde und zwei Hofleute des Königs sowie vier Grafen umkamen. Karl stürmte noch im Herbst 782 erneut nach Sachsen und erzwang, nachdem Widukind zu den Dänen entkommen war, bei Verden an der Aller die Auslieferung sonstiger Rädelsführer, die er sämtlich, wenn auch wohl bei weitem nicht in der von den Reichsannalen angegebenen Anzahl von 4500, hinrichten ließ. In einem drakonischen Sondergesetz, der berüchtigten Capitulatio de partibus Saxoniae, die wahrscheinlich damals verfügt worden ist, wurden selbst geringfügige Verstöße gegen die neue politisch-religiöse Ordnung (wie provokante Mißachtung der christlichen Fastenzeit oder die heidnische Feuerbestattung) mit der Todesstrafe bedroht. Auch wenn wir über die reale Anwendung nichts wissen, hatte doch der Wille zur Durchsetzung des Christentums mit staatlichen Zwangsmitteln einen im Frühmittelalter einmaligen Höhepunkt erreicht. Der verbreitete Aufstand gipfelte schließlich 783 in zwei offenen Feldschlachten bei Detmold und an der Hase, in denen sich die Franken gegen große sächsische Verbände durchsetzten, und weiterhin 784 in einem Reitergefecht im westfälischen Dreingau, bei dem erstmals der Königssohn Karl der Jüngere in Erscheinung tritt. Karl selber brachte daraufhin auch den Winter im Sachsenland zu und setzte 785 bis in den Bardengau (an der Unterelbe) seinem Hauptfeind Widukind nach, der sich nun geschlagen gab und, vielleicht an Weihnachten, in der Pfalz Attigny die Taufe empfing. Auch das machte noch nicht alle Sachsen gefügig, aber der Wendepunkt war erreicht.

In den entscheidenden Jahren dieses erbitterten Ringens hat

sich Karl nur einmal aus der Nähe des Schauplatzes entfernt, als er im Winter 780/81 einem dringenden Wunsch des Papstes folgte und zum zweiten Mal nach Rom zog. Hadrian, der auf die Hilfe des königlichen Patricius bei der weiteren Festigung und Ausdehnung seines Kirchenstaates hoffte, mußte mit dem Gewinn der Sabina sowie kleineren Grenzkorrekturen zufrieden sein und die großräumigen Ansprüche früherer Jahre aufgeben. Karl dagegen lieh sich die Unterstützung des Papstes für seine nächsten dynastischen Pläne und ließ am Karsamstag (14.4.) 781 seinem zweiten Sohn von Hildegard, dem vierjährigen Karlmann, von Hadrian persönlich die bis dahin aufgeschobene Taufe auf den Namen Pippin erteilen. Da der Papst zugleich die Patenschaft übernahm, erneuerte er nicht nur das familiäre Band der Gevatterschaft, das bereits zwischen Pippin und Stephan II. bestanden hatte, sondern warf seine hohe Autorität auch in die Waagschale, um Pippin den Buckligen aus Karls früherer Verbindung mit Himiltrud durch die Übertragung seines Königsnamens auf den Halbbruder offenkundig aus der Reihe der vollbürtigen Kinder Karls zu verdrängen. Zwei Tage später wurden dann der kleine Pippin und sein noch jüngerer Bruder Ludwig von Hadrian zu Königen gesalbt und nach sicherem Zeugnis auch gekrönt, um nach dem Willen ihres Vaters künftig in Italien bzw. in Aquitanien zu residieren. Da der älteste Sohn Hildegards, Karl der Jüngere, dabei unberücksichtigt blieb und sich später (trotz der Verleihung einer Gebietsherrschaft um Le Mans) noch häufig an der Seite des Vaters findet, scheint Karl schon früh daran gedacht zu haben, seinem (nunmehr) Ältesten in erster Linie das Erbe in der zentralen Francia vorzubehalten, während sich Pippin und Ludwig auf die Sicherung der beiden südlichen, nicht-fränkischen Regna mit starkem Eigengewicht konzentrieren und im übrigen allenfalls als Reserve für die Führung des Gesamthauses bereitstehen sollten. Auch für die Königstochter Rotrud, die den Namen ihrer Urgroßmutter, Karl Martells erster Gattin Chrodtrud, geerbt hatte, wurde eine glanzvolle Zukunft angebahnt, als Karl in Italien eine Abmachung mit Byzanz traf, die eine spätere Ehe Rotruds mit dem jungen Kaiser Konstantin VI. vorsah. Dessen Mutter Eirene, die seit 780 am Bosporus als Regentin die Zügel führte, suchte durch dieses Bündnis vermutlich einem stärkeren fränkischen Vordringen in Süditalien vorzubeugen, während Karl – anders als noch Pippin bei einer ersten Heiratsofferte aus Byzanz 766/67 – die Gelegenheit ergriff, seine Erfolge auch von der führenden Macht des Ostens anerkannt zu sehen.

Die Einrichtung der regionalen Unterherrschaften für die jüngeren Königssöhne, die mit den einschränkenden Titeln eines *rex Langobardorum* und eines *rex Aquitanorum* eine vom Vater abgeleitete Hoheit ausübten und auch physisch erst in ihre Aufgabe hineinwachsen mußten, sollte für eine größere räumliche Verteilung der königlichen Präsenz im Reich sorgen und trug insofern konsequent der Vorstellung von einer Familienherrschaft Rechnung. Sie erleichterte zudem die Kontrolle der hinzugewonnenen Länder, insbesondere eine spezielle Behandlung ihrer Rechtstraditionen und die gezielte Steuerung der inneren Machtverhältnisse. Dazu bedurfte es verantwortlicher Erzieher und Berater der jungen Karolinger, also der Entstehung weiterer Königshöfe, an denen in Italien Männer wie Karls Vetter Adalhard von Corbie, der *dux* Rotchild und als Leiter der Hofkapelle Abt Angilbert von Saint-Riquier, in Aquitanien ein gewisser Arnold und als Kapellan Bischof Reginbert von Limoges hervorragten. Sie sind nur die prominentesten Beispiele dafür, daß mit der fortschreitenden Expansion des Frankenreiches wie schon unter Karls Vorgängern auch die politischen Entfaltungsmöglichkeiten der aristokratischen Anhängerschaft des regierenden Hauses kräftig zunahmen, ja daß die Ausbreitung der karolingischen Macht zum guten Teil darin bestand, den unentbehrlichen Adel für sich zu gewinnen, in die eigene Herrschaft über Grafschaften und hohe Kirchenämter einzubeziehen und überdies weiträumig untereinander zu verknüpfen. Was einst bei den Neustriern begonnen und sich dann auch in Burgund, Alemannien, Ostfranken und Aquitanien bewährt hatte, wurde nun auf Sachsen, Italien und bald auch Bayern übertragen und eröffnete führenden einheimischen Familien den Zugang zum »Reichsadel« ebenso wie fränkischen Großen neue Quellen von Macht und Besitz erschlossen wurden. Der herrschaftssichernde Hintergrund vieler Personalentscheidungen Karls ist im einzelnen schwer zu ermessen, weil die überlieferten Namen nur selten in sichere genealogische Zusammenhänge gestellt werden können, doch scheint es ihm die Fülle seiner expansiven Erfolge relativ leicht gemacht zu haben, die konkurrierenden Ambitionen des Adels durchweg mit glücklicher Hand zu befriedigen. In diesen Rahmen gehört offenbar auch, daß Karl 783 nach dem Tode seiner Gemahlin Hildegard, die ihm zuletzt noch drei Töchter –

Bertha, Gisela und die bald verstorbene Hildegard – geboren hatte und selbst ihre mütterliche Abstammung auf die alten alemannischen Herzöge zurückführte, als neue Königin Fastrada wählte, die Tochter des Grafen Radulf, für die man Abkunft von den einstigen thüringisch-mainfränkischen Herzögen vermutet hat. Mit Aversionen, die Fastrada weckte, bringt Einhard eine gegen Karl gerichtete Adelsverschwörung in Verbindung, die sich 785/86 hauptsächlich in Ostfranken ausbreitete und unter deren Anführern allein ein Graf Hardrad genannt wird. Sie wurde durch harte Maßnahmen wie Blendungen, Konfiskationen und Verbannungen unterdrückt und ist in ihrer Tragweite schwer einzuschätzen; doch könnte symptomatisch für den Konfliktstoff sein, daß bei dieser Gelegenheit von einem vornehmen Thüringer berichtet wird, der sich weigerte, seine Tochter einem fränkischen Bräutigam zu übergeben, und erst vom König dazu gezwungen werden mußte.

Verwicklungen solcher Art mögen es Karl nahegelegt haben, auf eine politische Ausschaltung auch noch der letzten verbliebenen Machthaber eigenen Rechts in seiner Reichweite bedacht zu sein, denen zugetraut werden konnte, unzufriedene Kräfte an sich zu ziehen. Sein fast gleichzeitiges Vorgehen gegen die Herzöge Arichis II. von Benevent und Tassilo III. von Bayern, die beide Schwiegersöhne des längst beseitigten Langobarden-Königs Desiderius und Erben einer, verglichen mit den Karolingern, älteren Familientradition waren, steht in einem inneren Zusammenhang und rundete den Aufbau des Karlsreiches ab. Arichis, dessen Herzogtum den Südpfeiler der Langobardenherrschaft in Italien bildete und sich 774 dem Untergang des Desiderius und seines Königreiches hatte entziehen können, führte seither den Titel eines »Fürsten des langobardischen Volkes« *(princeps gentis Langobardorum)* und behauptete sich mit Rückhalt an den südlich angrenzenden byzantinischen Besitzungen als unabhängige Macht, die beharrlich einer Ausdehnung der päpstlichen Herrschaft im Wege war. Karl, der im Winter 786/87 erneut nach Italien kam, rückte daher von Rom aus sogleich bis Capua vor und nötigte Arichis, der sich in Salerno verschanzt hatte, zur Unterwerfung, d. h. zur Stellung von 13 Geiseln, darunter seinem Sohn Grimoald, zu Treueiden und Tributen sowie zu Gebietsabtretungen an Hadrian I. In Kauf genommen wurden dabei Spannungen mit den Byzantinern, die dazu führten, daß die geplante Übergabe der seit sechs Jahren verlobten Königstochter

Rotrud an Gesandte aus Konstantinopel unterblieb. Die nirgends genannten Gründe dürften in der byzantinischen Verärgerung über das Eingreifen Karls in Benevent wie auch in der fränkischen Verstimmung über den Ausschluß von dem eben am Bosporus geplanten ökumenischen Konzil zur Beendigung des Bilderstreits zu suchen sein, vielleicht auch schon in der Abneigung Karls, überhaupt eine seiner Töchter aus dem Haus zu geben. Die resolute Beseitigung der Autonomie Benevents war zudem geeignet, die Isolation Tassilos weiter zu steigern, der nach der kurzlebigen Aussöhnung mit seinem Vetter Karl (770) und dem Achtungserfolg der Taufe seines Sohnes Theodo durch den Papst (772) bereits den Zusammenbruch des Langobardenreiches an seiner Südflanke tatenlos hatte mitansehen müssen und 781 von Hadrian I. auf Betreiben Karls zur Bekräftigung seines früheren Treueids gegenüber den Karolingern gemahnt worden war. Sechs Jahre nach diesem erneuerten Schwur nahm der besorgte Bayernherzog nun seinerseits den Rombesuch Karls zum Anlaß, um die Vermittlung des Papstes anzurufen, doch Hadrian schlug sich diesmal noch deutlicher auf die Seite des Frankenkönigs, indem er Tassilo mit dem Anathem drohte, falls er sich nicht den Eiden gemäß verhalte. Das leitete unmittelbar in die offene Konfrontation über, denn als der Herzog bei Karls Rückkehr einer Vorladung nach Worms nicht folgte, marschierten dessen Heere noch im Spätsommer 787 von drei Seiten gegen Bayern auf und machten jeden Widerstand sinnlos, zumal die Karolinger auch dort längst große Teile des Adels und der hohen Geistlichkeit auf ihre Seite gezogen hatten. Tassilo ergab sich auf dem Lechfeld (bei Augsburg), leistete einen klar bezeugten Vasalleneid und nahm seinen Dukat von Karl zu Lehen; überdies stellte er wie Arichis 13 Geiseln, darunter seinen Sohn Theodo.

Doch war auch damit das doppelte Drama noch nicht zu Ende. Angeblich von seiner unversöhnlichen langobardischen Gattin Liutbirg aufgestachelt, erging sich Tassilo in despektierlichen Reden gegen Karl und suchte verzweifelt den Rückhalt, den sein beneventanischer Schwager an den Byzantinern hatte, im Bündnis mit seinen östlichen Nachbarn, den heidnischen Awaren im mittleren Donauraum, zu gewinnen, beschleunigte dadurch aber wohl nur das Verhängnis, das auf ihm lastete. Es fiel Karl leicht, ihn im Juni 788 nach Ingelheim zu zitieren, dort seinen Anklägern, den (in den Augen der Reichsannalen) »getreuen Bayern«, gegenüberzustellen und ihn schließlich durch ein Gericht aus Franken, Bayern, Langobarden und Sachsen zum Tode verurteilen zu lassen, formal nicht wegen seiner jüngsten Eigenmächtigkeiten, sondern mit der offenbar juristisch brauchbareren Begründung, er habe 25 Jahre zuvor gegenüber König Pippin in Aquitanien Fahnenflucht (»harisliz« in der hier erstmals so bezeichneten *theodisca lingua,* der gemeinsamen Sprache des fränkischen Heeres) begangen. Karl übernahm die Rolle, für seinen Vetter die gnädige Umwandlung der Strafe in dauernde Klosterhaft zu erbitten, dehnte dies dann aber auf die gesamte Familie, die Herzogin sowie ihre beiden Söhne und beiden Töchter, aus, womit die Agilolfinger endgültig der generationenalten Rivalität der Arnulfinger erlegen waren. Sechs Jahre später mußte der Mönch Tassilo noch einmal vor der Reichsversammlung in Frankfurt in aller Form den Herrschaftsverzicht seines Geschlechts erklären. Glimpflicher kam dagegen das Beneventaner Herzogshaus davon, denn da Arichis bald nach Karls Abzug die tätige Hilfe der verstimmten Byzantiner gefunden hatte, die sogar Adelchis, den geflohenen Sohn des Desiderius, wieder ins Land brachten, erschien es nach dem raschen Tod dieses Herzogs auf fränkischer Seite geraten, seinen Sohn Grimoald im Sommer 788 nach Leistung jeglicher Treueide aus der Geiselhaft in die Heimat zu entlassen, wo er sich, das Schicksal der Agilolfinger vor Augen, tapfer gegen die Griechen schlug und Adelchis endgültig verdrängte. Benevent blieb ein Pufferstaat zwischen den Großmächten in nur lockerer Bindung an die Franken.

Mit dem Sturz Tassilos war das letzte der vorkarolingischen Herzogtümer auf merowingischem Reichsboden beseitigt und überall die unmittelbare Herrschaft der neuen Dynastie durchgesetzt. Karl nahm bereits im Herbst 788 die agilolfingische Hauptresidenz Regensburg in Besitz und übertrug die weitere Integration des bayerischen Stammesgebiets, das als rechtliche und kirchliche Einheit erhalten blieb, seinem Schwager Gerold, dem Bruder der verstorbenen Hildegard, der durch seine Abkunft vom alten alemannischen Herzogshaus und dessen Versippung mit den Agilolfingern selbst in kennzeichnender Weise den neuen Reichsadel repräsentierte. Nach dem Erwerb Ober- und Mittelitaliens sowie Sachsens war dies binnen kurzem die dritte große Arrondierung, die das Frankenreich über Gallien und dessen rechtsrheinisches Vorfeld hinausführte und seinen Schwerpunkt weiter nach Osten verschob. Ohne daß es den Beteiligten sogleich bewußt wurde, war damit aber auch der Rahmen für die nächsten 100 Jahre karolingischer Geschichte abgesteckt, denn von nun an bestimmten vornehmlich die innere Sicherung des Erreichten und die energische Behauptung der neuen Grenzen Karls Politik. Der allmähliche Übergang von der permanenten Offensive zur (immer noch kraftvollen) Defensive während der 790er Jahre brachte es im übrigen mit sich, daß sich der König persönlich schrittweise aus dem militärischen Alltag zurückzog. Ohne die Absicht dauerhafter Eroberung war bereits der Vorstoß angelegt, den Karl im Sommer 789 über die mittlere Elbe hinweg gegen einige unter dem Namen Wilzen zusammengefaßte slavische Gruppierungen unternahm. Beteiligt waren auch sächsische und friesische Kontingente sowie Aufgebote anderer, mit den Wilzen verfeindeter Slavenstämme, doch begnügte man sich nach der raschen Einnahme der Burg des Anführers Dragowit mit einer durch Geiseln gesicherten Erklärung des Wohlverhaltens (ohne Tribute oder Christianisierung), woran sichtbar wird, daß es eigentlich um Grenzsicherung für das nun fränkisch beherrschte Sachsen ging. Im ähnlichen Sinne, wenn auch in größerem Maßstab verlief der Kampf gegen die Awaren, deren Nachbarschaft jenseits der Enns Karl mit dem Erwerb Bayerns zugefallen und auch gleich 788 durch einen vergeblichen awarischen Entlastungsangriff zugunsten Tassilos fühlbar gemacht worden war. Dieses Reitervolk, im mittleren 6. Jahrhundert aus Innerasien bis an Donau und Theiß vorgedrungen, hatte wie zuvor die Hunnen und später die Ungarn lange Zeit durch seine beweglichen Kriegs- und Plünderungszüge Schrecken verbreitet, mittlerweile jedoch viel von seiner Schlagkraft eingebüßt. Gleichwohl war sein Ruf – belegt durch den häufigen Gebrauch des Hunnennamens in den fränkischen Quellen – immer noch furchterregend, und daher holte Karl erst nach umfänglicher Vorbereitung, wozu vielleicht auch die Planung des unvollendet gebliebenen Kanalbaus zwischen Main und Donau gehörte, zum Gegenschlag aus, indem er 791 von Regensburg donauabwärts bis zur Raab vorrückte, während sein Sohn Pippin von Italien her hinzustieß. Die Berichte der Annalisten über ausgebliebenen awarischen Widerstand und die unversehrte Rückkehr des Heeres geben indirekt zu erkennen, daß Karls Zug offenbar ins Leere ging, weil der Feind auswich und eine Pferdeseuche wie auch die fortgeschrittene Jahreszeit den Abbruch erzwangen.

Während Karl das ganze Jahr 792 in Regensburg zubrachte und anscheinend einen neuen Vorstoß in den Südosten plante, gingen von allen Seiten Hiobsnachrichten ein, die zeigten, wie leicht jeder militärische Stillstand in eine bedenkliche Krise umschlagen konnte. Vor allem in Sachsen regte sich neue Unruhe, die explizit von den Eindrücken des Awarenkrieges geschürt worden sein soll. Nachdem in den vorausgegangenen sieben Jahren relativen Friedens die zumindest äußerliche Christianisierung des Landes weiter vorangekommen war und 787 zur Errichtung eines ersten Bischofssitzes in Bremen geführt hatte, hörte man nun wieder von Überfällen auf fränkische Heeresverbände, von Anschlägen auf Gotteshäuser und Priester und von ostentativem Heidentum, das offenbar wesentlich provoziert wurde durch die rigorose Eintreibung von Kirchenzehnten. Auch Herzog Grimoald von Benevent witterte sogleich neuen Spielraum im Verhältnis zu den Griechen und mußte 792 in einer gemeinsamen Intervention der Unterkönige Pippin und Ludwig erst wieder auf die fränkische Seite gedrängt werden. Selbst die Sarazenen im fernen Spanien sollen von der fortdauernden Ablenkung Karls durch die Awaren dazu verlockt worden sein, über die Pyrenäen hinweg in das Küstenland Septimanien einzudringen, wo sie 793 auch durch heftige Gegenwehr des Grafen Wilhelm von Toulouse nicht an Raub und Plünderung gehindert werden konnten. Kaum zufällig kam zu diesen äußeren Gefahren auch noch eine neue Verschwörung im Innern, in deren Mittelpunkt Pippin der Bucklige stand, der älteste, wohl erst im Laufe der Zeit als illegitim betrachtete Sohn Karls. Mit einer Gruppe vornehmer Franken, die in den Quellen weder identifiziert noch durch die Beweggründe ihrer Unzufriedenheit näher beschrieben wird, soll er vorgehabt haben, den König und dessen legitime Söhne zu beseitigen und ein eigenes Regiment zu errichten. Der Plan wurde verraten und von Karl mit schweren Strafen geahndet; Pippin selbst verschwand für den Rest seiner Tage im Kloster Prüm. Da das Komplott als Reaktion auf seine Zurückstufung in der Thronfolge reichlich spät käme, ist eher anzunehmen, daß er sich in den Positionskämpfen der Aristokratie als Aushängeschild hat benutzen lassen, wie dies in späteren Generationen noch häufiger geschehen sollte.

Die heikle Lage an den Grenzen meisterte Karl, indem er die Aufgaben innerhalb seines Hauses neu verteilte. Die weitere Bekämpfung der Awaren, die durch Uneinigkeit in deren

Führungsgruppe erleichtert wurde, überließ er dem *dux* Erich von Friaul, der erstmals 795 mit slavischer Unterstützung in das Zentrum des Reiches, den mit Schätzen angefüllten »Ring« nahe der Theiß, vordrang. Er bahnte damit den Weg für König Pippin von Italien, der dann 796 in derselben Gegend die Unterwerfung des awarischen Oberherrschers (Kagan) und seiner Großen entgegennahm und mit der reichsten Beute heimkehrte, die den Franken je in einem Krieg zugefallen war, wie Einhard stolz anmerkt. Vom materiellen Gewinn abgesehen, blieb der territoriale Zuwachs im Donauraum begrenzt und noch lange durch Aufstände gefährdet, die 799 den bayerischen *praefectus* Gerold ebenso wie Erich von Friaul das Leben kosteten, bis sich bald nach 800 eine bayerische und eine friulanische Ostmark nördlich und südlich der Drau (zugleich als Missionsfelder der Kirchen von Salzburg und Aquileja) konsolidierten und die geschwächten Awaren weiter östlich allmählich ihren slavischen Umwohnern anheimfielen. Pippin von Italien blieb ferner dafür zuständig, Grimoald von Benevent durch wiederholte Feldzüge in Schach zu halten, während es seinem Bruder Ludwig von Aquitanien oblag, mit tätiger Hilfe Wilhelms von Toulouse, der weitläufig den Karolingern verwandt war, aus der Defensive heraus ein fränkisch beherrschtes Vorfeld am Südrand der Pyrenäen zu erkämpfen, was 801 in der Einnahme von Barcelona gipfelte. Sich selbst aber behielt Karl vor, die Sachsen endgültig niederzuringen. Von 794 bis 799 unternahm er Jahr für Jahr Heerfahrten in ihr Gebiet, die sich nach einer erneuten Machtdemonstration im Paderborner Raum ab 795 ganz auf das Land Wigmodien zwischen unterer Weser und unterer Elbe, den Bardengau und die Gegenden nördlich der Elbe konzentrierten. Während der König bei den dort ansässigen Nordalbingiern, zum Teil im Bündnis mit den slavischen Abodriten, hart durchgriff und die Deportation ganzer Bevölkerungsgruppen ins Reichsinnere verfügte, war er bereit, für die überwiegende Mehrheit der Sachsen die Härte des anfänglichen Besatzungsregimes durch das mildere Capitulare Saxonicum von 797 zu lockern, und ließ 802 das sächsische Stammesrecht wie das anderer Völker seines Reiches aufzeichnen. Noch bevor die Kämpfe mit einem letzten Zug Karls nach Nordelbien 804 erloschen, hatte sich die von vielen fränkischen Klöstern und Bistümern getragene Sachsenmission organisatorisch soweit gefestigt, daß etwa damals in Paderborn, Münster, Minden, Osnabrück und Verden weitere Bischofssitze errichtet werden konnten. Nach den Worten Einhards haben sich schließlich die Sachsen »mit den Franken zu einem Volk verbunden«, was ein entscheidendes Fundament für die spätere deutsche Geschichte legte und Karl persönlich noch im 9. Jahrhundert aus sächsischer Feder die Würdigung als »Apostel« eintrug.

Während Karls Kriegstaten jahrzehntelang in den Notizen der verschiedenen Annalisten aufscheinen, sind es andere Quellen (wie Einhards Biographie, aber auch Urkunden, Gedichte, Briefe und Traktate), die Einblicke in Umgebung, Lebensstil und Regierungsalltag des Königs vermitteln. Zum Senior seines ganzen Hauses rückte er schon als etwa Vierzigjähriger durch den Tod der Mutter Bertrada (783) und des Stiefonkels Bernhard (787), des illegitimen Sohnes Karl Martells, auf. Seine einzige Schwester Gisela war nach der Ablehnung byzantinischer und langobardischer Brautwerbungen früh ins vornehme Kloster Chelles eingetreten, wo sie vor 788 Äbtissin wurde und, gerühmt für ihre hohe Bildung, zeitlebens den Kontakt mit dem Hof beibehielt. Unter Bernhards Kindern, den Stiefvettern und -cousinen Karls, ragt der bereits erwähnte Adalhard hervor, seit 780/81 Abt von Corbie, der nach dem Ende seiner faktischen Regentschaft für Pippin von Italien um 790 als prominenter Berater in Karls Nähe zurückkehrte. Er hat eine wertvolle Schrift »Über die Ordnung des Hofes und die Verwaltung des Reiches« verfaßt, die uns in ihrer späteren Überarbeitung durch Hinkmar von Reims (De ordine palatii, 882) zugänglich ist. Adalhards jüngerer Halbbruder Wala erlangte erst mit der Zeit Grafenrang und stieg nach 800 ebenfalls zu einer hohen Vertrauensstellung am Hof auf; dort lebten auch seine unverheiratete Schwester Gundrada und zeitweilig sein Bruder Bernhar, der an sich Mönch in Lérins war, während ihre Schwester Theodrada sicher verheiratet war, nach neuerer Vermutung mit Karls Sohn Pippin, dem König Italiens.

Von diesen Nachfahren der älteren Karolinger hob sich zunehmend Karls eigene Familie ab, der allein die dynastische Zukunft gehörte. Als die zuletzt erwähnte Königin Fastrada, die die Töchter Theodrada und Hiltrud zur Welt gebracht hatte, 794 anscheinend nach längerer Krankheit in Frankfurt starb, trat als vierte Gattin Karls an ihre Stelle die Alemannin Liutgard, die indes bis zu ihrem Tode (800) kinderlos blieb. Danach ging Karl keine förmliche Ehe mehr ein, sondern beließ es –

wie gelegentlich auch schon in den Jahrzehnten zuvor – bei loseren Verbindungen zu Frauen, die Einhard als Konkubinen bezeichnet und von denen immerhin vier mit Namen bekannt sind. Die Zahl der Nachkommen wuchs daher bis in Karls späte Jahre auf wenigstens 18 an. Bei den Söhnen begründete allein die eheliche Abkunft eine Anwartschaft auf das politische Erbe des Vaters, das somit seit der Ausschaltung Pippins des Buckligen gemäß den schon 781 erkennbaren Dispositionen nur den von Hildegard Geborenen, Karl dem Jüngeren, Pippin und Ludwig, vorbehalten blieb, während die nach 800 hinzugekommenen Bastarde Drogo, Hugo und Theuderich später in den geistlichen Stand eintraten. Bei den insgesamt sieben Töchtern, die über das Kindesalter hinausgelangten (außer den bereits genannten noch Ruodhaid und Ruodhild), sind ähnliche Unterscheidungen nicht zu erkennen, denn sie werden gleichrangig als Stolz ihres Vaters erwähnt, und nachdem sich die Verlobung Rotruds, der Ältesten, mit dem byzantinischen Kaiser Konstantin VI. zerschlagen hatte, ist keine von ihnen zu einer vollgültigen Ehe gelangt. Einhard meint, Karl habe alle seine Töchter so sehr geliebt, daß er nicht eine aus dem Hause geben mochte, doch wird auch der politische Wunsch mitgespielt haben, niemandem unter den fränkischen Großen den Vorrang eines königlichen Schwiegersohns zu gewähren. So wissen wir denn nur von informellen Verbindungen verschiedener Prinzessinnen wie Rotruds, die mit dem neustrischen Grafen Rorico einen Sohn Ludwig hatte, oder Berthas, die dem Hofkapellan Angilbert, zugleich Abt von Saint-Riquier, die Söhne Nithard und Hardnit schenkte. Jedenfalls scheint der strenge Alkuin Grund gehabt zu haben, einen seiner Schüler brieflich zu warnen vor den »gekrönten Tauben, die durch die Räume des Palastes flattern«, und Karls Cousine Gundrada wurde später eigens nachgerühmt, »inmitten der glühenden Liebschaften am Hofe und umgeben von männlicher Jugend und Schönheit« ihre Tugend bewahrt zu haben.

Karls ausgeprägter Familiensinn, seine Freude an den Kindern und seine Sorge um ihre Erziehung gehören zu den vielen individuellen Zügen, die uns die Überlieferung in einzigartiger Weise an ihm erkennen läßt. Dies ist vor allem Einhard zu verdanken, der die letzten 20 Jahre in seiner Umgebung verbrachte und dem die Lektüre des römischen Kaiser-Biographen Sueton († um 140) »den Blick für Einzelheiten schärfte, die im Mittelalter normalerweise unbeachtet geblieben wären«

(H. Löwe). Gemäß diesem klassischen Muster fand er ein gutes Jahrzehnt nach Karls Tod in seinem literarischen Porträt auch Worte für dessen stattliche äußere Erscheinung, für seine Krankheiten und Speisegewohnheiten, seine Kleidung, seine Neigung zum Jagen und Schwimmen, seine Sprachkenntnisse und geistigen Interessen ebenso wie für die Zeugnisse seiner Frömmigkeit. Auf der Suche nach einem Leitbegriff, der Karls Wesen insgesamt kennzeichnen sollte, stieß Einhard bei Cicero und Seneca auf die stoisch gefärbte Vokabel *magnanimitas,* die ihm Hoheit des Geistes und der Seele, Selbstsicherheit und Unerschütterlichkeit, Großzügigkeit und Entschlossenheit auszudrücken schien. Gewiß wollte und konnte er Karl nicht zu einem antiken Imperator oder Philosophen stilisieren, sondern betonte vielmehr seine bewußte Verwurzelung in fränkischer Eigenart und seine handfeste christliche Religiosität, doch hat sich der charakteristische Eindruck gelassener Überlegenheit auch anderen Zeitgenossen mitgeteilt, die Karl begegneten und wie der Dichter Theodulf von Orléans fanden, niemand vermöge ihn zu übertreffen, seine schöpferische Klugheit *(sollers prudentia)* erscheine grenzenlos. Natürlich wirken hier Traditionen des poetischen Herrscherlobs fort, aber es zeigt sich eben doch wohl auch das unerhörte Maß an persönlicher Autorität, das aus der reichen Erfahrung und dem weiten Horizont einer jahrzehntelangen zielbewußten und kaum von Rückschlägen getrübten Regierung erwuchs.

Die Spiegelung der Herrschergestalt im Erleben ihrer vertrauten Umgebung verweist im übrigen auf ein Wechselverhältnis, das zu allen Zeiten für historischen Erfolg wesentlich war, bei Karl dem Großen jedoch eine geradezu einmalige Bedeutung gewonnen hat. Gemeint ist der Hof *(palatium),* der zugleich Forum und Instrument seines politischen Handelns war. Im Kern beruhte sein Zuschnitt auf dem Erbe Pippins, der als erster gesalbter Frankenkönig von Gottes Gnaden bereits den alten merowingischen Hofämtern (Pfalzgraf sowie Kämmerer, Seneschalk, Mundschenk und Stallgraf/Marschalk, in der Reihenfolge ihrer Würdigung bei Adalhard/Hinkmar) das geistliche Element der Hofkapelle unter Leitung des obersten Kapellans (Fulrad, † 784) beigegeben hatte. Karl konnte – spätestens nach Karlmanns Tod – nahtlos an diese spezifische Form erweiterter Hausherrschaft anknüpfen und bewährte Helfer seines Vaters übernehmen, die in den bewegten 770er Jahren noch als Ratgeber an seiner Seite, vor allem aber als Inhaber militärischer Kommandos und als diplomatische Abgesandte bezeugt sind. Der Kreis dieser wichtigsten Getreuen wurde nicht nur schrittweise verjüngt und vermehrt, sondern begann auch seinen Charakter zu wandeln, als der Frankenkönig etwa seit dem zweiten Italienzug dazu überging, Gelehrte aus fremden Völkern in seinen nächsten Umkreis zu ziehen: den Angelsachsen Alkuin aus York, den er im März 781 in Parma kennenlernte und zu sich einlud, und dessen Landsmann Beornrad (schon seit 775 Abt von Echternach), die Langobarden Petrus aus Pisa und Paulinus, vor allem aber Paulus Diaconus aus Montecassino, Iren wie Jonas und Dungal und schließlich den gebürtigen Westgoten Theodulf. Sie alle verdrängten nicht etwa die fränkischen Amtsträger am Hof, sondern übernahmen Aufgaben, die dort bis dahin brach gelegen hatten, indem sie theologische, liturgische und grammatische Mustertexte, Lehrbücher und Gutachten fertigten, ihre Kenntnisse in der sog. Hofschule weitervermittelten und Karl als Berater für Probleme von Kirche, Kultur und Bildung dienten. Sie erweiterten also das Spektrum der Hofgesellschaft und teilten mit dieser den beschwerlichen Reiseweg des Königs, der sich damals, soweit er nicht auf Kriegszügen war, meist zwischen den Pfalzen Herstal, Quierzy, Attigny, Diedenhofen, Worms und Nimwegen hin- und herbewegte, um Entscheidungen an Ort und Stelle treffen, seine Macht sichtbar zur Geltung bringen und angesammelte Vorräte der Krongüter verbrauchen zu können; nur im Winter verweilte man längere Zeit an einem dafür geeigneten Platz. Als sich Karl dann etwa 794, parallel zum Ende der stürmischen Expansionspolitik, immer dauerhafter in Aachen (mit seinen warmen Quellen und seiner günstigen Verkehrslage) einzurichten begann, waren die genannten Gelehrten vielfach schon wieder im Begriff, seine ständige Umgebung zu verlassen, weil sie entweder in ihre Heimat zurückstrebten (wie Paulinus, der 787 Patriarch von Aquileja wurde, oder Paulus Diaconus, der in sein Kloster heimkehrte) oder bei den Franken ein hohes geistliches Amt übernahmen, das ihre häufige Anwesenheit erforderte (wie Alkuin, der 796 Abt von Saint-Martin in Tours wurde, oder Theodulf, der vor 797 das Bistum Orléans erhielt). Sie blieben dem Hof durch Besuche und Briefe verbunden, räumten dort aber im Alltag das Feld jüngeren Talenten, die durchweg ihre Schule durchlaufen hatten. Darunter finden sich noch einige Angelsachsen wie Fridugis und Osulf oder der Ire Joseph, hauptsächlich aber Franken, die nun in den Vordergrund traten, allen voran Einhard, der Alkuins Erbe an der Spitze der Hofschule antrat, und Angilbert, der als Ratgeber, Gesandter und Dichter bezeugt ist. Diese neue Generation erscheint bereits stärker in die »reguläre« Hofkapelle integriert, die ihrerseits unter Fulrads Nachfolgern, den obersten Kapellänen Angilram von Metz (784–791) und Hildebald von Köln (791–818), an Umfang und Geschäftigkeit stark zunahm, während daneben unverändert die Aufgaben der großen Politik und der Kriegsführung in den Händen der hochadligen Inhaber der alten Hofämter lagen.

Karls besondere Leistung besteht offenbar darin, erstrangige Helfer der verschiedensten Herkunft gleichsam in seine Familie aufgenommen und zu einem Ensemble verbunden zu haben, in dem »sich nicht nur die Weite der Herrschaft spiegelte, sondern auch der hohe Anspruch, für diesen weiten Raum Mittelpunkt der Macht, der Bildung und des Glaubens zu sein« (J. Fleckenstein). Zwar sind es nur die Literaten des Hofes, die in ihren überlieferten Äußerungen zu uns sprechen, aber sie scheinen doch eine verbreitete Stimmung wiederzugeben, wenn sie einen Grundton optimistischer Zuversicht anschlugen und von der Ausdehnung der fränkischen Reichsgewalt, der Wiederbelebung wissenschaftlichen Strebens und beständiger christlicher Unterweisung eine umfassende Besserung auf allen Lebensgebieten erwarteten. In eben diesem Geiste gewöhnten sich Karl und seine Kanzlei an, ihre Erlasse nicht mehr nur im knappen Befehlston zu formulieren, sondern mit ausgiebigen Begründungen zu versehen, in denen wie in der berühmten »Allgemeinen Anweisung« von 789 aus dem Vorbild des alttestamentlichen Königtums ein genereller Auftrag abgeleitet wurde, »Irriges zu bessern, Unnützes zu beseitigen und Richtiges zu bekräftigen« und »so viele wie möglich zum Bemühen um ein moralisches Leben *(ad studium bonae vitae)*, zum Lob und zur Ehre Jesu Christi zusammenzuführen«. In dem schon etwas früheren Rundschreiben »Über die Pflege der Studien« war die Forderung erhoben worden, wer Gott gefallen wolle durch rechtes Leben *(recte vivendo)*, dürfe nicht versäumen, ihm auch zu gefallen durch richtiges Sprechen *(recte loquendo)*, denn das Wissen gehe dem Handeln voraus. Der pädagogische Eifer, der sich hier ausdrückt, mag naiv wirken, bot aber sichtlich den Impuls, um die gewaltige Machtfülle, die sich die Karolinger in hundert Jahren erkämpft hatten, nun einzusetzen für Erneuerungsbestrebungen jeglicher Art, und richtete sich insofern gegen Meineid ebenso wie gegen Selbstjustiz, gegen schlechtes Latein wie gegen Aberglauben. Politisch bedeutete er einen fühlbaren Anstoß zur inneren Vereinheitlichung des rasch gewachsenen Reiches, zur Einebnung historisch bedingter regionaler Unterschiede, wobei die realen administrativen Möglichkeiten des Zeitalters nicht selten überschätzt wurden. Die moderne Forschung hat daher mit Recht die Hemmnisse und Grenzen der Durchsetzung betont, doch bleibt festzuhalten, daß es derartige Konzeptionen waren, die der Karolingerzeit ihre Prägekraft für die weitere europäische Geschichte gegeben haben.

Um überhaupt von einem einzigen (wenn auch wandernden) Hof aus einen zentralen Willen zur Geltung zu bringen, mußte Karl darauf bedacht sein, seiner monarchischen Autorität so viel Handlungsfreiheit wie möglich zu verschaffen. Dem entsprach bereits seine stete Sorge um die königlichen Besitzungen und Einkünfte, die er z. B. durch genaue Vorschriften über die Bewirtschaftung der Gutshöfe in ihrer Ertragskraft zu stärken suchte, nicht bloß um selbst davon zu leben, sondern auch um die Versorgung seiner reisenden Beauftragten zu sichern und um intakte Objekte für Gunsterweise an Große und Kirchen zur Hand zu haben. Eine stabilisierende Wirkung versprach er sich ferner von der Verpflichtung aller Freien zum Treueid auf den König, die er 789 in Reaktion auf die Hardrad-Verschwörung verfügte und später erneuerte, ohne daß wir indes abschätzen könnten, wie konsequent dieser Versuch gelang, zu jedem Untertan ein unmittelbares rechtliches Band zu knüpfen. Ein ganz wesentliches Instrument des Regierens sollten die immer zahlreicheren, schriftlich fixierten Kapitularien sein – so benannt nach ihrer üblichen Einteilung in kurze Kapitel –, die prinzipiell im Namen des Königs Gesetzeskraft in jeglicher Hinsicht beanspruchten, sich zugleich aber häufig als Resultat von Beratungen mit den Großen präsentierten. Die etwa jährlichen Reichsversammlungen, aus denen sie hervorgingen, waren eine temporäre Erweiterung des Hofes in der Tradition der alten fränkischen Heeresversammlung und dienten auch ohne förmlich geregelte Mitsprache – ebenso wie die häufigeren kleineren »Hoftage« – zumindest der politischen Abstimmung mit denjenigen, ohne die eine reichsweite Durchsetzung kaum denkbar war. Ohnehin gaben sich manche Kapitularien bloß als Ergänzung der vielerlei

Volksrechte *(Leges),* die in der mündlichen Tradition der einzelnen Stämme ein vermeintlich uraltes Gewohnheitsrecht widerspiegelten, tatsächlich jedoch starken Einflüssen von außen, insbesondere aus dem spätrömischen und dem kirchlichen Recht, unterlagen; ihre vermehrte Kodifizierung oder redigierte Neufassung unter Karl dem Großen kam zwar einerseits dem Eigenbewußtsein der Stämme (Friesen, Sachsen, Thüringer, salische und ripuarische Franken, Bayern, Alemannen) entgegen, bot andererseits aber dem König auch die Handhabe zu korrigierenden Eingriffen, so daß sich der grundsätzliche Unterschied zwischen Kapitularien und Leges ziemlich verwischte und vielfach neues Recht entstand.

Theorie und Praxis sind gleichfalls zu differenzieren, wenn man auf die regionalen Inhaber der öffentlichen Gewalt blickt. An sich repräsentierten die Grafen in ihren Amtssprengeln das Königtum mit allen fiskalischen, militärischen und gerichtlichen Funktionen, und demgemäß wurde die bereits von den früheren Karolingern betriebene Ausdehnung der Grafschaftsverfassung über die Francia hinaus auch von Karl mit dem Ziel einer verstärkten »Einfrankung« bis nach Sachsen, Bayern und Churrätien hinein fortgesetzt, doch gelang dies offenbar nie lückenlos, und vor allem war bei der Einsetzung der Grafen oftmals Rücksicht auf angestammte familiäre Ansprüche und örtliche Machtverhältnisse zu nehmen, so daß sich im Ergebnis die forcierte Zentralisierung und der Machtzuwachs des Adels allenfalls die Waage hielten. Sichtliche Mängel im Zusammenspiel mit den unteren Instanzen bewogen bereits Karl selbst, zusätzlich Königsboten *(missi dominici)* auszusenden, die meist zu zweit – ein Geistlicher und ein Laie als getreues Abbild des Hofes – einen Bezirk aus mehreren Grafschaften und Bistümern oder auch ohne räumliche Bindung das ganze Reich bereisten, um überall kontrollierend und schlichtend zugunsten des Königs zu wirken. Da aber auch deren Autorität stark von ihrem aristokratischen Rang abhing, waren sie durchweg den höchsten Kreisen entnommen, und noch unter Karl begannen Amt und Befugnisse dieser Boten dauerhaft an bestimmte Erzbischöfe und Grafen überzugehen, also ihren ursprünglichen Sinn zu verlieren. Schließlich ist die Einschränkung zu machen, daß der gesamte abgestufte Aufbau des Königsstaates relativiert, ja teilweise verdeckt wurde durch den Sonderstatus nicht weniger bevorrechtigter Personen und Institutionen. Kirchen wurden durch Privileg dem unmittelbaren Schutz des

Königs unterstellt und damit der Grafengewalt entzogen (»Immunität«), und selbstbewußte Große nahmen für ihren Besitz an Land und Leuten erfolgreich eine ähnliche Autonomie in Anspruch. Sich diese eigenständigen Kräfte nicht zum Feind zu machen und sie, wo es nur ging, in den Vollzug der Herrschaft einzubeziehen, war schon das Erfolgsrezept von Karls Vorgängern gewesen und auch ihm manche Konzession wert mit der Folge, daß die »Reichsaristokratie« (G. Tellenbach) mit überregionaler Verankerung ihrer Erbgüter und Hoheitsrechte eine Klammer der Einheit und zugleich ein Widerlager der Königsmacht bildete.

Was Karl unter den gegebenen Bedingungen an Reformen anpackte, war gleichwohl vielfältig und von dauerhafter Wirkung. Musterbeispiel ist das Geldwesen, das durch die Zersplitterung der Münzprägung seit langem in völlige Konfusion geraten war; hier gelang es, die königliche Prärogative zurückzugewinnen und den weiten Radius der Herrschaft zu nutzen, um einheitlich einen Silberdenar durchzusetzen, der zur Basis einer haltbaren Währungsordnung (mit dem Solidus/Schilling zu 12 Denaren und dem Pfund zu 20 Solidi als höheren Rechnungseinheiten) geworden ist. Politisch noch bedeutsamer war die Umgestaltung des fränkischen Heeres, das in der traditionellen Form eines Aufgebots aller waffenfähigen Freien den Gegebenheiten des Großreiches nicht mehr angemessen war. Karl reduzierte daher die allgemeine Heerfolgepflicht, indem er sie nach Besitzgröße staffelte und sich im übrigen mit einer Art Landwehr für den Notfall begnügte, und verließ sich stattdessen für den entscheidenden Reiterkampf zunehmend auf die Vasallenverbände der großen Lehnsträger, die dadurch weiter an Gewicht gewannen. Auch im Gerichtswesen wurden Mißstände auf archaische Gepflogenheiten zurückgeführt und dadurch überwunden, daß man die Zahl der allgemein verpflichtenden Verhandlungstermine auf drei im Jahr beschränkte, dafür aber die Urteilsfinder nicht mehr von Fall zu Fall bestellte, sondern zu ständigen Schöffen überging, die auch sonst aus gegebenem Anlaß tätig werden konnten. Dazu kamen als weitere Neuerung die sog. Rügezeugen, die eidlich verpflichtet waren, Missetaten auch dann vor Gericht zu bringen, wenn die Geschädigten dies nicht tun konnten oder wollten, was gewiß der Eindämmung bewaffneter Selbsthilfe dienen sollte.

Jenseits solcher Einzelmaßnahmen wollte Karl jedoch seine

innere Politik begriffen sehen als Sorge um die *religio Christiana,* die von Einhard eigens hervorgehoben wird und ebenso als programmatische Devise auf manchen der neuen Münzen begegnet. Damit wird nicht nur an die Legitimation der Königsherrschaft als eines göttlichen Auftrags erinnert, sondern auch eine Leitlinie des Handelns bezeichnet, die immer wieder zutage tritt: im engen Zusammenhang von militärischer Expansion und christlicher Mission, im ostentativen Schutz für Kirchen und Klerus, in verschwenderischen Bauten und Schenkungen, in der Einbeziehung der hohen Geistlichkeit und feierlicher Gottesdienste in Hofleben und Selbstdarstellung. Die allseitige und einheitlich geordnete Gottesverehrung, der *cultus divinus,* galt als Bedingung für das Gedeihen von Reich und Dynastie und wurde damit eine umfassende Aufgabe, deren Erfüllung faktisch zu einer königlichen Kirchenhoheit führte, wie sie intensiver im ganzen lateinischen Mittelalter nicht mehr auftrat. Karl verfügte ungehindert über alle wichtigen Bischofsstühle und verwendete reiche Abteien zur Ausstattung von Getreuen, er spannte das personelle und materielle Potential der Kirchen für vorgegebene Zwecke wie Krieg, Verwaltung und Landesausbau ein und scheute vor allem nicht vor normierenden Anordnungen zurück, die zwar sachlich oft in der Tradition der kirchlichen Reformbestrebungen des Bonifatius und Pippins des Jüngeren standen, aber schon deshalb einen stärker autoritären Zug aufwiesen, weil sie wiederholt ohne förmliche Synodalberatung als reine herrscherliche Entschlüsse verkündet wurden. Dem Hang zu regulierender Integration entsprach es, daß die alte angelsächsische Forderung nach Wiederherstellung der Metropolitanverfassung unter Karl lückenlos erfüllt wurde, daß das allgemeine Zehntgebot nun weithin Geltung erlangte oder auch daß 802 bereits einmal die Benediktregel zum alleinigen Lebensgesetz des fränkischen Mönchtums erklärt wurde. Charakteristisch ist ferner das Bemühen, Divergenzen in den kirchlichen Rechtsbüchern, im Vollzug der Liturgie oder im Wortlaut der lateinischen Bibel durch den Königshof und seine Gelehrten auszuräumen, wobei man gern der stadtrömischen Überlieferung einen gewissen Vorrang einräumte, ohne von dort jedoch immer mit brauchbaren Exemplaren bedacht zu werden. Gering war indes die Neigung, den Päpsten eine maßgebliche Entscheidungsbefugnis zuzugestehen, vielmehr schien die Rolle des obersten geistlichen Hirten Karl selbst übernommen zu haben, wenn er in großer Anzahl pastorale Ermahnungen erließ, die auf eine einwandfreie Lebensführung von Klerus und Laien, auf die Einhaltung der überlieferten kanonischen Ordnungen, auf ein Minimum an theologischen und liturgischen Kenntnissen abzielten.

Aus eben diesem Bemühen ist auch seine Förderung von Bildung und Studien erwachsen, die kein Selbstzweck war oder in humanistischer Bewunderung für das Altertum wurzelte, sondern dem besseren Verständnis der christlichen Lehre und dem sorgfältigeren Vollzug des Gottesdienstes zugute kommen sollte: »Da man in den heiligen Schriften Redefiguren, Bilder und ähnliches *(schemata, tropi et cetera)* eingestreut findet, ist es niemandem zweifelhaft, daß ein jeder Leser sie umso rascher im geistlichen Sinne begreift, je früher er in literarischer Bildung *(in litterarum magisterio)* völlig unterwiesen worden ist«, ließ er verlauten und drängte persönlich darauf, daß der Lerneifer der Hofschule vor allem in den großen Königsklöstern, aber auch an Dom- und Stiftskirchen Nachahmung fand, um die Ausbildung künftiger Kleriker zu verbessern. Dabei war elementar anzusetzen, beim Lesen und Schreiben – wie es sich Karl selber nach Einhards Anekdote noch im Alter zur Aufgabe machte –, und bei der Beherrschung der lateinischen Sprache, die sich bis zum 8. Jahrhundert regional verschieden entwickelt hatte und daher allmählich wieder im Sinne einer klassizistischen Reinigung zu vereinheitlichen war. Einen Prozeß des großräumigen Ausgleichs beobachtet man auch bei den Bücherbeständen, denn der anfängliche Mangel an Codices machte schon um der Schulen willen nichts dringlicher als beharrliches Abschreiben und regte zum überörtlichen Austausch der jeweils verbliebenen Textvorräte an. Dem kam der weite Rahmen des Karlsreiches ebenso entgegen wie die Ausbreitung eines neuen vereinfachten Schrifttyps, der karolingischen Minuskel, die während der Jahrzehnte Karls des Großen von Schreibschulen der westlichen Francia aus ihren Siegeszug antrat und zur Grundlage aller seitherigen Schriftentwicklung geworden ist. In solchen Lettern sind nicht zuletzt die wenigen kostbaren Zeugnisse niedergeschrieben, die erkennen lassen, daß Karls Belebung der Schriftkultur über die Geistlichkeit hinaus auch das christliche Bekenntnis der lateinunkundigen Laienwelt zu prägen suchte und sich daher ansatzweise sogar auf die noch unschriftliche Volkssprache übertrug: das altsächsische Taufgelöbnis, das althochdeutsche Vaterunser oder die ersten Ansätze der Bibelübersetzung, die noch der Zeit Karls angehören.

Es erstaunt kaum, daß das Sendungsbewußtsein des gesalbten Königs auch vor inhaltlichen Problemen des Glaubens nicht haltmachte, zumal deren verbindliche Klärung ihm über die Grenzen des eigenen Reiches hinaus in der gesamten Christenheit gesteigerte Achtung verschaffen konnte. Den Anlaß bot tatsächlich auch nicht die fränkische Kirche, die damals noch ganz mit der lernenden Aneignung der theologischen Überlieferung beschäftigt war, sondern zunächst Byzanz, wo sich unter der Kaiserin Eirene die Abkehr von der jahrzehntelangen Unterdrückung des Bilderkults vollzog. Daß diese Wiederannäherung an die westliche Kirche 787 in Nikaia auf einem Konzil geschah, dem zwar päpstliche Abgesandte beiwohnten, das sich aber ökumenisch nannte, ohne die Franken zuvor konsultiert oder eingeladen zu haben, erregte offenbar von vornherein Karls Mißfallen und schürte die politischen Spannungen mit der östlichen Großmacht während seines dritten Italienzuges. Als dann Jahre später die Akten des von Papst Hadrian gebilligten Konzils in einer von diesem vermittelten, recht mangelhaften lateinischen Übersetzung am fränkischen Hof eintrafen, war die Aufnahme ungnädig, und Karls Theologen (mit Theodulf an der Spitze) machten sich daran, in einem großen Memorandum, den sog. Libri Carolini, nicht nur das angewandte Verfahren zu rügen, sondern auch sachlich die in Nikaia getroffene Entscheidung genauso wie den dadurch überwundenen Ikonoklasmus zurückzuweisen. Ihre Argumentation beruhte zum guten Teil auf Mißverständnissen und verfehlte insofern den Kern der Sache, doch hatte man immerhin dem vom griechischen Kaiser und seiner Mutter einberufenen Konzil eine eigenständige Antwort erteilt, die sich als *Opus Caroli contra synodum* darbot und ihren Auftraggeber in der Überschrift bedachtsam als den »Frankenkönig, der Gallien, Germanien, Italien und die angrenzenden Provinzen regiert«, bezeichnete. Der davon weniger beglückte Papst beharrte grundsätzlich auf seiner Billigung von Nikaia, versuchte vergebens, statt der Bilderfrage die Rückgabe entzogener Besitzungen und Rechte der römischen Kirche zum Streitpunkt gegenüber Byzanz zu machen, und sah sich schließlich von Karl in einen weiteren theologischen Konflikt hineingezogen, als er das Vorgehen gegen die im islamischen Spanien verbreitete christologische Lehre des Adoptianismus unterstützen sollte. Tonangebend waren erneut die fränkischen Theologen, besonders Alkuin, und zumal Karl selber, der 792 in Regensburg den vom äußersten südwestlichen Rande seines Machtbereichs herbeizitierten Bischof Felix von Urgel nötigte, jegliche Relativierung der Göttlichkeit Christi zu widerrufen, und ihn erst dann dem Papst zur Bestätigung dieser Entscheidung überwies. Als Felix, in sein Bistum entlassen, bald zu seinen ursprünglichen Ansichten zurückkehrte, wog das für Karl schwer genug, um zum Juni 794 eine große Synode in die (damals zuerst erwähnte) Pfalz Frankfurt einzuberufen, auf der außer zwei Legaten Papst Hadrians Bischöfe aus allen Teilen des Reiches und offenbar auch aus Spanien (Asturien) und aus England erschienen. Den gesamten christlichen Okzident sah er deshalb hinter sich, als er zum Abschluß, mit dem zusätzlichen Titel eines »Sohnes und Schützers *(defensor)* der heiligen Kirche Gottes« geschmückt, »die frevlerische Häresie« der Adoptianisten verdammte und sodann die »Frage über die neue Griechensynode« mit ihrem irrigen Gebot einer Anbetung der Bilder anschnitt, bevor er in seinem Kapitular eine lange Reihe kirchlicher Reformbeschlüsse verkündete.

Die Frankfurter Versammlung ist nicht das einzige Anzeichen für die neue, universale Größenordnung, in die Karls Königtum um die Mitte der 790er Jahre hineinwuchs. Sie beruhte darauf, daß der Frankenherrscher inzwischen zum Gebieter über viele Völker geworden war, der kraftvoll das Christentum ausbreitete und für die Reinheit des Glaubens sorgte, den Mittelpunkt der literarisch-gelehrten Welt des Okzidents bildete und von Papst Hadrian bereits als zweiter Konstantin gepriesen worden war. Alkuin schrieb in seinen Briefen seit 798 von einem *imperium Christianum,* dessen Gedeihen von Karls Wohlergehen abhänge, meinte damit aber weniger ein politisches Kaiserreich als die gesamte, zumindest die lateinische Christenheit, die der schützenden und lenkenden Hand des großen Königs bedürftig sei. Zu dieser Sicht bestand umso mehr Anlaß, als in Rom auf den Ende 795 verstorbenen Papst Hadrian Leo III. gefolgt war, der nicht denselben aristokratischen Kreisen entstammte wie seine Vorgänger und aus offenbarer Sorge vor innerstädtischen Gegnern von vornherein engen Rückhalt an Karl suchte; ihm ließ der König mit seiner ersten Gesandtschaft ein berühmt gewordenes Schreiben überbringen, worin er für sich beanspruchte, mit Gottes Hilfe »allseits die Kirche Christi vor dem Einfall der Heiden und vor der Verheerung durch Ungläubige mit Waffengewalt nach außen zu verteidigen und sie nach innen durch die Anerkennung des rechten Glaubens zu befestigen«, während er vom Papst erwartete, »gleich Moses mit erhobenen Händen bei Gott unser Heer zu unterstützen, damit das christliche Volk überall und immer den Sieg davontrage und der Name unseres Herrn Jesus Christus auf dem ganzen Erdkreis zum Leuchten gebracht werde«. Noch weniger als dieser römische Bischof konnte ihm der römische Kaiser den Rang ablaufen, denn am Bosporus gab es ihn nicht einmal mehr, seitdem Eirene, die bei den Franken ohnehin als häretisch gebrandmarkte Kaiserin, 797 ihren glücklosen Sohn Konstantin VI. vom Thron gestoßen und geblendet hatte, um fortan gegen alle Tradition im eigenen Namen zu herrschen. Sie suchte sich ihrerseits diplomatisch abzusichern und schickte Boten nach Aachen, die anscheinend die Anerkennung fränkischer Hoheit in früher byzantinischen Gebieten Italiens anboten. Karl durfte sich auch hier als der Überlegene betrachten, knüpfte im Rücken der Oströmer eben 797 einen Gesandtenaustausch mit dem Kalifen Harun-al-Raschid im fernen Bagdad an und erhielt von dort das vielbestaunte, majestätische Geschenk eines lebenden Elefanten, aber auch die Zusage wohlwollenden Schutzes für die Christen in Jerusalem, deren Patriarch sich hilfesuchend an den mächtigen Herrscher im Westen gewandt hatte.

Welchen förmlichen Ausdruck dieser unvergleichliche Vorrang Karls in der christlichen Welt finden sollte, war durchaus noch in der Schwebe, als ein jähes Ereignis die Entwicklung in Gang setzte, die dann zur Kaisererhebung geführt hat. Am 25.4.799 wurde nämlich in Rom der umstrittene (und wohl keineswegs über alle Verdächtigungen erhabene) Papst Leo Opfer eines Überfalls, bei dem er durch Blendung und Verstümmelung amtsunfähig gemacht werden sollte. Das Attentat, hinter dem führende Männer aus der Umgebung des Vorgängers Hadrian standen, schlug jedoch fehl, so daß der Papst, allenfalls unwesentlich verletzt, nach einiger Zeit von fränkischen Königsboten nach Spoleto in Sicherheit gebracht werden konnte. Die ersten Nachrichten, die über die Alpen drangen, deuteten auf eine vollendete Blendung hin und förderten indirekt den Eindruck eines Heilungswunders, als sich bald herausstellte, daß Leo doch unversehrt um Karls Beistand gegen seine Widersacher nachsuchte. Der König ließ ihm durch den obersten Kapellan, den Erzbischof Hildebald von Köln, eine Einladung an seinen Hof überbringen, beschied ihn aber nicht nach Aachen, sondern nach Paderborn, wo er als Bezwinger des sächsischen Heidentums auftreten konnte. Der feierliche Empfang, den er Leo dort etwa im Juli bereitete und den ein Zeitgenosse in einer hochgestimmten Dichtung gerühmt hat, bedeutete bereits die Entscheidung, an ihm als rechtmäßigem Papst festzuhalten, obgleich Abgesandte der römischen Opposition schwere Beschuldigungen vorbrachten. Der heiklen Rechtsfrage, welche Befugnisse Karl in dieser Situation aus seinen früheren Schutzversprechen für die römische Kirche ableiten durfte, ging man aus dem Wege durch den Beschluß, den Papst ehrenvoll nach Rom zurückzugeleiten und an Ort und Stelle durch Hildebald von Köln, Arn von Salzburg und weitere hochrangige Franken die Freveltat untersuchen zu lassen, was dann Ende 799 dazu führte, daß die Attentäter festgenommen und ins Frankenreich verbracht wurden. Karl persönlich war schon während der Paderborner Tage von Alkuin unter Hinweis auf die Vertreibung des Papstes und die Absetzung des Kaisers (in Byzanz) brieflich gemahnt worden, als der allein Handlungsfähige unter den Häuptern der Christenheit nun zum »Rächer der Verbrechen, Lenker der Verirrten, Trost der Trauernden und Rückhalt der Guten« zu werden, doch der fränkische König hielt sich noch ein volles Jahr zurück und sagte erst auf einer Mainzer Reichsversammlung im August 800 sein Erscheinen in Rom an.

Über die Vorgänge, die bei diesem vierten Italienzug Karls den historischen Aufstieg seines Hauses vollendeten, sind wir von römischer wie von fränkischer Seite aus unterschiedlichen Blickwinkeln unterrichtet. Danach steht fest, daß Karl am 23.11.800 in Rom nicht mehr wie bei früheren Besuchen als Patricius, sondern »eindeutig nach kaiserlicher Art« (J. Deér) empfangen wurde. Während der Adventszeit fand unter seinem Vorsitz in St. Peter eine Synode statt, die sich mit den Anklagen gegen den Papst befassen sollte, aber offenbar keinen juristisch gangbaren Weg zur Eröffnung eines Verfahrens fand und daher am 23.12. damit endete, daß Leo, formal freiwillig, einen Eid über seine völlige Unschuld ablegte. Der damit rehabilitierte Papst und die ganze Versammlung sollen sogleich gemäß den sog. Lorscher Annalen beschlossen haben, »daß man Karl, den König der Franken, Kaiser nennen müsse«, weil diese Würde, das *nomen imperatoris,* von den Griechen gewichen sei und er die Stadt Rom sowie die übrigen Kaiserresidenzen des Westens innehabe. »Ihrem Ansinnen wollte sich König Karl nicht versagen, sondern in aller Bescheidenheit vor Gott und auf Bitten der Priester und des ganzen christlichen Volkes nahm er am Geburtsfest des Herrn den Kaisernamen mit der Weihe durch den Papst Leo an«. Vom sichtbaren Geschehen am Vormittag des 25.12. in der Peterskirche wird im römischen Papstbuch und in den fränkischen Reichsannalen übereinstimmend berichtet, daß Leo dem König während der Meßfeier eine kostbare Krone aufsetzte und das versammelte Volk der Römer sodann Hochrufe auf »Karl, den Augustus, den von Gott gekrönten, großen und friedenstiftenden Kaiser«, ausbrachte. Außerdem ist festgehalten, daß Leo dem neuen Kaiser durch Kniefall huldigte und seinen Sohn Karl den Jüngeren zum König salbte (und krönte).

Die symbolträchtigen Handlungen zeugen von sorgfältiger Vorbereitung, weshalb die von Einhard überlieferte und in der Forschung viel erörterte Äußerung Karls, »er würde an diesem Tage, obwohl es ein bedeutendes Fest war, die Kirche nicht betreten haben, wenn er des Papstes Plan hätte vorauswissen können«, schwerlich in dem Sinne zu verstehen ist, Karl sei mit der hohen Würde an sich überrumpelt worden und im Grunde ein »Kaiser wider Willen« (P. E. Schramm) gewesen. Da aber auch die bagatellisierende Deutung seiner Worte als bloße Demutsfloskel nicht befriedigt, muß angenommen werden, daß sich die Zeremonie nicht so abspielte, wie Karl sie sich gewünscht hätte. Gestört haben mag ihn die hervorgehobene Rolle »der Römer«, denn sie ließ Spannungen mit dem Römerreich des Ostens erwarten und drohte den führenden Rang des Frankenvolkes zu mindern, dessen König Karl war und das sich den Römern weit überlegen fühlte. Eben darum scheint vom Hof die Sprachregelung vom *nomen imperatoris* ausgegangen zu sein, die sichtlich besagen soll, daß Karl unmittelbar nur den Titel für etwas bekam, das er schon (aus eigener Kraft) innehatte, – wie ein halbes Jahrhundert zuvor sein Vater Pippin bloß noch den Königsnamen der tatsächlichen Macht hinzuzufügen brauchte. Freilich war das Kaisertum seiner Tradition nach römisch und zugleich universal, also auf kein einzelnes Volk bezogen, so daß sein Verhältnis zum hergebrachten »gentilen« Königtum des Frühmittelalters allerhand Kopfzerbrechen bereitete; ein Ergebnis war der komplizierte, seit Mai 801 bezeugte erste Kaisertitel in Karls Urkunden, der die Akklamation der Krönungsfeier erweiterte um die Elemente »das römische Reich regierend und zugleich durch Gottes Erbarmen König der Franken und Langobarden«. Solcherlei subtile Erwägungen waren vermutlich noch im Fluß, als Karl am Weihnachtsmorgen in der Kirche erschien. Falls, was wahrscheinlich ist, die Königskrönung des jüngeren Karl vereinbart war, ließ sich ein großer Teil der Vorbereitungen darauf beziehen, und für einen Auftritt des königlichen Vaters mit Krone war der hohe Festtag ohnehin Anlaß genug. Unter diesen Auspizien könnte dann Leo die Gunst der Stunde genutzt und die vollendete Tatsache eines von ihm als Papst sakral legitimierten Kaisertums geschaffen haben, auch und gerade um Karl die erwünschte höchstrichterliche Gewalt zur Aburteilung der städtischen Opponenten zuzuspielen. Immerhin sind es fränkische Quellen, denen wir entnehmen, daß Karls erste Amtshandlung darin bestand, Anfang Januar 801 die Rädelsführer des Anschlags auf Leo nach antikem Kaiserrecht des Todes schuldig zu sprechen, und daß der Papst ihnen zur Begnadigung durch Verbannung verhalf. Aber natürlich reicht die Bedeutung der Kaisererhebung weit über kurzfristige Zwecke hinaus, denn in ihr fand die neue Einheit der abendländischen Völker, die das Werk Karls und seiner Vorfahren war, zu ihrer kennzeichnenden Gestalt. Keiner der Beteiligten konnte ahnen, daß das wiederbelebte Kaisertum des Westens als Verschmelzung historischer Überlieferungen und christlicher Ideale stark genug war, um die Umbrüche eines vollen Jahrtausends zu überdauern und damit zugleich das unübertroffene Leitbild seines ersten Inhabers lebendig zu halten, auch wenn Karl selber im Augenblick des Beginns nicht völlig Herr der Situation gewesen sein sollte.

Zu den unmittelbar fühlbaren Konsequenzen gehörte die Auseinandersetzung mit Byzanz, wo man im Bewußtsein der alleinigen Staatskontinuität des Imperium Romanum die vom Papst vermittelte höhere Würde des Frankenkönigs als barbarische Anmaßung empfinden mußte. Der Kaiserin Eirene schien es geraten, einer zunächst befürchteten Aggression durch eine Gesandtschaft an Karl zuvorzukommen, die 802 mit der Entsendung fränkischer und päpstlicher Boten nach Konstantinopel beantwortet wurde. Daß diese, einer ganz unglaubwürdigen griechischen Nachricht zufolge, angeboten haben sollen, durch eine Heirat zwischen Karl und Eirene alle Probleme aus der Welt zu schaffen, spiegelt wohl nur die Ratlosigkeit im

Osten über diesen Usurpator wider, der anders als frühere keine Anstalten machte, gewaltsam nach der Herrschaft in Byzanz zu greifen, wohl aber formelle Gleichrangigkeit mit den Nachfolgern Caesars, Konstantins und Justinians beanspruchte. Daran änderte sich auch nichts, als Eirene Ende 802 durch einen Putsch gestürzt wurde und der neue Kaiser Nikephoros I. die vermeintliche Vakanz des *nomen imperatoris* im Osten beendete, denn seine Gesandten trafen im Sommer 803 bei Karl in Salz/Saale dieselbe, für die Griechen unannehmbare Haltung an, was zum einstweiligen Abbruch der Kontakte führte. Sie wurden erst Jahre später wieder aufgenommen, nachdem ein militärisches Zwischenspiel im nördlichen Adriaraum beiden Rivalen die Grenzen ihrer Schlagkraft gezeigt hatte: Weder war es den Franken gelungen, bis 806 durch Eingreifen in interne Streitigkeiten eine stabile Oberhoheit über die faktisch autonomen Außenposten der Oströmer in Venetien und Dalmatien zu erringen, noch hatte Byzanz die im Gegenzug 808/09 eingenommenen Lagunengebiete gegen Pippin, den Unterkönig von Italien, wirksam zu behaupten vermocht. Die 810 einsetzenden Verhandlungen zur Beilegung dieses regionalen Konflikts weiteten sich zu einer generellen Bereinigung des wechselseitigen Verhältnisses aus, zumal das östliche Imperium auf dem Balkan unter wachsendem Druck der Bulgaren stand, gegen die Kaiser Nikephoros 811 im Kampf fiel. So war es erst sein Nachfolger Michael I. (811–813), der seine Gesandten bevollmächtigte, im Sommer 812 in Aachen den fränkischen Verzicht auf Venetien mit der Akklamation Karls als *basileus/imperator* zu honorieren. Die Anerkennung betraf allerdings nur die Gleichheit im Kaisertum, nicht im Römertum, denn seither verschwand, offenbar vereinbarungsgemäß, jeder römische Bezug aus Karls Kaisertitel (wie auch dem aller späteren Karolinger), während man am Bosporus bald den offiziellen Gebrauch des zuvor nur literarischen Titels »Kaiser der Römer« aufnahm.

Nach innen brachte das Kaisertum eine nochmalige Steigerung von Karls monarchischem Selbstgefühl mit sich. Das begann schon in Rom, wo er noch bis nach Ostern 801 Hof hielt und in Stadt und Umland nicht mehr als Gast, sondern als Herrscher auftrat. Mit der Rückkehr nach Aachen im Spätsommer setzte dann eine Phase reger administrativer Tätigkeit ein, die bei Karl die Überzeugung erkennen läßt, »daß er als Kaiser in unendlich höherem Maße als früher vor Gott verantwortlich sei für Handel und Wandel seiner Untertanen« (F. L. Ganshof). Nicht die römische, sondern die christliche Seite des Kaisertums kehrte er hervor, wenn er Anfang 802 unter dem Titel eines *imperator Christianissimus* einen neuen allgemeinen Treueid, nunmehr auf das *nomen Caesaris,* verordnete, worin die Verpflichtungen des Einzelnen auch auf den Schutz der Kirchen, der Witwen und Waisen, auf die Sonntagsheiligung und sogar die Einhaltung der Zehn Gebote ausgedehnt wurden. Der umfassende kaiserliche Regelungswille führte dazu, daß die Kapitulariengesetzgebung erst jetzt ihren quantitativen Höhepunkt und ihre größte thematische Breite erreichte, die Aufzeichnung der Stammesrechte entscheidend vorankam und auch die Kontrollinstanz der Königsboten zu einem planmäßigen Herrschaftsinstrument fortentwickelt wurde. Aachen, der bevorzugte und nach 808 nahezu ausschließliche Residenzort mit den zum Teil bis heute sichtbaren Gebäuden der Königshalle *(regia)* und der Pfalzkapelle, sah regelmäßige Synoden und Reichsversammlungen, die Karl mit den Großen des ganzen Imperiums zusammenführten und zu immer präziseren Anweisungen herausforderten. Dorthin kam Anfang 805 auch Papst Leo III., dem der Kaiser entsprechend dem Zeremoniell von 753/54 seinen ältesten Sohn Karl in die Alpen entgegengesandt hatte (so wie damals Pippin ihn selbst), bevor er ihn in Reims begrüßte und nach Quierzy zur Feier des Weihnachtsfestes geleitete. Der jüngere Karl, seit 800 gekrönter König, trat vollends in den Vordergrund, als der Vater 806 nach Art der Vorfahren daranging, sein Haus zu bestellen. Gemäß dem Konzept, das schon 781 bei der Ausstattung Pippins und Ludwigs, der anderen Söhne Hildegards, erkennbar geworden war, ließ der Kaiser auf einer Versammlung in Diedenhofen von den Großen als Nachfolgeordnung (mit der modernen Bezeichnung Divisio regnorum) beschwören, daß nach seinem Tode Pippin außer dem bisherigen Unterkönigreich Italien auch Bayern und das südliche Alemannien, Ludwig neben Aquitanien auch Septimanien, die Provence und Teile Burgunds beherrschen sollten, während ihrem Bruder Karl der gesamte fränkische Kernraum zwischen Loire und Rhein samt dem Neuland bis zur Elbe und Donau zufallen würde. Mochten die Bereiche auch in etwa gleich groß bemessen sein, so fiel doch schwerer ins Gewicht, daß Karl abweichend von älterer Teilungspraxis zum alleinigen Inhaber des karolingischen Familienbesitzes sowie des Großteils der Königsgüter, Pfalzen und Reichsklöster ausersehen wurde. Er war damit der Haupterbe und als eigentlicher Nachfolger des großen Karl zu erwarten, obgleich eine Verfügung über das Kaisertum unterblieb, das ja im Unterschied zur fränkischen Königsmacht seinem Wesen nach unteilbar war. Dieses Zögern mag sich mit Rücksicht auf Byzanz erklären, vielleicht aber auch damit, daß Karl als einziger Kaisersohn, soweit wir sehen, noch unvermählt und jedenfalls erbenlos war, während Pippin in Italien bereits einen und Ludwig in Aquitanien zwei oder drei Söhne hatte; nur auf sie konnte sich die in der Divisio vorgesehene Alternative beziehen, daß beim Tode eines Bruders entweder dessen Reich unter den beiden anderen aufgeteilt oder von einem Sohn übernommen werden sollte, falls ihn das »Volk« zur Herrschaft wähle. Nach Lage der Dinge war abzusehen, daß am ehesten Karls Anteil, die zentrale Francia, nicht von Dauer sein würde.

In welchem Zustand das Reich der nächsten Generation vermacht werden konnte, entschied sich nicht zuletzt an den äußeren Grenzen, die auch nach dem Ende der ständigen Expansion vielfach unruhig blieben. Ihre Verteidigung, die noch durchaus offensiv geführt wurde, galt als Aufgabe der ganzen Herrscherfamilie und war schon wegen der weiten Entfernungen seit den 790er Jahren nur in räumlicher Aufteilung möglich. Während Pippin in Italien weiterhin der Selbständigkeit von Benevent entgegenzuwirken und die Kämpfe mit den Byzantinern um Venetien zu bestehen hatte, war Ludwig von Aquitanien aus bestrebt, nach dem Gewinn von Barcelona (801) die fränkische Hoheit bis zum Ebro vorzuschieben, was jedoch nie völlig gelang. Karl der Jüngere, der bereits in den 790er Jahren mit dem Vater nach Sachsen gezogen war, fand ein eigenes Bewährungsfeld an der östlichen Reichsgrenze gegen die Slaven, wo er 805 in Böhmen und 806 bei den Sorben an der mittleren Elbe einschüchternde Vorstöße unternahm. Gegen die Dänen, die einst Widukind Zuflucht gewährt hatten und seit etwa 800 unter ihrem König Gottfried/Gudfred zusehends erstarkten, behalf sich der Kaiser durch eine Erneuerung des Bündnisses mit den slavischen Abodriten, mußte nach deren Niederlage (808) jedoch ein fränkisch-sächsisches Heer unter seinem Sohn Karl aufbieten, das eine (Schiffs-)Brücke über die Unterelbe schlug, dann aber ins Leere stieß. Als 810 Scharen von Wikingern an der friesischen Küste auftauchten, wurde dies wohl fälschlich als dänische Aggression verstanden und rief sogar Karl den Großen noch einmal an der Aller auf den Plan, da man nach Einhards Bericht befürchtete, Gottfried könne gar gegen Aachen ziehen, was nur durch seinen jähen Tod von der Hand eines Gefolgsmannes verhindert worden sei. Jedenfalls war damit die Bahn frei für einen Friedensschluß, der den Franken ein befestigtes Vorfeld nördlich der Elbe sicherte (811), doch wirkt die Episode wie ein frühes Wetterleuchten der unheimlichen Bedrohung über See, die von Skandinavien (und ebenso von den mohammedanischen Sarazenen im Mittelmeer) seit der Wende zum 9. Jahrhundert mit zunächst sporadischen Überfällen ausging und die der fränkischen Landmacht noch schwer zu schaffen machen sollte. Karl war der erste, der durch Flottenbau und Küstenschutz die Gefahr zu bannen suchte.

Die letzten Jahre seiner langen Regierung waren ohnehin nicht die glücklichsten. Dem zunehmenden Alter zollte der Kaiser nicht nur mit gesundheitlichen Beschwerden Tribut, sondern auch dadurch, daß ihn Todesfälle im engsten Familienkreis einsamer machten. 810 starben nacheinander seine hochgeschätzte Schwester Gisela, Äbtissin von Chelles, seine älteste Tochter Rotrud und auch noch sein Sohn Pippin, der König des einst langobardischen Italien; er hinterließ einen Sohn Bernhard und fünf Töchter, die am Hof des Großvaters Aufnahme fanden, während der Stiefvetter Adalhard von Corbie wie schon nach 781 wieder als Regent über die Alpen geschickt wurde. Das Jahr 811 brachte dann den Tod von Karls längst beiseite geschobenem ältesten Sohn Pippin dem Buckligen (als Mönch in Prüm) und vor allem am 4.12. von dessen Bruder Karl dem Jüngeren, auf den der Kaiser seine größten Hoffnungen gesetzt hatte. Die Häufung der Schicksalsschläge wurde von Karl und den Seinen auch als Symptom politischen und moralischen Niedergangs empfunden und mag so den ernsten, beunruhigten Ton erklären, der an manchen kaiserlichen Verlautbarungen dieser Spätphase auffällt. Im Jahre 810 wurde dem ganzen Reich ein dreitägiges Fasten verordnet, »um Gott zu bitten, er möge uns zeigen, worin unser Lebenswandel vor ihm verbessert werden müsse«, und das Ergebnis war ein Fragenkatalog an die Bischöfe und Äbte, worin »zu unser aller gemeinsamem Nutzen« eine Selbstprüfung verlangt wurde, die nach Jahrzehnten karolingischer Reformpolitik in ihrer Schonungslosigkeit überraschen muß: ob man die heiligen Schriften nicht nur selbst kenne, sondern auch andere darin unterweise, und zwar vor allem, darüber, daß die Diener Gottes sich nicht in weltliche Händel einmischen dürften oder daß nicht wirklich der Welt entsagt habe, wer täglich seinen Besitz zu mehren suche, gar indem er einfacheren Gemütern durch den Wink mit himmlischem Lohn das Ihre zu nehmen trachte... Das Fazit lautet: »Wenn wir Christus und den Aposteln und denen, die den Aposteln recht gefolgt sind, in kirchlicher Ordnung nachfolgen sollen, müssen wir in vielen Dingen anders handeln, als wir bisher gehandelt haben, viel von unseren Gepflogenheiten aufgeben und umgekehrt vieles tun, was wir bisher nicht getan haben«. Gleichzeitig regte Karl auch eine Untersuchung der Gründe für die verbreitete Fahnenflucht im Heer an und erfuhr, Bauern beklagten sich über die Bedrückung durch Bischöfe und Äbte und deren Vögte sowie durch Grafen, die vom Kriegsdienst nur solche verschonten, die ihnen ihren Besitz zum Schutz anvertrauten. Die krassen Mißstände, die zur Sprache kamen, bewogen den alten Kaiser zu einer letzten großen Anstrengung der inneren Erneuerung, die darin bestand, daß er für 813 gleich fünf Synoden anberaumte – um einer möglichst starken Beteiligung willen dezentral nach Reims, Tours, Arles, Chalon und Mainz –, um gründlicher denn je Reformen beraten und sich vorschlagen zu lassen, und zumindest die hohe Zahl der überlieferten Abschriften ihrer Beschlüsse deutet auf eine ungewöhnliche Resonanz hin.

Zu dieser geistlichen Zukunftsvorsorge mußte die politische kommen, nachdem die Divisio regnorum durch das vorzeitige Hinscheiden Pippins von Italien und Karls des Jüngeren hinfällig geworden war. Seit Ende 811 ließ sich absehen, daß alle Macht dem einzig verbliebenen Sohn aus legitimer Ehe, König Ludwig von Aquitanien, zufallen würde, doch ist bei Karl und seiner Aachener Umgebung ein deutliches Zögern zu bemerken, daraus praktische Konsequenzen zu ziehen. Der Universalerbe wurde keineswegs sogleich an den zentralen Hof berufen; vielmehr traf man ohne seine Beteiligung 812 zunächst eine Entscheidung über Italien, wo der eben mündige, in Fulda erzogene Bernhard gut zwei Jahre nach dem Tod des Vaters Pippin als König eingesetzt wurde und Adalhards Halbbruder Wala, möglicherweise seinen Onkel, zum maßgeblichen Berater bekam. Was der künftige Kaiser Ludwig als einschränkende Hypothek für seine Allgewalt hinzunehmen hatte, scheint Adalhard, Wala und anderen führenden Männern um Karl zur langfristigen Sicherung eines eigenen politischen Aktionsfeldes, wenn nicht gar als dynastische Alternative, erstrebenswert gewesen zu sein. Ihre kühle Reserve gegenüber dem aquitanischen König und seinem Anhang zeigte sich auch noch 813, als es mehrfacher Beratungen in Aachen bedurfte, bis der 35jährige dorthin eingeladen und von einer Reichsversammlung im September auf Befragen Karls als Kaiser anerkannt wurde. Formell ging die Rangerhöhung am folgenden Sonntag (11.9.) in der Pfalzkapelle vonstatten: Nach einem gemeinsamen Gebet hielt der Vater dem Sohn eine lange Mahnrede, die ihm bezeichnenderweise die Sorge für »seine Schwestern und jüngeren (Halb-)Brüder, seine Neffen und alle übrigen Verwandten« ans Herz legte, und befahl ihm dann – vielleicht weil er selber dazu physisch nicht mehr imstande war –, eine goldene Krone vom Altar zu nehmen und sich aufs Haupt zu setzen. Die erstmalige Weitergabe des neuen Kaisertums war nicht zu trennen von der Einsetzung zum künftigen Familienoberhaupt und vollzog sich anders als 800 nach byzantinischem Muster ohne Einschaltung des Papstes oder anderer höherer Geistlicher. Sie vermittelte jedoch immer noch keinen sofortigen Anteil an der Regierung des Imperiums, denn Ludwig wurde abermals in sein aquitanisches Unterkönigreich entlassen, wo er den folgenden Winter verbrachte.

So konnte er nur aus der Ferne verfolgen, wie die Kräfte des kaiserlichen Vaters in diesen Monaten mehr und mehr verfielen. Nach wiederholten Fieberanfällen trat der Tod am Morgen des 28.1.814 ein; noch am selben Tage, berichtet Einhard, wurde Karl in der Aachener Pfalzkapelle beigesetzt, genau genommen wohl unter einem Thron im Atrium davor. Daß er nicht mehr zur traditionsreichen Grabstätte seines Vaters und seines Großvaters nach Saint-Denis überführt wurde, aber auch kein späterer karolingischer Herrscher wieder in Aachen bestattet worden ist, bringt noch einmal symbolhaft seinen singulären Rang in der Geschichte des Hauses zum Bewußtsein. Zahlreiche Quellenzeugnisse über Trauer und Erschütterung bei Karls Tod geben zu erkennen, daß schon die Mitwelt das Empfinden hatte, einen historischen Wendepunkt, das Ende einer stolzen Ära zu erleben. Das fränkische Imperium Christianum war so sehr von der Gestalt seines Begründers geprägt, daß sein inneres und äußeres Schicksal ohne ihn schwer abzuwägenden Gefährdungen ausgesetzt schien. Tatsächlich brachten es die Erfahrungen der folgenden Generationen mit sich, daß Karls lange und insgesamt so erfolgreiche Regierung immer mehr zu einem unerreichbaren Vorbild an Tatkraft, Einigkeit und Stabilität, kurz: zu einer guten alten Zeit wurde. Zugleich war es aber auch die Erinnerung an ihn, die den Erben seines Geblüts, solange es sie noch gab, einen entscheidenden Vorsprung vor ihren politischen Widersachern sicherte.

VI. Die fünfte Generation: Ludwig der Fromme (814–840)

Nie zuvor und nie wieder in karolingischer Zeit fielen Macht und Verantwortung an der Spitze von Reich und Familie so mühelos einem Einzelnen zu wie Anfang 814 nach dem Tode Karls des Großen. Ludwig, der bisherige Unterkönig von Aquitanien und seit wenigen Monaten auch gekrönter Kaiser, war von Karls legitimen Söhnen allein übrig und eben darum, allen Bedenken zum Trotz, der letztlich unanfechtbare Erbe, auch wenn er bis dahin der Führung des Imperiums ziemlich ferngestanden hatte und nicht eigens auf seine historische Rolle vorbereitet worden war, da der Vater viele Jahre hindurch eher mit seinem älteren Sohn Karl als Nachfolger rechnete. Ludwig hatte nur eingeschränkte Verantwortung im Südwesten des Reiches erhalten, wo er von Kindheit an als Repräsentant des fränkischen Herrscherhauses auftrat und eine Schulbildung empfing, mit der er den Vater gewiß übertraf. Aus dem beigegebenen Regentschaftsrat war mit der Zeit ein eigener kleiner Hof geworden, der den »König der Aquitanier« im Rahmen der vom Vater gezogenen Grenzen bei seinen Amtshandlungen unterstützte. Während Ludwig außenpolitisch und zumal militärisch über die Pyrenäen hinweg nur auf besondere Weisung hin tätig werden durfte, scheint er im Inneren manches zur Befriedung des von seinen Vorfahren unterworfenen Landes getan zu haben. An seiner Seite werden der Kanzler Helisachar sowie der Graf Bego von Toulouse genannt, der um 806 durch Heirat mit Ludwigs vorehelicher Tochter Alpais sein Schwiegersohn wurde. Eine prägende Persönlichkeit war daneben der westgotische Grafensohn Witiza, der als Gründer und Abt des Klosters Aniane (bei Montpellier) den programmatischen Namen Benedikt angenommen hatte und mit Rückhalt an Ludwig eine umfassende Erneuerung des aquitanischen Klosterwesens gemäß der Regel des hl. Benedikt in Gang brachte. In diesem seit jeher vertrauten regionalen Horizont wäre auch Ludwigs weiteres Leben verlaufen – noch der Reichsteilungsplan von 806 eröffnete ihm nur die Aussicht auf begrenzten Machtzuwachs in Septimanien, der Provence und in Burgund –, wenn nicht der unerwartete Tod der Brüder Pippin und Karl (810/11) bewirkt hätte, daß »in ihm die Hoffnung auf die gesamte Herrschaft erwachte« (wie es sein späterer Biograph, der sog. Astronom, ausdrückt) und der Vater ihn, wenn auch zögernd, zum Kaisertum aufrücken ließ.

Seither ist es Ludwigs Schicksal, an dem großen Karl gemessen zu werden. Ohne Frage verfügte er, aufs ganze gesehen, nicht über die zupackende Energie, den langen Atem und die glückliche Hand, die den ersten karolingischen Kaiser auszeichneten, doch muß eine vergleichende Würdigung berücksichtigen, daß Ludwig nicht die geschichtliche Situation von 768/71, sondern die von 814 vorfand. Das Frankenreich hatte eben nach den expansiven Erfolgen der 770er und 780er Jahre keine ähnlich lohnenden und erreichbaren Ziele jenseits seiner Grenzen mehr, und so war bereits Karl selber allmählich zu einer Politik übergegangen, die kraftvolle Defensive nach außen mit dem zähen Bemühen um innere Konsolidierung zu verbinden suchte. Daß dabei rasche und sichtbare Wirkungen kaum zu erzielen waren, hatte er in seinen späten Jahren schmerzlich erfahren müssen, und für die Zukunft stand erst recht zu befürchten, daß nach dem Ausfall seiner persönlichen Autorität die Spannungen innerhalb der aristokratischen Führungsschicht und die Divergenzen der von ihr vertretenen Reichsteile zum Schaden der Zentralgewalt und der Kirche noch stärker hervortreten würden, ohne daß daran zu denken war, sie wie einst in kriegerischer Aktion nach außen (mit der Aussicht auf Beute, Tribute und Landgewinn) zur Entladung zu bringen. In solcher Perspektive bedeutete es immerhin eine Atempause, daß die Macht 814 nur einem einzigen Erben zufiel und die Divisio regnorum von 806 ihre Funktionsfähigkeit nie zu erweisen brauchte. Es mußte für den Nachfolger darauf ankommen, die gewährte Frist zu nutzen, um ganz im Sinne der letzten beiden Jahrzehnte Karls die als Kampf gegen Mißstände verstandene Integrationspolitik entschieden voranzubringen und durch eine wohlbedachte Thronfolgeordnung den zentrifugalen Tendenzen entgegenzuwirken. Eben dies waren Ludwigs Leitlinien zu Beginn seiner Regierung, und wenn er sich dabei zumindest im Stil von seinem Vater unterschied, so lag das an seiner Art, bewußter als Karl auf die geistlichen Reformbestrebungen seit den Tagen des Bonifatius und Pippins einzugehen, die Stabilität des Reiches in enger Abhängigkeit von der rechten Ordnung der Kirche zu sehen und eine persönliche Verantwortung vor Gott für sein Handeln zu empfinden. Insofern war es nicht aus der Luft gegriffen, wenn spätere Generationen aus den konventionellen Elementen seines Herrschertitels gerade das Attribut *pius* (der Fromme) als individuell kennzeichnenden Beinamen ausgewählt haben.

Neben den inhaltlichen Maßgaben, die wenig Spielraum für grundsätzlich Neues ließen, beruhte die kaiserliche Regierungsführung im übrigen auf einem Geflecht persönlicher Bindungen, und hier waren einschneidende Veränderungen unabwendbar. Am Aachener Hof, der jahrzehntelang ganz auf Karl den Großen ausgerichtet gewesen war, rückte nun Ludwigs Familie in den Mittelpunkt, nämlich seine Gemahlin Irmingard, Tochter des Grafen Ingram (aus dem vornehmen Geschlecht Chrodegangs und Angilrams von Metz), mit der er seit 794 verheiratet war, samt ihren Söhnen Lothar (geb. 795), Pippin (geb. um 797) und Ludwig (geb. um 806) sowie den Töchtern Rotrud und Hildegard. Vor ihnen hatten seine bis dahin vielumworbenen, unvermählt gebliebenen Schwestern in verschiedene Klöster zu weichen, und auch ihre jungen, illegitimen Halbbrüder, Karls späte Söhne Drogo, Hugo und Theuderich, kamen am Hof unter strengere Aufsicht. Für die eigenen Nachkommen sorgte Ludwig vor, indem er die bereits erwachsenen Söhne Lothar und Pippin als Unterkönige in Bayern und Aquitanien einsetzte sowie seinen Schwiegersohn Bego († 816) zum Grafen von Paris und seinen illegitimen Sohn Arnulf zum Grafen von Sens machte. Ausgespart blieb Italien, wo der neue Kaiser gemäß dem Willen des Vaters das Königtum des Neffen Bernhard anerkannte, nachdem dieser zur Huldigung in Aachen erschienen war. Dagegen nahm er den Stiefvettern Adalhard und Wala ihren zuletzt bei Karl und Bernhard bedeutenden Einfluß; der ältere wurde nach Noirmoutier an der Loiremündung verbannt, der jüngere trat ins Kloster Corbie ein. Zu den »neuen Leuten« Ludwigs gehörte Ebo, ein Gefährte seiner frühen Jugend, der ihm später als Bibliothekar gedient hatte und 816 trotz unfreier Herkunft Erzbischof von Reims wurde. An der Spitze der Hofkapelle verblieb der alte Hildebald von Köln († 818), aber neben ihn trat als Kanzler, ausgestattet mit mehreren Abteien, der schon in Aquitanien bewährte Helisachar. Auch Benedikt von Aniane kam zu einem wachsenden Wirkungsfeld, da ihm der Kaiser zunächst das elsässische Kloster Maursmünster und dann die Neugründung Inden/Kornelimünster nahe bei Aachen anvertraute, wo er seine Konzepte für weitgreifende Reformen aller geistlichen Gemeinschaften entwarf. Überhaupt scheint Ludwigs aquitanische Umgebung in den ersten Jahren den Ton angegeben zu haben, was selbst einen sehr wohlwollenden Beobachter wie den Chorbischof Thegan in seiner Darstellung der Regierung des Kaisers bemerken ließ, er habe »seinen Ratgebern mehr vertraut als nötig war«.

Die fortschreitende Festigung des jungen Imperium Christianum, die sich die neue Führungsgruppe vornahm, erforderte aus gegebenem Anlaß zunächst die Klärung des Verhältnisses zum Papsttum, die unter Karl dem Großen ausgeblieben war. Als sich nämlich 815 die Nachricht verbreitete, der vielfach angefeindete Leo III. sei einer neuen Verschwörung seiner städtischen Gegner mit Todesurteilen und Hinrichtungen begegnet, ließ Ludwig über diesen Eingriff in kaiserliche Gerichtsrechte eine Untersuchung durch König Bernhard anstellen. Der Papst konnte sich zwar durch eine Gesandtschaft in Aachen rechtfertigen, mußte aber bald darauf die Hilfe von Truppen des Herzogs von Spoleto in Anspruch nehmen, um sich offener Unruhen in der römischen Campagna zu erwehren. Mit dieser heiklen Lage wird es zusammenhängen, daß man in Rom nach Leos Tod (12.6.816) bei der ersten Vakanz auf dem Stuhl Petri seit der Erneuerung des westlichen Kaisertums keine Beteiligung des obersten Schutzherrn an der Regelung der Nachfolge in Betracht zog, sondern binnen zehn Tagen den vornehmen Römer Stephan IV. erhob, der seine Mitbürger sogleich einen Treueid auf den Kaiser ablegen ließ und sich persönlich auf die Reise zu Ludwig begab. Im Oktober wurde er feierlich in Reims empfangen und legte Wert darauf, den Kaiser und seine Gattin Irmingard zu salben und mit einer eigens mitgebrachten, angeblichen Krone Konstantins zu krönen, was zwar keine rechtliche Bedeutung hatte, aber geeignet war, an den römischen Ursprung des Kaisertums zu erinnern. In den Verhandlungen der folgenden Tage erzielte man offenbar grundsätzliche Einigung über die gegenseitigen Beziehungen und legte dies in einer von Helisachar aufgesetzten Urkunde fest, die durch ihre Bestätigung für Stephans Nachfolger Paschalis I. aus dem nächsten Jahr unter dem Namen Pactum Hludovicianum bekannt ist. Sie knüpfte an die älteren Schutz- und Freundschaftsbündnisse an, gab eine großräumig bemessene Garantie der römischen Kirchengüter und Hoheitsrechte, sicherte dem Papst eine reguläre Gerichtsbarkeit unter dem

Vorbehalt eines kaiserlichen Interventionsrechts zu und gewährte den Römern interne Bischofswahl, sofern der Gewählte nach seiner Weihe bereit sei, durch Beauftragte die Bindung an die fränkischen Herrscher zu bestätigen. Damit war eine Lösung gefunden, die römischem Autonomiestreben und karolingischem Suprematieanspruch gleichermaßen gerecht zu werden suchte und nicht weit von einem Status entfernt war, wie ihn Ludwig in denselben Jahren durch Verbindung von Königsschutz und Immunitätsprivileg den großen Bischofskirchen seines Reiches einräumte.

Währenddessen waren auch die Pläne für den weiteren Fortgang der kirchlichen Reformpolitik im Innern entscheidungsreif geworden, bezeichnenderweise ohne erkennbare Beteiligung der Päpste. Vielmehr entsprach es Ludwigs früheren aquitanischen Anliegen und insbesondere den Idealen Benedikts von Aniane, wenn eine große Aachener Reichssynode im August 816 den Beschluß faßte, als Mönche und Nonnen nur noch die Angehörigen von Konventen gelten zu lassen, die sich der unvermischten Benediktregel in Verbindung mit neuen, detaillierten Ausführungsbestimmungen unterwarfen, alle übrigen Gemeinschaften aber als Kanoniker bzw. Kanonissen einzustufen, für die fortan eigens aus den Kirchenvätern abgeleitete, asketisch weniger anspruchsvolle »Institutionen« die Richtschnur bilden sollten. Diese durch kaiserliches Kapitular angeordnete Differenzierung, »ein Kernstück der Erneuerung des fränkischen Reiches« (J. Semmler), machte Ernst mit Forderungen, die seit dem Auftreten der Angelsachsen erhoben worden waren, und wandte sich gegen eine Vielzahl lokaler und regionaler Sonderformen geistlichen Gemeinschaftslebens, die einem gesteigerten Einheitsbewußtsein anstößig geworden waren. Das für den Bestand von Dynastie und Reich als unentbehrlich erachtete Gebet der Mönche sollte sich eben überall im selben Rhythmus und in derselben Weise vollziehen, wobei die Ordnung Benedikts von Nursia († um 550) wegen der verehrungswürdigen Gestalt ihres Urhebers und wegen ihrer vermeintlich römischen Herkunft den Vorzug vor allen anderen erhielt. Gleichwohl war die Aachener Entscheidung von nicht geringer Kühnheit, denn erhebliche örtliche Widerstände ließen sich von vornherein absehen und machten die Durchsetzung zu einem administrativen, ja politischen Problem ersten Ranges, das von der planmäßigen Vervielfältigung der umfänglichen Texte über den befristeten Einsatz von

Königsboten mit Berichtspflicht zu bestimmten Stichtagen bis zu personellen Eingriffen bei widerstrebenden Konventen reichte. Weitere Synodalbeschlüsse und Kapitularien der Jahre 817 und 818/19 widmeten sich der Präzisierung offen gebliebener Details, und zur Erleichterung der »Regulierung« einzelner Gemeinschaften wurden auch materielle Zuwendungen und bauliche Veränderungen vorgesehen, was allem Anschein nach ein berühmtes Dokument der Zeit, der Sankt Galler Klosterplan (als eine Kopie um 830), uns näher veranschaulichen kann. In längerfristiger Betrachtung verblassen jedoch alle akuten Hemmnisse, auf die Ludwigs Reform stieß, vor ihrer nachhaltigen Wirkung sowohl auf den benediktinischen Zuschnitt des mittelalterlichen Mönchtums als auch auf ein normiertes Kanonikertum, das durch die »Aachener Regel« überhaupt erst entstand.

Von der legislativen Entschlußkraft Ludwigs und seiner Umgebung in diesen frühen Jahren zeugt aber vor allem, wie man auf der Aachener Reichsversammlung vom Juli 817 das zentrale Verfassungsproblem, den Widerstreit zwischen universalem, unteilbarem Kaisertum und traditionell gleichem Erbrecht aller legitimen Königssöhne, aufgriff und zu lösen suchte. Impulse durch den unitarischen Grundzug der Kirchenpolitik sind dabei ebenso offensichtlich wie das gemehrte Selbstbewußtsein des im Vorjahr zusammen mit Irmingard vom Papst gesalbten Kaisers, der nun auch förmlich ihren gemeinsamen Nachkommen die exklusive Aussicht auf künftige Herrschaft sichern wollte. Anders als Karl der Große in seiner Divisio von 806 ging Ludwig, der sich von Anfang an nicht mehr *rex Francorum,* sondern *imperator augustus* schlechthin tituliert hatte, vom Vorrang der Kaiserwürde aus, die er allein seinem ältesten Sohn Lothar I. zusprach und ihm nach Akklamation der Großen auch sogleich durch Krönung aus eigener Hand, also wiederum ohne geistliche Vermittlung, in aller Form verlieh. Unter ihm als dem Erben der obersten Verantwortung sollte Pippin, Ludwigs zweiter Sohn, auch über den Tod des Vaters hinaus nicht mehr als das unwesentlich erweiterte Aquitanien innehaben, während dem noch heranwachsenden Sohn Ludwig (»dem Deutschen«) das zuvor Lothar zugeteilte Bayern samt den slavischen Grenzgebieten in Aussicht gestellt wurde. Die abgestuften Kompetenzen kamen auch darin zum Ausdruck, daß die jüngeren Brüder dem Kaiser regelmäßig Bericht zu erstatten haben würden, nur mit seiner

Zustimmung heiraten durften und sich der Reichsversammlung als ungeteiltem Forum der Zentralgewalt beugen mußten. Um weiterer Zersplitterung vorzubeugen, wurde festgelegt, daß die beiden Unterkönigreiche ebenso wie das Kaisertum stets nur an einen Erben fallen konnten, gegebenenfalls also unter mehreren Söhnen oder Brüdern eine Wahl der Großen stattzufinden hätte. Offenkundig sollte dieses Thronfolgegesetz von 817 mit der modernen Bezeichnung Ordinatio imperii also Bestand und Struktur des fränkischen Großreiches von den familiären Geschicken des Herrscherhauses unabhängig machen und war insofern antidynastisch konzipiert. Um des politischen Zusammenhalts der (lateinischen) Christenheit willen, den man (in annähernder Vollständigkeit) Karl dem Großen verdankte, nahm die Ordinatio »nach göttlicher Eingebung«, wie es hieß, den Bruch mit uralten Rechtsgrundsätzen in Kauf, die angesichts der jahrzehntelangen Alleinherrschaft Pippins, Karls und nun Ludwigs an Gewicht verloren zu haben schienen. Gewiß war dies eine Entscheidung, die vornehmlich von Kreisen der hohen Geistlichkeit verstanden und getragen wurde, aber im geblütsrechtlichen Denken des Adels erst noch Wurzeln schlagen mußte. Daß sie sich schließlich nicht durchgesetzt hat, berechtigt indes nicht zu der Einschätzung, sie sei von vornherein weltfremd gewesen.

Eine erste Regung von Widerspruch trat ganz unmittelbar auf und kann kaum überrascht haben. Sie ging von König Bernhard von Italien, dem jungen Neffen des Kaisers, aus, der noch im Vorjahr mit dem ehrenvollen Geleit des Papstes über die Alpen betraut worden war, sich nun aber mit seiner von Karl dem Großen übertragenen Sonderherrschaft in der Ordinatio imperii gar nicht erwähnt fand und dort stattdessen lesen konnte, Italien solle künftig Lothar I. in gleicher Weise unterstehen wie bisher den Kaisern Karl und Ludwig. Wenn er in seiner Verärgerung offenbar nicht ganz wenige hochgestellte Anhänger fand, so zeigt sich, daß hier über persönliche Spannungen hinaus Weiterreichendes berührt war wie die Gültigkeit der von Ludwig bei seiner Kaisererhebung akzeptierten Verfügungen Karls und letztlich die Divergenz zwischen der bis 814 dominierenden Elite und den nun tonangebenden »Aquitaniern«. Dennoch ist schwer auszumachen, wie weit die Ziele reichten, die Bernhard durchzusetzen suchte, als er sich im Herbst 817 gegen Ludwig den Frommen wappnete, doch steht fest, daß die offiziösen

Quellen von einer ernsthaften Rebellion sprechen und der Kaiser mit einer umfassenden Mobilisierung von Truppen reagierte, die ihre Wirkung nicht verfehlte. Nach Besetzung der Alpenpässe gab Bernhard noch vor Jahresende die Sache verloren und erschien mit seinen Getreuen in Chalon-sur-Saône, wo Ludwig ihn festnehmen ließ. Auf der Aachener Reichsversammlung vom Frühjahr 818 wurden mehrere Bischöfe unter dem Vorwurf des Einverständnisses mit ihm abgesetzt und über die beteiligten Laien mit Bernhard an der Spitze Todesurteile gefällt, die der Kaiser dann in Blendungsstrafen umwandelte. Bernhard, gerade Vater eines kleinen Sohnes namens Pippin geworden (von dem sich die späteren Grafen von Vermandois herleiten), starb an den Folgen der grausamen Prozedur (17.4.818), was sicher ungewollt war, aber für Ludwigs Regiment eine fühlbare moralische Belastung bedeutete, die bewußt macht, daß auch für den Machtkampf innerhalb des Herrscherhauses mittlerweile strengere sittliche Maßstäbe an Boden gewonnen hatten. Fürs erste freilich ließ der Kaiser seinem Zorn und seinem Mißtrauen freien Lauf, indem er nun auch seine illegitimen Halbbrüder in den geistlichen Stand versetzte, »um die Zwietracht zu mindern« (wie es Thegan ausdrückte): Drogo kam nach Luxeuil, Hugo nach Charroux und der bald verstorbene Theuderich an einen unbekannten Platz. Selbst ein Mann wie der Dichter Theodulf von Orléans, der Ludwigs Konfrontation mit einem Großteil des Kaiserhauses mißbilligt zu haben scheint, wurde vermutlich auf Betreiben der Kaiserin Irmingard unter vagen Beschuldigungen von seinem Bischofssitz verbannt.

Die wiederholten Hinweise der Quellen auf »ruchlose« Ratgeber und prominente Mitverschworene des gescheiterten Bernhard (darunter einen Enkel jenes Grafen Hardrad, der sich dreißig Jahre zuvor gegen Karl empört hatte) lassen erneut spüren, wie leicht Familienzwist an der Spitze unruhige Adelskreise auf den Plan rufen konnte und wie sehr es daher für den jeweiligen Herrscher darauf ankommen mußte, eine Isolierung von wesentlichen Teilen der Führungsschicht zu vermeiden. Es scheint, daß Ludwig der Fromme dafür – neben dem bewährten Mittel der Vergabe von Ämtern und Würden – stärker als sein Vater auch Eheverbindungen mit dem Hochadel eingesetzt hat. Er ging selbst voran, als er nach dem Tode der Kaiserin Irmingard (818) Anfang 819 als zweite Gattin Judith wählte, die, wie es heißt, ob ihrer Schönheit siegreich aus einer »Besichtigung« der Töchter vornehmer Häuser hervorging, aber gewiß auch dadurch empfohlen wurde, daß sie von dem Grafen Welf aus ursprünglich fränkischer, nun vornehmlich in Alemannien und Bayern begüterter Familie (den älteren Welfen) und einer edlen sächsischen Mutter abstammte. Dem Vater folgte 821 der junge Kaiser Lothar durch seine Heirat mit Irmingard, der Tochter des Grafen Hugo von Tours aus dem alten elsässischen Herzogshaus der Etichonen, während sein Bruder Pippin von Aquitanien im nächsten Jahr Ringart heimführte, deren Vater eine neustrische Grafschaft innehatte. Auch die kaiserlichen Prinzessinnen Rotrud und Hildegard wurden, anders als unter Karl, ins dynastische Geflecht einbezogen und mit den aquitanischen Grafen Rather von Limoges und Gerhard von Auvergne vermählt. Unter den solchermaßen in Königsnähe gerückten Geschlechtern gewannen vorerst die Welfen den größten Einfluß, was kaum zu Unrecht dem energischen Ehrgeiz der neuen Kaiserin Judith zugeschrieben wird. Jedenfalls muß auffallen, daß im Laufe der Zeit ihre Mutter Heilwig die Leitung der vornehmen Königsabtei Chelles erhielt, der eine Bruder Rudolf sich die Verfügung über die Klöster Saint-Riquier und Jumièges sicherte und der andere, Konrad, zum wichtigen Machthaber in Alemannien wurde, überdies verheiratet mit Adelheid, einer weiteren Tochter Hugos von Tours und damit Schwägerin Lothars I. Wenn schließlich 827 auch noch Hemma, Judiths jüngere Schwester, dem Kaisersohn Ludwig, einstweiligem Unterkönig von Bayern, angetraut wurde, so kündigten sich zugleich bereits die Gefahren für die innere Machtbalance an, die in allzu starkem Hervortreten einzelner Adelssippen lagen.

Zusammen mit der Familie gewann auch der Hof mit den Jahren ein neues Profil. Die feste Bindung an die Residenz Aachen lockerte sich in dem Maße, wie Reichsversammlungen wieder in Nimwegen, Diedenhofen, Compiègne oder Ingelheim anberaumt wurden und Reisen bis nach Orléans und Tours, aber auch nach Paderborn und Frankfurt den Kaiser mit einem weiteren Kreis seiner Getreuen zusammenbrachten. In der Leitung der Hofkapelle folgte 819 auf den verstorbenen Hildebald von Köln der Abt Hilduin von Saint-Denis aus führender fränkischer Familie, der dem Amt maßgebliches Gewicht gab und allmählich den Titel »Erzkapellan« *(archicapellanus)* durchsetzte. Fast gleichzeitig trat der Ludwig eng verbundene Helisachar als Kanzler (aber nicht aus der Umgebung des Kaisers) zurück, um dem vornehmen Angelsachsen Fridugis

Platz zu machen, einem gelehrten Schüler Alkuins und dessen Nachfolger in Saint-Martin in Tours. Stärker noch markiert der Tod des Abtes Benedikt von Aniane (11.2.821) einen Wendepunkt, denn seither fehlte die treibende Kraft der kirchlichen Reformpolitik und wurde andererseits der Weg frei zur Aussöhnung mit den Gegnern der letzten Jahre. Auf der Diedenhofener Reichsversammlung vom Oktober 821 begnadigte Ludwig die überlebenden Teilnehmer der Rebellion Bernhards von Italien und hob die Verbannung Adalhards und Walas, der Stiefvettern Karls, vom Hof auf; wenig später fiel die Entscheidung, die ins Kloster verdrängten Halbbrüder des Kaisers ebenfalls mit angemessenen Würden zu bedenken, und zwar Drogo mit dem Bischofsstuhl von Metz (ab 823), Hugo mit der Leitung des Klosters Saint-Quentin. Da in Diedenhofen zugleich die Ordinatio imperii von allen Großen eidlich bekräftigt wurde, ist in dem personellen Umschwung kein politischer Kurswechsel zu vermuten, sondern eher der Versuch, für die unveränderten Ziele einen breiteren Rückhalt zu erreichen. Dafür bürgen auch die Namen anderer Männer, die eben damals bei Ludwig in den Vordergrund traten, wie der Grafen Hugo von Tours (Schwiegervater Lothars I.) und Matfrid von Orléans und zumal der Bischöfe Jonas von Orléans, Agobard von Lyon und Ebo von Reims. Gleichwohl bestand das Bedürfnis, die Überwindung der Zerwürfnisse auch religiös zu manifestieren, und so erlebte die Reichsversammlung von Attigny im August 822 die unter Karl dem Großen schwer vorstellbare Szene, daß der Kaiser öffentlich seine Verfehlungen gegen Brüder und Vettern sowie seine Mitschuld am Tode des Neffen Bernhard bekannte und sich dafür der Kirchenbuße unterwarf, während die anwesenden Bischöfe ihrerseits unumwunden die eigene Nachlässigkeit und Pflichtvergessenheit eingestanden und Besserung gelobten. Augenscheinlich begann das christliche Ideal eines an feste Normen gebundenen amtsähnlichen Herrschertums bei dem neuen Kaiser tiefere Wurzeln zu schlagen, und es war der alte Adalhard, der die historische Dimension des Vorgangs erfaßte, wenn er spontan formulierte, »seit der Zeit König Pippins habe er keinen erhabeneren und ruhmreicheren Fortgang der öffentlichen Dinge miterlebt«.

Ganz im Sinne der allseits beschworenen Hausordnung wurde dem Junior-Kaiser Lothar ein Jahr nach seiner Heirat Italien als Bereich eigener Zuständigkeit zugewiesen, wo er ab 822 die Sonderherrschaft Pippins und Bernhards fortführen konnte und bei seiner alsbald einsetzenden gesetzgeberischen Tätigkeit von Wala beraten wurde. Zu Ostern 823 nahm er eine Einladung nach Rom an und ließ sich von Papst Paschalis I. durch feierliche Salbung und Krönung in seiner Anwartschaft auf das Haupterbe des Vaters bestätigen, womit erstmals seit 800 wieder Rom und das Kaisertum in unmittelbare Verbindung traten. Von den daraus resultierenden Vorrechten gedachte Lothar entschiedeneren Gebrauch zu machen als die früheren karolingischen Unterkönige, die sich gegenüber der Ewigen Stadt zurückgehalten hatten. Er hielt dort Gericht ab, verwarf päpstliche Hoheitsansprüche auf die kaiserliche Abtei Farfa, rief aber auch Gegenkräfte auf den Plan, die zwei hochgestellte frankenfreundliche Römer umbrachten. Der ins Zwielicht geratene Papst blieb trotz einer Gesandtschaft, die er zur Entschuldigung an Kaiser Ludwig schickte, und trotz eines Reinigungseides in Bedrängnis und wurde nach seinem Tod 824 auf Walas Betreiben durch den loyaleren Eugen II. ersetzt, der sich beeilte, den Kaisern sogleich Wahl und Weihe anzuzeigen und seine Treue zu versichern. Lothar erschien daraufhin abermals in Rom und verfügte nicht mehr wie der Vater 816/17 in einem Privileg für die Kirche des hl. Petrus, sondern in einseitiger Anordnung, der sog. Constitutio Romana, eine neue Umschreibung der Rechtslage. Danach sollte die Verwaltung des Kirchenstaates fortan von je einem Beauftragten *(missus)* des Kaisers und des Papstes überwacht werden und die Sicherheit aller Schutzbefohlenen des Kaisers gewährleisten; für die weiterhin allein den Römern überlassene Papstwahl wurde bestimmt, daß der Erwählte die Weihe aufschieben müsse, bis er Gelegenheit gehabt habe, vor kaiserlichen Abgesandten den Treueid abzulegen. Dieser Steigerung der fränkischen Machtstellung in Rom folgte kaum von ungefähr 826 eine große Synode Eugens, auf der erstmals auch am Tiber wesentliche Positionen der karolingischen Kirchenreform übernommen wurden. Der Pontifikatswechsel zu Gregor IV. (827) zeigte, daß die neue Ordnung auch wirksam blieb, nachdem Kaiser Lothar Italien zunächst wieder verlassen hatte.

Der unverkennbare Erfolg an der südlichen Peripherie entsprach Ludwigs grundsätzlichem Wunsch, das von Karl dem Großen ererbte Imperium im vollen Umfang zu behaupten und seine Macht auch über die Grenzen hinweg zur Geltung zu bringen. Dabei resultierte die wiederholt gerühmte Friedfertigkeit des zweiten Karolinger-Kaisers aus einer vom Vater merklich verschiedenen Einstellung zur äußeren Politik. Er konnte eben das fertige Werk des saturierten Großreichs übernehmen und sah sich nur sporadisch zu begrenzter Gegenwehr herausgefordert mit der Folge, daß auf die Dauer die militärische Wurzel des Königtums überhaupt zu verblassen begann. Im Verhältnis zur östlichen Hauptmacht Byzanz lockerten sich die Kontakte nach dem noch von Karl erzielten, 815 vollends ratifizierten Ausgleich wieder und verlagerten sich auf die traditionelle kirchliche Ebene, wo ein erneutes Aufflammen des Bilderstreits im Osten zum Erscheinen einer griechischen Gesandtschaft bei Ludwig und zu einer (wiederum nicht mit dem Papst abgestimmten) Synodalberatung des fränkischen Episkopats in Paris (825) führte. Indirekt waren die Beziehungen zu den Byzantinern berührt durch den Expansionsdrang ihrer bulgarischen Gegner auf dem Balkan, die 824 erstmals mit Boten auch am fränkischen Kaiserhof vorstellig wurden und sich dann 827/29 durch feindliches Vordringen in den pannonischen Grenzraum an Drau und Save bemerkbar machten. Die Abwehr lag hier in Händen der regionalen Befehlshaber von Bayern und Friaul (828 auch des jungen Kaisersohns Ludwig), die schon in den Jahren 819 bis 822 offensiv gegen einen kroatisch-slowenischen Sezessionsversuch auf dem Boden des früheren Awarenreiches vorgegangen waren. Persönlich noch ferner lag dem Kaiser der zentrale Mittelmeerraum, wo sich zwar mit den tributpflichtigen Herzögen von Benevent nur wenig Reibungen ergaben, gleichzeitig aber durch zunehmende maritime Vorstöße afrikanischer und spanischer Sarazenen große politische Verschiebungen, gipfelnd im Beginn der islamischen Okkupation des byzantinischen Sizilien (827), anbahnten. Die an Ludwigs Hof geführten Reichsannalen melden außer einer spektakulären, aber wirkungslosen Flottenattacke des Markgrafen von Tuszien gegen die Küste von Karthago (828) nichts über Abwehrmaßnahmen und geben kein Bewußtsein von der Tragweite der dortigen Entwicklung zu erkennen.

Deutlich mehr besorgte Aufmerksamkeit fanden die Vorgänge im Grenzraum zum mohammedanischen Spanien, wo Ludwig der Fromme als aquitanischer Unterkönig seine frühen militärischen Erfahrungen gewonnen hatte. Er kehrte zwar als Gesamtherrscher nie wieder dorthin zurück, sorgte aber dafür, daß zunächst schlagkräftige Grenzgrafen und ab 819 auch sein Sohn Pippin die häufig unruhigen Waskonen im Zaum hielten. Mit den Mauren unter der Herrschaft des Emirs von Cordoba kam es seit 822 zu mehrfachen Zusammenstößen, doch trat eine ernstere Lage erst ein, als 826 unversehens im rückwärtigen Pyrenäenvorland ein Aufstand unzufriedener gotischer Siedler ausbrach, dem nicht leicht beizukommen war. Er hatte im nächsten Jahr einen verheerenden Arabereinbruch über den Ebro hinweg zur Folge, bei dem Barcelona und Gerona in akute Gefahr gerieten. Zwar konnte der Graf Bernhard von Barcelona, Sohn des unter Karl ruhmreichen Wilhelm von Toulouse, das Ärgste verhindern, aber das von den Grafen Hugo und Matfrid geführte fränkische Hauptheer rückte dann so schleppend heran, daß es den plündernden Feind gar nicht mehr zu fassen bekam, und auch der 828 ausgesandte Lothar I. drehte frühzeitig bei, als er vernahm, daß die Sarazenen nicht wieder erschienen waren. Selber ist Ludwig der Fromme einzig gegen die keltischen Bretonen im Westen zu Felde gezogen, die auch unter seinem Vater nie wirklich bezwungen worden waren: Im Sommer 818 brach er mit starken Kräften in Vannes auf und eroberte befestigte Plätze, wobei der bretonische Anführer Morman im Kampf fiel; 824 begleiteten ihn die Söhne Pippin und Ludwig, als er von Rennes aus einen mehrwöchigen Verwüstungszug unternahm. Wenn die hofnahen Quellen jeweils von einem vollständigen Sieg berichten, so mag das durchaus dem momentanen Augenschein entsprochen haben, doch verstanden es die Bretonen schon bald wieder, sich einer wirksamen Beherrschung zu entziehen, zu der auf fränkischer Seite wohl auch der entschiedene Wille fehlte.

Daß die Raubzüge nordischer Piraten an der atlantischen Küste vorerst vereinzelte, wenn auch schlimme Zwischenfälle blieben, mochte man auf die noch von Karl eingeleiteten und von Ludwig fortgesetzten Schutzmaßnahmen zurückführen, lag aber wohl eher an inneren Verwicklungen im hauptsächlichen Herkunftsland der Wikinger. Dänemark, der letzte von Karl dem Großen aktiv bekämpfte Gegner, war nämlich seit 812 durch Thronstreitigkeiten geschwächt, die den Franken gerade unter Ludwig ungeahnte politische und kirchliche Einflußmöglichkeiten zu eröffnen schienen. Harald, einer der Prätendenten, begab sich schon 814 in die Vasallität des Kaisers und genoß seitdem dessen Unterstützung, die hinreichte, um 819 wenigstens in einem Teil des Landes Fuß zu fassen. Kurz nach dem Abschluß der Christianisierung Sachsens, die 814/15 noch die Errichtung der Bistümer Hildesheim und Halberstadt mit sich gebracht hatte, weckte die gewandelte Lage die Aussicht auf Missionserfolge nun auch bei den Dänen, und 823 machte Erzbischof Ebo von Reims im kaiserlichen wie im päpstlichen Auftrag mit einer ersten Predigtreise den Anfang. Ein rascher Durchbruch kündigte sich an, als König Harald 826 mit Gattin und großem Gefolge in Mainz erschien, um selbst die Taufe zu empfangen. Sie wurde ihm von Erzbischof Otgar gespendet, wobei der Kaiser als Pate für ihn, die Kaiserin Judith für seine Frau und Lothar I. für ihren Sohn auftraten. Nach der Bekräftigung auch des politischen Bündnisses gab man ihm den jungen Mönch Ansgar (aus Corbie und dessen sächsischer Tochtergründung Corvey) als geistlichen Berater mit, der indes erleben mußte, daß Harald bald nach seiner Heimkehr endgültig aus Dänemark verdrängt wurde (827) und sich die Ausbreitung des Christentums im Norden ohne Rückhalt an der öffentlichen Gewalt zu einem sehr langwierigen Vorgang mit vielen Rückschlägen entwickelte. 831 entstand dafür eine organisatorische Basis, indem Hamburg zum Erzbischofssitz erhoben und Ansgar als erstem Oberhirten übertragen wurde. Das politische Verhältnis zu den Gegnern Haralds, die über die Dänen herrschten, blieb labil, aber im ganzen friedlich. Kaum anders stand es um die fränkischen Beziehungen zu den slavischen Völkerschaften an der Elbe, gegenüber denen man sich während der 820er Jahre darauf beschränkte, von Sachsen aus einzelne Vorstöße zu unternehmen und im übrigen die rivalisierenden Stammesführer gegeneinander auszuspielen, um die Ruhe an der östlichen Grenze zu sichern. Ähnliches gilt offenbar auch vom Verhältnis zu den Tschechen in Böhmen und den 822 erstmals in ihrem Hintergrund auftauchenden Mährern.

Die äußeren Rückschläge, die im Jahre 827 fast gleichzeitig in Pannonien, in Spanien und bei den Dänen eintraten, waren an sich ohne ursächlichen Zusammenhang, trafen am Hof aber auf ein Klima der Unsicherheit, das sich aus zunehmenden Spannungen in der Umgebung des Kaisers ergab. Den Hintergrund bildete eine neue familiäre Konstellation, denn Ludwigs zweite Gattin Judith hatte nach einer Tochter Gisela am 13.6.823 in Frankfurt einen Sohn zur Welt gebracht, der den Namen des Großvaters Karl erhielt. Dieser spätere Kaiser Karl der Kahle ist der erste Karolinger, dessen Geburt sogleich in zeitgenössischen Annalenwerken vermerkt wurde, offenbar weil allen Beobachtern klar war, daß durch die bloße Existenz dieses Nachkömmlings die Grundlagen der Hausordnung von 817 ins Wanken gerieten. Judith war klug genug, gerade Lothar die Patenschaft anzutragen und ihm eine nicht weiter konkretisierte Zusage für ein künftiges Erbteil Karls zu entlocken. Gleichwohl blieb die Ordinatio imperii nicht nur abstrakt in Geltung, sondern wurde auch fortschreitend realisiert, soweit das zu Ludwigs Lebzeiten überhaupt möglich war: Ende 825 kehrte Lothar aus Italien zurück, um künftig als formell gleichberechtigter Mitkaiser an den Regierungsgeschäften beteiligt und in allen Herrscherurkunden genannt zu werden, und 826 hielt man den Kaisersohn Ludwig für alt genug, um das ihm in der Ordinatio zugesprochene Unterkönigreich Bayern auch persönlich zu übernehmen. Da sein Bruder Pippin schon seit Jahren in Aquitanien residierte, verblieben am Hof allein die beiden Kaiser sowie Judith mit ihrem kleinen Sohn. Wie sie miteinander auskamen, wissen wir nicht, doch ist in der zweiten Hälfte der 820er Jahre eine gewisse Stagnation in Ludwigs innerer Politik nicht zu übersehen. Daß der reformerische Elan seiner Anfangszeit verflogen war und auch das Besserungsversprechen von Attigny kaum greifbare Wirkung gehabt hatte, wurde ihm in Kreisen des Episkopats verübelt, die wie Agobard von Lyon auf die Eindämmung von Gewalttaten, die Durchsetzung kanonischer Bestimmungen und die Restitution entfremdeten Kirchenguts drängten. Dazu kam gerade bei diesen Männern die Sorge um die trotz aller Eide gefährdete künftige Reichseinheit, die sie veranlaßte, kraft ihres geistlichen Amtes ein stärkeres Hervortreten als Mahner und Richter in öffentlichen Dingen ins Auge zu fassen.

Sichtbar zutage traten die latenten Gegensätze erst, als es galt, auf die akute Bedrohung an den Grenzen zu reagieren. Ludwig der Fromme ordnete dazu Anfang 828 nicht nur ein allgemeines Fasten an, sondern verfügte auch auf einem Hoftag in Aachen die Absetzung des Markgrafen Balderich von Friaul, der die Bulgaren nicht hatte abwehren können, sowie der Grafen Hugo und Matfrid, denen Versagen in Spanien vorgeworfen wurde. Mögen dies nach Lage der Dinge nicht unbegründete Entscheidungen gewesen sein, so griffen sie doch rigoros in die labile Balance unter den führenden Magnaten ein, denn jeder der Entmachteten stand in mannigfachen Bindungen zu anderen Großen, deren Ergebenheit durch solche Sanktionen auf eine harte Probe gestellt wurde. Lothar z.B. konnte es nicht gleichgültig sein, daß sein Schwiegervater Hugo um allen Einfluß gebracht und Matfrid in der Grafschaft Orléans ausgerechnet durch Odo, einen Vetter des vor Barcelona siegreichen Grafen Bernhard, ersetzt wurde, der als Judiths Schützling galt. Jedenfalls wuchs dadurch die Zahl der Unzufriedenen, die zumal der Kaiserin nicht trauten. Wala, der 826 seinem verstorbenen Bruder Adalhard als Abt von Corbie nachgefolgt war und durch lange Erfahrung ebenso wie durch karolingische Abkunft besondere Autorität genoß, machte sich zu ihrem Sprecher, als er Ende 828 auf einer neuen Aachener Versammlung eine umfangreiche Denkschrift über Mißstände in Reich und Kirche vorlegte. Sie war gemäß dem Denken der geistlichen Reformer vorwiegend moralisch akzentuiert und bewog die beiden (noch) gemeinsam handelnden Kaiser, für 829 eine allgemeine Untersuchung der Klagen durch *missi* und bischöfliche Beratungen anzukündigen, die ähnlich wie 813 dezentral in Mainz, Paris, Lyon und Toulouse stattfinden sollten. Überliefert sind die vorwiegend durch Jonas von Orléans entworfenen Akten der Pariser Synode, die einen fühlbar anderen Geist atmen, als man zuvor unter den Karolingern gewohnt war. Neben den schon geläufigen Einzelproblemen behandeln die Beschlüsse nämlich, erstmals seit langer Zeit im Rückgriff auf die Lehren des Papstes Gelasius († 496), auch grundsätzlich das Verhältnis der königlichen und der (ihr überlegenen) geistlichen Gewalt innerhalb des einen *corpus ecclesiae,* also der irdischen Ordnung der Christenheit. Sie sprechen selbstkritisch von den Pflichten der Bischöfe, verhehlen aber auch nicht die entsprechenden Forderungen an den Herrscher, die etwa im Hinblick auf die Auswahl geeigneter Berater und Machthaber oder die gebotene »bischöfliche Freiheit« *(libertas episcopalis)* nicht ohne aktuellen Bezug waren.

Doch über diesen umfassenden Versuch einer Neubestimmung der Gewichte in »Abwehr des allzu verfestigten Staatskirchentums« (H. H. Anton), der ihm in einer komprimierten Fassung vorgelegt wurde, ging Kaiser Ludwig auf der nächsten Reichsversammlung in Worms (August 829) hinweg, um seinerseits mit dem Entschluß aufzuwarten, sein nunmehr sechsjähriger jüngster Sohn Karl erhalte als vorweggenommenes Erbe einen neugeschaffenen Machtbereich (Dukat), der aus Alemannien, Elsaß, Rätien und Teilen von Burgund gebildet wurde. Da keine Erhebung zum König erfolgte, war die Ordinatio imperii formal nicht außer Kraft gesetzt, doch mußte ihre wesentliche Intention als bedroht, ja gescheitert gelten, eine weitere

Aufsplitterung der Macht durch Beschränkung des dynastischen Erbrechts zu unterbinden. Brüskiert fühlte sich Lothar, der seine Aussicht auf künftige Gesamtherrschaft schwinden sah, und mit ihm seine adlige Klientel, die an seinem Aufstieg gehofft hatte Anteil zu haben, aber auch die jüngeren Brüder Pippin und Ludwig, die weitere Schritte zugunsten des kleinen Karl befürchten mußten, und schließlich die kirchliche Reformpartei, die eben erst weitreichende Konzepte zur inhaltlichen Ausfüllung des Reichseinheitsideals vorgetragen hatte. Der Bruch wurde offenkundig, als Lothar, der am 11.9.829 die letzte gemeinsame Urkunde mit dem Vater ausstellte, im Herbst ins Teilreich Italien abgeordnet und auch Wala vom Hof in sein Kloster Corbie verwiesen wurde. Statt ihrer nahm nun Bernhard von Barcelona, der Rivale Hugos und Matfrids, als Kämmerer die Stellung eines »Zweiten in der Herrschaft« ein, getragen vom Vertrauen der Kaiserin Judith (was bald zu üblen Gerüchten Anlaß gab) und verhaßt bei den bisher tonangebenden Kreisen, die sich über weitere personelle Veränderungen am Hof entrüsteten. Der Vorgang zeigt deutlich die faktischen Grenzen der kaiserlichen Entscheidungsfreiheit auf, denn die verbreitete Mißstimmung in der geistlichen und der weltlichen Führungsschicht ließ sich nur den Winter 829/30 über noch unter Kontrolle halten. Als, angeblich auf Betreiben Bernhards, der Aufmarsch zu einem neuen Feldzug gegen die Bretonen ausgerechnet auf den Gründonnerstag (14.4.) angesetzt wurde, gab dies das Fanal zum Umsturz.

Zum Verständnis der weiteren Entwicklung ist wichtig, daß die aktive Opposition nicht von dem in Italien weilenden Kaiser Lothar und auch kaum von seinen königlichen Brüdern ausging, sondern von den um ihren Einfluß gebrachten Großen, die sich bei der Forderung nach Revision der jüngsten Maßnahmen einig in dem Ziel waren, Bernhard und Judith aus ihren Schlüsselpositionen zu verdrängen. Nur für einen Teil der Aufrührer jedoch, für Männer wie Wala von Corbie, den Erzkapellan Hilduin oder den früheren Kanzler Helisachar, ging es darüber hinaus bewußt darum, Ludwig den Frommen an der Aufgabe seiner eigenen früheren Pläne zur Wahrung der Reichseinheit zu hindern, – eine Haltung, die um einer höheren Legitimität willen den Vorwurf des Bruchs geleisteter Eide nicht scheute und, wenn überhaupt, nur dann auf breitere Resonanz rechnen konnte, wenn Lothar selber die Verteidigung der auf ihn zugeschnittenen Ordinatio imperii energisch und wirksam in die Hand nahm. Er wurde daher eilends über die Alpen herbeigeholt, nachdem sich das Heer statt gegen die Bretonen in den Pariser Raum gewandt und Bernhard sein Heil in der Flucht nach Barcelona gesucht hatte, während Judith in Klosterhaft nach Poitiers verbracht wurde und auch ihre Brüder Konrad und Rudolf in die Hände ihrer Gegner fielen, die sie bezeichnenderweise durch Scheren des Haupthaars aus dem politischen Leben auszuschalten suchten. Lothar, der sich durch das Vorpreschen anderer herausgefordert sah zu tun, was noch kein Karolinger vor ihm gewagt hatte, nämlich als ehelich geborener und unbestritten erbberechtigter Sohn in offenen Gegensatz zu seinem (bislang) regierenden Vater zu treten, entschied sich nach seiner Ankunft auf einer Reichsversammlung in Compiègne im Mai 830 gegen die Forderung der radikaleren seiner Anhänger, Ludwig den Frommen völlig zu entthronen, und zog es in Gegenwart seiner Brüder Pippin und Ludwig vor, lediglich auf der Rücknahme der Verfügungen aus dem Vorjahr zu bestehen, also wieder zum formellen Doppelkaisertum zurückzukehren. Dabei war nun freilich er der eigentliche Gebieter, hielt den Vater und den kleinen Stiefbruder unter steter Aufsicht und ging auch weiter strafend gegen Parteigänger der verstoßenen Kaiserin vor.

Statt konkreter politischer Entschlüsse im Sinne der von den Reformern erhofften »Besserung« der allgemeinen Zustände stand, wie sich zeigte, eher die gegenseitige Abrechnung unter den verfeindeten Großen auf der Tagesordnung des folgenden Sommers und erlaubte bald gegen Lothars Regiment den Vorwurf, Ungerechtigkeit, Habgier und Gewalttat nur noch weiter gesteigert zu haben, was ihn auch in den Augen vieler kompromittierte, die seinen Aufstieg herbeigeführt hatten. Die verbreitete Enttäuschung kam dem alten Kaiser zugute, der seine monatelange Passivität überwand und über Mittelsmänner die Söhne Pippin und Ludwig auf seine Seite zog, indem er ihnen eine Vergrößerung ihrer Erbteile in Aussicht stellte. Der Umschwung zeigte sich bereits auf der nächsten Reichsversammlung im Oktober in Nimwegen, wo Ludwig wieder die Oberhand gewann, seinem kaiserlichen Sohn kampflos einen neuen Treueid abnötigte und die Rückkehr Judiths an seine Seite durchsetzen konnte. Die Anführer der Rebellion sahen sich isoliert, wurden festgesetzt und auf einem Aachener Hoftag im Februar 831 abgeurteilt: Hilduin, der als Erzkapellan durch den Abt Fulco ersetzt wurde, ferner Wala und Helisachar wanderten an verschiedene Verbannungsorte, prominente Laien wurden mit Entzug ihrer Ämter und Güter bestraft. Lothar verlor erneut die Teilhabe an der Gesamtherrschaft und wurde nach Italien abgeschoben. Der zweimalige abrupte Wechsel der Machtverhältnisse, der sich binnen Jahresfrist abgespielt hatte, war von noch größerer Tragweite, als die Beteiligten ahnen mochten, denn er klärte im Grunde schon, daß die von Ludwig anfänglich betriebene normative Sicherung der Reichseinheit gescheitert war, weil der Kaiser sie der dynastisch fundierten Begehrlichkeit der übrigen Familienmitglieder geopfert hatte, aber auch weil der zu ihrer Wahrung berufene Lothar I. in entscheidender Stunde weder Entschlußkraft noch Augenmaß bewiesen hatte.

Wenn es kein Zurück zur Ordinatio imperii mehr gab, so waren die Modalitäten der künftigen Machtverteilung fortan dem freien Spiel der Kräfte überlassen, was im verbleibenden Jahrzehnt Ludwigs des Frommen zu einer verwirrenden Folge rasch wechselnder, niemals realisierter Zukunftsprojekte geführt und die Autorität des Herrscherhauses im ganzen schwer erschüttert hat. Dabei war Lothar als Verlierer des Jahres 830 zunächst im Nachteil und hatte wohl schon in Aachen eine Regelung hinzunehmen, die ihn, den Kaiser, auch dauerhaft auf Italien beschränken wollte, während nördlich der Alpen Pippin mit einer Erweiterung seines aquitanischen Teilreichs nach Norden bis zur Somme und Ludwig mit einer Ausdehnung seines bayerischen Anteils rechts des Rheins und in der nördlichen Francia belohnt wurden. Daß alles übrige, von Mosel und Mittelrhein südwärts bis zur Provence, womöglich dem jungen Karl gehören sollte, weckte freilich den Unmut Pippins und Ludwigs und legte dem Kaiserhof nahe, zugunsten des Jüngsten eine vorsichtige Annäherung an Lothar zu suchen. Der Junior-Kaiser wurde schon im Mai 831 in Ingelheim wieder ehrenvoll empfangen und konnte die Begnadigung etlicher seiner Anhänger aus dem Vorjahr (darunter Hilduin, jedoch nicht Wala) erleben, zog sich dann aber doch nach Italien zurück. Dagegen nahmen die Spannungen mit den beiden anderen Brüdern gewaltsame Formen an, nachdem Pippin zu einem Hoftag im Herbst nicht erschienen und bei einem Weihnachtsbesuch in Aachen eigenmächtig abgereist war. Während der Kaiser deshalb einen Feldzug nach Aquitanien vorbereitete, wurde ihm ein Aufstand Ludwigs gemeldet, der sich von Bayern aus offenbar Teile von Karls Erbe aneignen wollte. Den fälligen Doppelschlag gegen beide Söhne führte der Vater in der Weise, daß er zunächst gegen Ludwig vorrückte und ihn nach Unterwerfung im Mai 832 bei Augsburg glimpflich davonkommen ließ, sich dann aber gegen Pippin wandte, den er im Oktober in der Nähe von Limoges zur Ergebung zwang und mit Absetzung sowie Verbannung nach Trier strafte, wodurch der Weg frei wurde, das aquitanische Regnum an Judiths Sohn Karl zu verleihen. Nach anderthalb Jahren war damit auch die Hausordnung von 831 schon wieder hinfällig, und eine Lösung zeichnete sich ab, bei der nur noch Lothar und Karl eine wesentliche Rolle spielen würden.

Tatsächlich jedoch hatten Ludwig und Judith abermals den Bogen überspannt und mit ihren sprunghaften Entschlüssen eine Koalition aller drei älteren Kaisersöhne heraufbeschworen, die sich 833 in einem großen Aufstand gegen sie kehrte. Anders als 830 ging es diesmal nicht mehr um die Zukunft der Reichseinheit, sondern nur noch um die sofortige Sicherung der beanspruchten Anteile vor anderweitiger Vergabe durch den Vater, und nach den jüngsten Erfahrungen wurden für dieses Ziel auch bewaffnete Auseinandersetzungen in Kauf genommen. Der neue Akt des Familiendramas begann damit, daß der enterbte Pippin von Aquitanien schon auf dem Transport ins Trierer Exil entweichen konnte und Fühlung mit Lothar aufnahm, der in Italien ein Heer mobilisierte, vor allem aber Papst Gregor IV. dafür gewann, sich ihm »zur Wiederherstellung von Frieden und Eintracht« anzuschließen. Auch Ludwig der Deutsche, der sich zuletzt (vergeblich?) beim Vater für eine milde Behandlung der Teilnehmer seiner kürzlich gescheiterten Rebellion verwandt hatte, trat von Regensburg aus auf ihre Seite. Während der Papst in einem Rundschreiben die fränkischen Bischöfe aufforderte, ihm zur Unterstützung entgegenzueilen, beschied Ludwig der Fromme ebenfalls den Episkopat zu sich nach Worms. Außer den adligen Führern der großen Vasallenverbände war damit auch die hohe Geistlichkeit zur persönlichen Stellungnahme herausgefordert, und sie spaltete sich gleichermaßen. Lothar fand nur zögernde Unterstützung bei Wala, der erst im Vorjahr als einfacher Mönch nach Corbie hatte zurückkehren dürfen, und besaß daher seine hauptsächlichen Wortführer jetzt in den Erzbischöfen Agobard von Lyon und Ebo von Reims, wohingegen sich die kaisertreue Gruppe um Drogo von Metz, den Halbbruder Ludwigs, scharte. Polemische Manifeste über geforderte und verletzte

Rechte, ja über den Vorrang der Befehlsgewalt von Kaiser oder Papst – ein in dieser Zuspitzung durchaus neuartiges Problem – gingen hin und her, bevor sich Ende Juni 833 auf dem Rotfeld bei Colmar die Heere Ludwigs und seiner drei Söhne tagelang gegenüberstanden. Gregor verhandelte im Lager des Kaisers um einen Ausgleich, doch ließen sich inzwischen dessen Gefolgsleute mehr und mehr »durch Geschenke, Versprechungen und Drohungen« (wie Ludwigs Biograph zu wissen glaubte) dazu bewegen, von ihrem Herrn abzufallen und auf die Seite der Söhne zu treten, so daß der alte Kaiser schließlich ohne Machtbasis dastand und sich ergeben mußte. Der Schauplatz so vielfachen Eidbruchs soll schon wenig später das »Lügenfeld« geheißen haben.

Ludwig hatte ganz formlos aufgehört, Herrscher zu sein, indem er von den Seinen verlassen wurde und somit nichts mehr zu gebieten hatte. Die Sieger konnten die ihnen zugefallene Macht nicht anders sichern als dadurch, daß sie ihn in dauernder Haft hielten, was in Lothars Verantwortung gegeben wurde, und so war er es, der den Vater zunächst ins Kloster Saint-Médard in Soissons verbrachte, während der zehnjährige Karl in die Eifelabtei Prüm kam und seine Mutter Judith gar nach Tortona in Italien verbannt wurde. Auch bei der politischen Neuordnung des Reiches fiel das erste Wort Lothar, dem Kaiser, zu, der in seinen Urkunden sogleich den vollen Imperator-Titel Ludwigs übernahm. Doch falls er (wie anscheinend der Papst und andere seiner geistlichen Parteigänger) geglaubt haben sollte, nach der Ausschaltung Ludwigs, Judiths und Karls zur Machtverteilung der Ordinatio imperii von 817 übergehen zu können, so zeigte sich rasch, daß die am Erfolg beteiligten Brüder eine derartige Rückstufung nicht mehr hinzunehmen bereit waren. Vielmehr mußten Pippin und Ludwig, soweit zu erkennen ist, über ihre Unterherrschaften hinaus weite Landstriche (wohl Neustrien und alle rechtsrheinischen Gebiete) zugestanden werden, und zwar zu sofortiger selbständiger Regierung, wie sich am uneingeschränkten Königstitel ihrer seitherigen Urkunden ablesen läßt. Der Sturz Ludwigs des Frommen hatte mit innerer Logik die erste effektive Teilung des Karlsreiches zur Folge, und wer das nicht gewollt hatte, »kehrte«, wie von Papst Gregor berichtet wird, »mit großer Trauer heim«. Lothar, stark beraten von Agobard und Ebo, nutzte hingegen eine große Reichsversammlung im Oktober in Compiègne, um auch noch eine kirchliche Sanktionierung des Thronwechsels herbeizuführen. Gemäß ihrem 829 prinzipiell reklamierten allgemeinen Aufsichtsrecht stellten die versammelten Bischöfe förmlich fest, der ehemalige Kaiser habe »das ihm übertragene Amt unzulänglich verwaltet«, und entsandten unter Ebos Führung eine Abordnung ins nahe Soissons, die Ludwig ein langes Register seiner Sünden, u. a. die Gewalttaten gegen seine Verwandten und die ungerechte Bestrafung der Verteidiger der Hausordnung von 817, vortrug und ihn aufforderte, dafür öffentliche Buße zu leisten. Nach einigem Sträuben und gewiß unter massivem Druck wurde er bereit, sich dem Urteil der Bischöfe zu beugen und seine mangelnde Eignung zum Herrscher einzugestehen. Bei aller ernstzunehmenden Seelenqual liegt in der Szene ein geradezu atemberaubender Substanzverlust der monarchischen Autorität keine zwanzig Jahre nach dem Tod Karls des Großen.

Und wieder wendete sich das Blatt, wozu offenbar gerade die erbarmungslose Härte wesentlich beitrug, mit der Lothar den gefangenen Vater von Ort zu Ort mitzuschleppen schien. Der jüngere Bruder Ludwig, der bei einem weiteren Umsturz kaum etwas aufs Spiel zu setzen brauchte, forderte schon um die Jahreswende 833/34 eine würdigere Behandlung des alten Kaisers, und zu seinem Sprachrohr machte sich der gelehrte Fuldaer Abt Hrabanus Maurus, der mit einer Schrift »Über die Ergebenheit *(reverentia)* der Söhne gegen die Väter und der Untertanen gegen die Könige« hervortrat. Die moralische Hypothek, die auf ihm lastete, hinderte Lothar auch diesmal daran, seiner Herrschaft den notwendigen breiten Rückhalt bei den Großen zu verschaffen, und als er dann auch noch Pippins Mißtrauen durch Anstalten weckte, seinen Machtbereich auf dessen Kosten auszuweiten, war erneut die Konstellation beisammen, die Lothar schon 830 zu Fall gebracht hatte. Während er Ende Februar in Paris Hof hielt, rückten Pippin von Westen und Ludwig von Osten mit ihren Heeren gegen ihn vor, doch keine Hand rührte sich zu seiner Verteidigung, so daß ihm nichts übrig blieb, als mit seinen Getreuen den eiligen Durchbruch nach Süden zu wagen und den Vater samt dem Stiefbruder in Saint-Denis zurückzulassen. Dort wurde Ludwig der Fromme am 1.3.834 feierlich wieder in die Kirche aufgenommen und, mit Waffen und Krone geschmückt, als Kaiser anerkannt. Auch Pippin und Ludwig fanden sich bald bei ihm ein, und man hörte von der Befreiung der Kaiserin, die nach Wochen in Aachen eintraf. Dennoch war Lothar nicht bereit (und vielleicht vor seinen Anhängern auch nicht imstande), sich ohne Gegenwehr geschlagen zu geben, so daß nun noch offene Kämpfe ausbrachen. Unweit der bretonischen Grenze siegten in blutigem Gefecht Lothars Parteigänger, die Grafen Lambert (von Nantes) und Matfrid, wobei neben dem kaiserlichen Kanzler Theoto, erst seit kurzem Nachfolger des Fridugis, und etlichen Grafen auch Odo, Matfrids Rivale in Orléans, den Tod fand. Lothar selber erstürmte beim Vorrücken aus dem Rhônegebiet die Stadt Chalon, was mit manchen, in den Quellen ihm angelasteten Greueltaten verbunden war, schritt dann aber doch nicht zum Äußersten, als er etwa im September bei Blois der überlegenen Heeresmacht des Vaters und der Brüder gegenüberstand. Er unterwarf sich und rettete damit immerhin seine Herrschaft über Italien, freilich nur unter der eidlichen Zusage, das Land nicht mehr eigenmächtig zu verlassen; dorthin wurde auch den wichtigsten seiner geistlichen und weltlichen Parteigänger, also Wala von Corbie, Agobard und mindestens fünf weiteren Bischöfen sowie den Grafen Hugo, Matfrid, Lambert und ihrem Anhang, freier Abzug gestattet. Ludwig der Fromme, der fortan in seinem urkundlichen Kaisertitel stets der »zurückgewährenden göttlichen Huld« *(divina repropitiante clementia)* Rechnung trug, war wieder das unbestrittene Oberhaupt des Reiches. Er formierte die Hofkapelle neu, indem er seine Halbbrüder Drogo, den Bischof von Metz, zum Erzkapellan und Hugo, den Abt von Saint-Quentin, zum Kanzler berief, und bestand im übrigen auf einer förmlichen Annullierung der während des Aufruhrs gegen ihn unternommenen Rechtsakte. Das geschah im Februar 835 auf einer Reichsversammlung in Diedenhofen, bei der unter Zustimmung auch von seinerzeit beteiligten Bischöfen die Verurteilung Ludwigs in Compiègne aufgehoben und seine Kirchenbuße von Soissons für nichtig erklärt wurde. Ebo von Reims hatte dies bei einer feierlichen Zeremonie in Drogos Metzer Dom zu verkünden und wurde gleich anschließend auf Antrag des Kaisers von seinem Hirtenamt abgesetzt und mit Klosterhaft belegt.

Die jahrelange Konzentration aller fränkischen Energien auf den inneren Zwist von Herrscherhaus und Führungsschicht schwächte unausbleiblich die Abwehrkraft des Reiches nach außen und hat vor allem die Gefährdung der nördlichen und westlichen Küsten in folgenreicher Weise gesteigert. Von dort waren schon seit etwa 800 wiederholt jähe Überfalle gemeldet worden, bei denen Piraten aus nordischen Ländern (vornehmlich Dänemark) von ihren Schiffen aus Küstenorte angegriffen und geplündert, Edelmetall und andere Wertsachen geraubt sowie Geiseln zur Erpressung von Lösegeld fortgeführt hatten. Diese Wikingerzüge wurden von adligen Gefolgschaftsverbänden primär aus Abenteuer- und Beutelust, mit der Zeit auch zur Landnahme und Herrschaftsbildung unternommen und suchten außer dem Frankenreich auch England und Irland heim, wo die Abwehr der beweglichen und unberechenbaren Feinde nicht geringere Probleme aufwarf. Immerhin hatte schon Karl der Große mit dem Bau von Befestigungen und der Aufstellung von Küstenwachen begonnen, doch steht dahin, inwieweit dies dazu verhalf, die Hauptwucht der Angriffe zunächst auf die Inseln zu lenken, wo sich die Wikinger früh auch schon festzusetzen begannen, während im Frankenreich nur einzelne exponierte Plätze wie Noirmoutier an der Loiremündung in Mitleidenschaft gezogen wurden, mitunter aber auch jahrelange Schonung eintrat. Kaum Zufall dürfte es jedoch sein, daß sich gerade 834 auf dem Höhepunkt der karolingischen Familienfehde die Aggressivität aus dem Norden dramatisch steigerte, denn von nun an erschienen die Wikinger Sommer für Sommer und konzentrierten ihre Attacken zumal auf Friesland, wo der bedeutende Handelsplatz Dorestad nahe der Rheinmündung durch wiederholte Brandschatzung und Plünderung für immer ruiniert wurde. 837, im vierten Jahr dieser Beutezüge, reichte angeblich ein Erscheinen Kaiser Ludwigs in Nimwegen aus, um die »Nordmänner« in die Flucht zu schlagen, doch hielt die Abschreckung nicht lange vor, da nach einem durch Seesturm vereitelten Unternehmen von 838 schon 839 von neuen Verheerungen in Friesland zu hören ist, das der fränkischen Reichsgewalt langsam entglitt. Zu allem Unglück waren 838 auch sarazenische Seeräuber bei einem Überfall auf Marseille erstmals plündernd auf gallischem Boden erschienen.

Trotzdem überwogen auch in Ludwigs des Frommen letzten Jahren die innenpolitischen Sorgen. Die schweren Erschütterungen der Jahre 830 und 833/34 hatten nur negativ darüber entschieden, daß für die Reichseinheit über den Tod dieses Kaisers hinaus keine Aussicht mehr bestand, aber sie hatten jedes Einvernehmen über die konkrete Verteilung des Erbes in unabsehbare Ferne gerückt. Zu weit klafften die Ansprüche der

Söhne und die Erwartungen der ihnen jeweils verbundenen Großen auseinander, und zu sehr hatte die Autorität des kaiserlichen Vaters Schaden genommen, als daß ein allgemeiner Konsens über künftige Reichsteilungen noch hätte ausgehandelt oder gar verordnet werden können. Ludwig, in dessen Umgebung neben der Kaiserin Judith nun der Seneschalk Adalhard zu steigendem Einfluß kam, resignierte indes keineswegs und scheint in einzelnen seiner Maßnahmen versucht zu haben, an die Politik der glücklicheren 820er Jahre anzuknüpfen, etwa wenn er 836 eine neue Reformsynode in Aachen veranlaßte, die sich weithin wörtlich die Beschlüsse des Jahres 829 zu eigen machte, oder wenn er durch die Verheiratung seiner Tochter Gisela mit dem Markgrafen Eberhard von Friaul (aus dem fränkischen Hause der Unruochinger) ähnlich wie früher einen mächtigen Magnaten sich als Schwiegersohn zu verpflichten suchte, doch ein durchdachtes, konsequent verfolgtes Konzept in der Erbteilungsfrage hatte er nicht, wenn man von dem wohl durch Judith genährten Wunsch absieht, den nachgeborenen Sohn Karl möglichst gut zu bedenken.

Dabei stand nach 834 zunächst im Wege, daß die Anteile der mittleren Söhne Pippin und Ludwig, die durch ihre Schwenkung die Wiedereinsetzung des Vaters herbeigeführt hatten, nicht geschmälert werden konnten, weshalb die Zuweisungen an Karl (Alemannien, später Aquitanien), die den großen Aufstand heraufbeschworen hatten, hinfällig blieben. Die Lösung schien wie 831 in einer Verständigung mit Lothar zu liegen, die auf einer Diedenhofener Reichsversammlung 836 versucht wurde, wo Wala als dessen Abgesandter erschien; doch starb der ehemalige Abt von Corbie bald nach seiner Rückkehr, ohne Lothars Einlenken erreicht zu haben. Die fortwährend grollende Haltung des ältesten Sohnes, der in Italien sogar gegen Anhänger des Vaters vorging, bewog Ludwig, für 837 einen Romzug anzukündigen, der zu einer Begegnung mit Lothar hätte führen müssen, dann aber nicht zustande kam, weil der erneute Wikingereinbruch in Friesland den Kaiser dorthin ablenkte. Danach gab er das Warten auf Lothar auf und verfügte Ende des Jahres von sich aus eine neue Ausstattung Karls, die zentrale Bereiche der Francia von Friesland über die Gaue zwischen Maas und Seine bis weit nach Burgund umfaßte. Damit verstimmte er nicht nur Lothar, sondern auch den jüngeren Ludwig, der sich von Bayern aus mit dem kaiserlichen Bruder zu einer Besprechung in der Nähe von Trient traf und dadurch sogleich das Mißtrauen des Vaters auf sich lenkte. Nach einem vergeblichen Versuch, sich zu rechtfertigen, wurden ihm im Sommer 838 alle rechtsrheinischen Länder bis auf Bayern wieder entzogen. Immer höher stieg dagegen der Stern Karls, der im September in Quierzy nach Vollendung seines 15. Lebensjahres mit dem Schwert umgürtet und vom Vater zum König gekrönt wurde, wobei er Neustrien als Unterherrschaft erhielt, anscheinend neben dem im Vorjahr verfügten Erbteil. Bevor es darüber zum Konflikt mit Pippin von Aquitanien kam, dessen Interessen hier berührt waren, traf die Nachricht von seinem offenbar plötzlichen Tod am 13.12.838 ein. Zu Trauer scheint wenig Anlaß gewesen zu sein, denn damit wurde endlich die Bahn frei für die von Judith betriebene Einigung zugunsten Lothars und Karls. Ludwig der Fromme, der zunächst durch einen Zug über den Rhein bis zum Bodensee dem jüngeren Ludwig seine Macht demonstriert hatte, traf Ende Mai 839 mit den beiden anderen Söhnen auf einer Reichsversammlung in Worms zusammen und teilte das Erbe, abzüglich des für Ludwig vorbehaltenen bayerischen »Pflichtteils«, entlang von Maas, Saône, Rhône und Westalpen. Lothar wählte die östliche, Italien einschließende Hälfte, Karl die westliche und damit auch den Konflikt mit den Söhnen des eben verstorbenen Bruders Pippin, von denen der ältere, wie Karl wohl gerade volljährige Pippin II. mit manchem Rückhalt im Lande die Herrschaft über Aquitanien als sein väterliches Erbe beanspruchte. Fürs erste gedachte der alte Kaiser selbst die gewaltsame Durchsetzung der neuesten Hausordnung in die Hand zu nehmen, und dementsprechend zog er im Herbst mit Heeresmacht gegen den Enkel Pippin nach Aquitanien, brachte es aber in zähem Kleinkrieg nur zu Teilerfolgen. Im nächsten Frühjahr erschien es dringender, gegen Ludwig einzuschreiten, der sich natürlich nicht dauerhaft auf Bayern beschränken ließ, nun aber vom Vater doch aus Thüringen verjagt wurde. Auf einem neuen Hoftag, zu dem Lothar aus Italien berufen wurde, sollte das weitere Vorgehen gegen Ludwig besprochen werden, doch dazu kam es nicht mehr, denn der Kaiser starb nach kurzer Krankheit 62jährig auf einer Rheininsel bei Ingelheim am 20.6.840.

Daß keiner seiner Söhne zugegen war, als er wenig später von Drogo, seinem bischöflichen Halbbruder und letzten Erzkapellan, in der Metzer Kirche des Familienheiligen Arnulf an der Seite seiner Mutter Hildegard bestattet wurde, wirft ein bezeichnendes Licht auf die Bilanz seiner Regierung. In 26 Jahren hatte Ludwig der Fromme das Großreich seines Vaters nach außen einigermaßen behaupten können und nach innen zunächst durch weitere vereinheitlichende Reformen gefestigt, später jedoch nur noch, so gut es ging, verwaltet, was Episkopat und Hochadel zu stärkerem politischen Eigengewicht gelangen ließ. Völlig gescheitert war er mit dem Bemühen, die Herrschaftsordnung nach seinem Tode festzulegen, denn sein anfängliches Konzept, auf der Grundlage des Kaisertums dauerhaft eine oberste Zentralgewalt des ältesten Sohnes zu etablieren, stand wegen des antidynastischen Grundzugs von vornherein wohl auf schwachen Füßen, wurde von Ludwig aber auch nicht wirksam vertreten und schließlich unter dem Druck der Umstände ganz fallen gelassen. Bis dahin war jedoch durch den zweimaligen Zusammenbruch und die anschließende Wiederherstellung seiner Herrschaft sein Handlungsspielraum so geschmälert, daß er auch keinen Teilungsplan mehr unwidersprochen durchsetzen konnte und sich am Ende gar in bewaffnete Kämpfe mit seinen Söhnen verstrickte, die dann nahtlos in den Bruderkrieg nach seinem Tode übergingen. Unmittelbar ausgelöst wurde diese Entwicklung durch den schon in den Quellen hervorgehobenen Ehrgeiz der zweiten Kaiserin Judith und die Erbansprüche des Nachkömmlings Karl, doch wäre die Vorstellung naiv, ohne eine Wiederverheiratung Ludwigs hätte sich die Reichseinheit auf längere Sicht bewahren lassen. Woran sie letztlich zerbrach, war die Unfähigkeit der fränkischen Führungsschicht (bis hin zu den rivalisierenden Kaisersöhnen), in den Dimensionen des Karlsreiches zu denken und dessen monarchisch-imperiale Führung für eine wünschenswerte, ja notwendige Rahmenbedingung auch ihrer eigenen politischen Entfaltung zu halten. Was sich unter Karl dem Großen in gleichsam spontaner Selbstverständlichkeit eingespielt hatte, war von seinem Sohn weit weniger überzeugend beansprucht und verwirklicht worden.

VII. Die sechste Generation: Lothar I., Ludwig der Deutsche und Karl der Kahle (840–877)

Wie einst Pippin der Mittlere, Karl Martell und Pippin der Jüngere hinterließ auch Kaiser Ludwig der Fromme seine Erben im Unfrieden, aber anders als im 8. Jahrhundert führte der alsbald einsetzende Machtkampf nicht mehr zum Sieg eines Einzelnen über seine Konkurrenten, sondern zu dauerhafter, wenn auch labiler Teilung der Herrschaft. Die beginnende »Auflösung des Karlsreiches« (W. Schlesinger) lag nur vordergründig daran, daß keiner der Söhne für sich allein ein militärisches Übergewicht erstreiten konnte, sondern war die Konsequenz der inneren Entwicklung unter Ludwig, die nach Preisgabe des universalen Konzepts der Ordinatio imperii in eine Vorwegnahme der Erbauseinandersetzung gemündet war und damit bereits vollendete Tatsachen geschaffen hatte. Die Autorität Lothars I. in Italien und Ludwigs des Deutschen in Bayern war jeweils durch ihre zeitliche Dauer und ihre Verwurzelung bei den einheimischen Magnaten unumstößlich geworden, und wieviel Eigengewicht in solchen Regna liegen konnte, zeigte sich eindrücklich in Aquitanien, wo nach dem Tode des Kaisersohns Pippin I. (838) dessen ältester Sohn Pippin II. (geb. um 823) beachtlichen Rückhalt für seinen Anspruch auf die Nachfolge fand. Lediglich Karl der Kahle, erst seit 838 König und beim Tode des Vaters 17 Jahre alt, mußte ohne eine »Hausmacht« ähnlichen Umfangs das Ringen aufnehmen. Dabei ging es nicht mehr nur um die Ambitionen der feindlichen Brüder selbst, denn zumindest die beiden Älteren hatten längst ihre eigenen Familien begründet und sahen mehrere männliche Erben heranwachsen: Lothar I. die Söhne Ludwig II. (geb. um 825) und Lothar II. (geb. um 835), Ludwig der Deutsche seine Söhne Karlmann (geb. um 830), Ludwig den Jüngeren (geb. um 835) und Karl III. (geb. 839), wohingegen Karl der Kahle noch unvermählt war. Männliche Nachkommen weckten bei den Großen des jeweiligen Anhangs die Zuversicht auf langfristigen Lohn für ihre Loyalität und legten den Vätern nahe, nach möglichst ausgedehnter Herrschaft schon deshalb zu streben, um die Söhne dereinst ausstatten zu können.

Ob es Lothar in der Hand hatte, den blutigen Bruderkampf abzuwenden, indem er sich mit dem fast 30 Jahre jüngeren Stiefbruder Karl auf die erst 839 verabredete annähernde Zweiteilung verständigte (was beide gegen Ludwig den Deutschen und Pippin II. von Aquitanien hätten durchsetzen müssen), steht dahin. Tatsächlich hat er sich im Gegenteil dafür entschieden, auf seine vollen Kaiserrechte aus der Ordinatio von 817 zu pochen, und zog, den Sohn Ludwig II. in Italien zurücklassend, rasch über die Alpen, um die Nachfolge des Vaters als Gebieter über das gesamte Imperium anzutreten. In der Francia strömten ihm sogleich zahlreiche Große zu, nicht nur Anhänger aus den früheren Aufständen, sondern auch die Umgebung des alten Kaisers mit dem Erzkapellan und Karlssohn Drogo von Metz an der Spitze, der Ludwigs Krone, Schwert und Szepter überbrachte. Auf einer Synode in Ingelheim wurde Ebo von Reims, der fünf Jahre zuvor seinen Eifer für Lothar mit der Absetzung hatte büßen müssen, in aller Form als Erzbischof restituiert. Doch der anfängliche Beifall war trügerisch: Womit Lothar, der Kaiser und nunmehrige Senior des Hauses, gewiß dem Beispiel seiner großen Vorfahren zu folgen meinte, das war für andere wie den (illegitimen) Karlsenkel Nithard, der als Chronist dieser Jahre aus der Sicht des jungen Karl schrieb, nichts als eine »Invasion« des Reiches, ein anmaßender Übergriff also auf die gleichen Rechte der Brüder. Ludwig und Karl, von nicht wenigen ihrer Vasallen im Stich gelassen, waren fürs erste in der schwächeren Position, was Lothar in die Lage versetzte, im Herbst 840 zunächst den einen in der Gegend von Mainz in Schach zu halten und dann den anderen unweit von Orléans zu beschwichtigen. Indes lag beider Stärke darin, daß sie zu diesem Zeitpunkt nur Teile der Macht erstrebten, sich also trotz aller früheren Gegensätze nun verbünden konnten, um den kaiserlichen Bruder von Osten wie von Westen her in die Zange zu nehmen. Lothars Gegenzug, mit dem aquitanischen Pippin als dem Feind Karls gemeinsame Sache zu machen, relativierte hingegen in gewissem Sinne bereits den eigenen umfassenden Anspruch. Jedenfalls gelang es dem Kaiser im Frühjahr 841 nicht, Karl am Überschreiten der Seine, Ludwig am Überqueren des Rheins und damit beide an der Vereinigung ihrer Heere im nördlichen Burgund zu hindern, wo ihnen die Aufgebote Lothars und Pippins am 25.6.841 bei Fontenoy im Auxerrois zur entscheidenden Schlacht entgegentraten. Es wurde ein schlimmes Gemetzel, dem zum Erschrecken der Zeitgenossen so viele aus der fränkischen Führungsschicht zum Opfer fielen, daß der Chronist Regino von Prüm nach Jahrzehnten rückblickend von diesem Tage die äußere Schwäche des spätkarolingischen Reiches herleitete. Ludwig und Karl behielten schließlich die Oberhand und schlugen Lothar mit den Seinen in die Flucht.

Das Teilungsrecht hatte sich durch diesen Ausgang des Ringens nicht nur politisch, sondern offenbar auch moralisch dem Einheitsanspruch überlegen gezeigt, denn nach Gottes Willen schien es den Sieg davongetragen zu haben. Gleichwohl gab sich der nach Aachen geflohene Lothar keineswegs geschlagen und suchte wenigstens indirekt wieder Boden zu gewinnen, indem er bedenkenlos gegen Ludwig einen unter dem Namen »Stellinga« bekannt gewordenen Aufstand in Sachsen schürte und normannische Anführer, die sich an der friesischen Küste festgesetzt hatten, durch Belehnung mit der Insel Walcheren an sich band. Damit richtete er jedoch wenig aus, denn das Gesetz des Handelns lag seit Fontenoy bei den jüngeren Brüdern, die sich Anfang 842 in Straßburg erneut trafen und vor ihren dort versammelten Heeren am 14.2., zum gegenseitigen Verständnis in Althochdeutsch (d. h. Fränkisch) und in Altfranzösisch (d.h. Romanisch), die berühmten, von Nithard im Wortlaut überlieferten Eide unverbrüchlicher Bündnistreue leisteten. Als sie es bald darauf gemeinsam schafften, den Kaiser auch aus Aachen zu verdrängen, und gar Anstalten machten, das Frankenreich nördlich der Alpen allein unter sich aufzuteilen (entlang der Maas), sah sich Lothar zu schnellem Einlenken gezwungen, was ihm inzwischen auch von seinen Großen angeraten wurde. Er mußte den Neffen Pippin von Aquitanien fallen lassen und erreichte eine erste Begegnung zu dritt, bei der ihm im Juni 842 auf einer Saône-Insel bei Mâcon ein Waffenstillstand und die gleichberechtigte Berücksichtigung bei der künftigen Machtverteilung zugestanden wurden. Zur Regelung der Einzelheiten setzte man eine Kommission aus je 40 Bevollmächtigten jeder Seite ein, die – ausgehend von der feststehenden Hoheit Lothars, Ludwigs und Karls über die Randländer Italien, Bayern und Aquitanien – die Grenzziehung in den fränkischen Kernbereichen auszuhandeln hatten. Als Grundlage wurde anscheinend ein Inventar *(descriptio)* der Fiskalgüter, Pfalzen und sonstigen Einnahmequellen erstellt, was erkennen läßt, daß es vornehmlich darauf ankam, jedem der drei Brüder eine die Hofhaltung sichernde Versorgung und darüber hinaus die Möglichkeit zu geben, seine Anhänger aus anderen Teilreichen im eigenen Herrschaftsgebiet angemessen zu entschädigen. Die schwierigen, von viel Mißtrauen gehemmten Verhandlungen, in die wiederholt auch die Könige selbst eingriffen, zogen sich über mehr als Jahresfrist hin, bis im August 843 in Verdun die Einigung verkündet und beschworen werden konnte: Karl sollte alles Land westlich einer Linie gehören, die etwa den Flüssen Schelde, Maas, Saône und Rhône folgte, und Ludwig östlich von Rhein und Aare bis zu den Alpen herrschen, jedoch auch linksrheinisch über Mainz, Worms und Speyer mit ihrem Umland. Dazwischen entstand ein Mittelreich für Lothar, den Kaiser, mit Aachen und Rom als Schwerpunkten, das über Italien hinaus von der Provence bis Friesland reichte.

Der Vertrag von Verdun, dessen Text nicht überliefert ist, bildet das historische Gegenstück zur Ordinatio von 817. Beides waren rein dynastische Vereinbarungen, Hausgesetze gewissermaßen, in denen die Karolinger intern ihre Herrschaft auf mehrere Schultern verteilten. Während jedoch 817 durch kaiserliche Verfügung die imperiale Gesamtverantwortung an der Spitze unabhängig von der jeweiligen familiären Konstellation zur abstrakten Richtschnur erhoben wurde, die dann nie Realität geworden ist, orientierte man sich 843 nach dem Scheitern dieses Konzepts allein am momentanen Interessenausgleich unter den drei rivalisierenden Brüdern in einem mühsam gefundenen Kompromiß, der nur so lange Bestand haben würde wie die Voraussetzungen, die ihn erzwungen hatten, und dann doch nicht wenig Beharrungskraft erwies. Das Frankenreich dachte man sich in Verdun unverändert als politische Einheit und lediglich zeitweilig in die Zuständigkeitsbereiche dreier Könige zergliedert, was für die Zukunft eine weitere Aufspaltung ebenso wie eine neue Verschmelzung der Kräfte vorstellbar machte. Daß sich tatsächlich das Westreich und das Ostreich von 843 auf lange Sicht zu den historischen Wurzeln Frankreichs und Deutschlands entwickelt haben, das Mittelreich aber bald unterging, war beim Vertragsabschluß weder beabsichtigt noch vorauszusehen und entbehrte erst recht jeder Zwangsläufigkeit. Genauso wenig kann den Karlsenkeln bei ihrem erbitterten Teilungsstreit unterstellt werden, sie hätten bewußt ein überdimensioniertes, nur unter ganz exzeptionellen Bedingungen zustande gekommenes Imperium in kleinere, überschaubarere Einheiten zerlegen wollen, mit deren Beherrschung sie und ihre Nachfahren im übrigen noch Mühe genug haben sollten.

Lothar I., der beim Griff nach der Suprematie über das Reichsganze zum dritten Mal gescheitert war, suchte zunächst wenigstens auf kirchlicher Ebene der drohenden Auflösung zu begegnen. Beim neuen Papst Sergius II. (844–847) erreichte er Mitte 844 die Einsetzung seines Erzkapellans Drogo von Metz, der als Sohn Karls des Großen eine spezifische Autorität genoß, zum apostolischen Vikar für »Gallien und Germanien«, also grenzüberschreitend das ganze Frankenreich nördlich der Alpen, mit weitreichenden Befugnissen als Appellations- und Aufsichtsinstanz gegenüber allen Metropoliten und ihren Provinzen. In diesem Sinne konnte Drogo im Oktober unweit seiner Bischofsstadt einer Synode in Yütz präsidieren, die nach den Erschütterungen der Vorjahre wieder die bischöflichen Reformbestrebungen von 829 aufgriff und die Herrscher eindringlich zu Frieden und Eintracht mahnte, während die drei Brüder selbst im nahen Diedenhofen zusammenkamen, um ihre Entschlossenheit zu gemeinsamer Regierung im Geiste von »Brüderlichkeit und Liebe« *(fraternitas et caritas)* zu bekunden und alle Gegner der neuen Ordnung wie die aquitanischen Anhänger Pippins II. oder die unruhigen Bretonen zum Einlenken aufzufordern. Drogos Vikariat stieß allerdings bald auf den entschiedenen Einspruch der westfränkischen Bischöfe und wurde in Ostfranken wohl überhaupt ignoriert, so daß Lothar dieses Instrument indirekter Einflußnahme nie recht in den Griff bekam, doch fand er sich damit ab und sah seine kaiserliche Rolle fortan darin, aus der räumlichen Mittellage um Aachen heraus betont für den Zusammenhalt von Reich und Dynastie einzutreten. Er traf sich trotz gelegentlicher Differenzen in Einzelfragen immer wieder mit seinem Bruder im Westen wie mit dem im Osten und trat zweimal als Gastgeber der »Frankentage« auf, zu denen sich im Februar 847 und im Sommer 851 jeweils in der Pfalz Meerssen (bei Maastricht) alle drei Karolinger in demonstrativer Gemeinsamkeit einfanden.

Ihre wohltönenden Verlautbarungen sind gewiß ergiebig für die zunehmende Resonanz des monarchischen Amtsgedankens der Kirche, verdeckten aber nur schlecht die Tatsache, daß die Brüder kaum zu koordinierter Aktion oder gar gegenseitiger Unterstützung fanden. Das beste Beispiel bietet ihr Verhalten angesichts der normannischen Bedrohung, die bereits seit Mitte der 830er Jahre rapide zugenommen hatte und durch die inneren Kämpfe der Franken nur noch weiter stimuliert wurde. Lothar I. war schon in seiner Bedrängnis nach Fontenoy, wie erwähnt, bereit gewesen, dänische Eindringlinge an der Rheinmündung förmlich zu belehnen in der Hoffnung, sich ihre Schlagkraft zunutze machen zu können, doch erwiesen sie sich kaum als lenkbar, weshalb er einige Zeit später ihrem Anführer Rorik, einem Bruder des früheren Königs Harald, die Lehen wieder entzogen zu haben scheint. Der fand jedoch rasche Aufnahme bei Ludwig dem Deutschen, der ihm im nordelbischen Sachsen Schutz gewährte, aber 845 hilflos erleben mußte, wie ein anderes Dänenheer Hamburg überfiel und Ansgars Bischofssitz niederbrannte. Friesland im Norden des Mittelreiches blieb indes genauso wenig verschont und wurde seit 845/46 zum Ziel neuer Heimsuchungen von See her, die sich bald auch auf das Scheldegebiet ausdehnten. Lothar fand jahrelang kein wirksames Gegenmittel und wußte sich 850 schließlich nicht anders zu helfen als dem zurückgekehrten Rorik, dessen Neffen Gottfried und ihren Mannen mehrere friesische Grafschaften zu überantworten, um sie von ihnen gegen weitere Angriffe schützen zu lassen. Gelang hier eine Stabilisierung, wenn auch mit fragwürdigen Mitteln, so war Karls Westfrankenreich mit seinen langen Küsten und seinen Flußmündungen am ärgsten von der Beutelust der »Nordmänner« betroffen und in der Abwehr ebenfalls ganz auf sich gestellt. Jahr für Jahr erschienen die gefürchteten Seeräuber aus Skandinavien oder von England aus und drangen zunehmend auf den Flußläufen und von küstennahen Standlagern her auch ins Landesinnere ein, wo sie vorzugsweise Klöster wie Jumièges und Saint-Wandrille (841) und bald auch Städte wie Rouen (841), Quentovic (842, 844), Nantes (843), Paris (845) und Bordeaux (848) heimsuchten. Zwar gab es durchaus lokale und regionale Gegenwehr wie etwa 845 in der Picardie, wo der Karlsenkel und Geschichtsschreiber Nithard im Kampf fiel, doch zeigte sich der unheimlichen Herausforderung im ganzen niemand gewachsen, auch der König nicht, der ebenso wie manche bedrohten Städte und Abteien im Notfall eher bereit war, hohe Schutz- und Lösegelder zu zahlen als sich den Feinden bewaffnet in den Weg zu stellen.

Überhaupt hatte der junge Karl der Kahle die schwierigste Ausgangslage unter den drei Brüdern zu meistern. Nach dem

Wegfall der väterlichen Protektion erwies sich seine Herrschaft in Aquitanien gegen Pippin II. als kaum durchsetzbar, aber auch in der westlichen und südlichen Francia hatten sich 840/41 zunächst viele Magnaten ihm verweigert und Lothar zugewandt. Erst nach dem Sieg von Fontenoy konnte Karl daran gehen, sich bestimmenden Einfluß auf die Kirchen und ihren Besitz zu sichern, indem er Ebo, den im Vorjahr wiedereingesetzten Erzbischof von Reims, endgültig verdrängte und immerhin Drogos Bruder Hugo, den Abt von Saint-Quentin und letzten Kanzler Ludwigs des Frommen, auf seine Seite zog. An der Spitze des Hofklerus erscheint jedoch als Erzkapellan Bischof Ebroin von Poitiers, zugleich Abt von Saint-Germain-des-Prés in Paris, der früher bei Pippin I. von Aquitanien Kanzler gewesen war und sich durch Herkunft aus der im ganzen fränkischen Westen mächtigen Sippe der Rorgoniden empfahl, während Karl für das Amt des Erzkanzlers einen mit diesem gemeinsamen Verwandten gewann: Ludwig, der einer Verbindung von Karls des Großen Tochter Rotrud mit eben dem Grafen Rorico/Rorgo entstammte und nun zum Abt von Saint-Denis gemacht wurde. Aus diesem Kloster wiederum ging 845 der Mönch Hinkmar hervor, mit dessen Erhebung zum Erzbischof Karl die lange Vakanz in Reims beendete. Bedachtsam war auch die Wahl der Gattin, die der 19jährige König Ende 842 ehelichte, denn sie fiel auf Irmintrud, die Tochter des 834 gegen Lothar gefallenen Grafen Odo von Orléans und Nichte des einflußreichen Seneschalks Adalhard, »weil er (durch diese Heirat) den größten Teil des Volkes für sich zu gewinnen glaubte« (wie Nithard durchaus kritisch anmerkte). Jedenfalls gebar Irmintrud nach einer Tochter Judith 846 den Stammhalter Ludwig, dem in kurzem Abstand noch drei weitere Söhne, Karl, Karlmann und Lothar, folgten. Neben der dynastischen Sicherung seiner Herrschaft besorgte Karl auch eine gleichsam konstitutionelle, indem er im November 843, bald nach dem Vertragsabschluß von Verdun, auf einer Reichsversammlung in Coulaines bei Le Mans schriftlich eine Vereinbarung *(convenientia)* seiner weltlichen und geistlichen Großen billigte, die auf eine Garantie der *honores* von Kirche, König und Getreuen abzielte und jeden Mißbrauch von »Verwandtschaft, Hausgenossenschaft oder Freundschaft« mit dem König zum persönlichen Vorteil ausschließen sollte: »Es ist der Gedanke des gleichen und gemeinsamen Rechtes, der die im gleichen Teilreich zusammengeführten Herren eine

Genossenschaft bilden läßt, die dem König gegenübertritt« (P. Classen).

Vom halbwegs gefestigten Terrain der westlichen Francia aus suchte sich Karl der Kahle, ungeachtet der ständig zunehmenden Herausforderung durch die Normannen, auch weiter südlich Geltung zu verschaffen. Beim Vorstoß nach Aquitanien konnte er 844 zwar den Grafen Bernhard von Septimanien, einst Favorit seiner Mutter Judith, mit List in seine Gewalt bringen und als Hochverräter hinrichten lassen, doch wußte sich Pippin II. weiter im Lande zu behaupten und fügte Karls Aufgebot bei Angoulême eine empfindliche Niederlage zu, bei der Hugo von Saint-Quentin ums Leben kam und der Erzkapellan Ebroin von Poitiers in Gefangenschaft geriet. Karl blieb nichts übrig, als im Frühjahr 845 (während gerade die Wikinger in Paris wüteten) mit dem Neffen einen Friedensvertrag in Fleury abzuschließen, worin er Pippin gegen ein allgemeines Ergebenheitsversprechen die Hoheit über fast ganz Aquitanien zugestand. Zu einem nicht geringeren Debakel wurde der anschließende Versuch, die Bretonen wieder botmäßig zu machen, die unter ihrem Anführer *(dux)* Nominoe während der fränkischen Reichskrise kräftig an Boden gewonnen und zudem in den Söhnen von Lothars Parteigänger Lambert von Nantes († 837) Verbündete gefunden hatten. Karls Aufmarsch gegen sie endete am 22.11.845 in einem Gefecht bei Ballon unweit von Redon, in dem Nominoe obsiegte, was auch hier eine Einigung auf der Basis des ungünstigen Status quo erforderlich machte (846). Karl ließ sich gleichwohl nicht entmutigen und hatte 848 mehr Glück, als ihm beim normannischen Einfall in Aquitanien ein gewisser Abwehrerfolg gelang, der, verglichen mit Pippin, den Eindruck größerer Schlagkraft vermittelte. Das konnte er nutzen, um sich sogleich in Orléans von vielen, freilich nicht allen, aquitanischen Großen zum König ihres Landes akklamieren, also wählen, und überdies durch Erzbischof Wenilo von Sens salben und krönen zu lassen. Er erlangte auf diese Weise eine formal nicht durch den Vertrag von Verdun begründete und zudem sakral bekräftigte neue Autorität, die auch auf die Francia ausstrahlte, ihn vor allem aber beflügelte, 849 unangefochten bis Limoges und Toulouse vorzudringen. Pippin II. dagegen sah seinen Anhang schwinden und fiel 852 – wie schon 849 sein jüngerer Bruder Karl – in die Hände Karls des Kahlen, der ihn im Kloster Saint-Médard in Soissons festsetzte. Der (einstweilige) Durchbruch in Aquitanien ließ sich allerdings gegenüber der Bretagne nicht wiederholen, deren Herrscher Nominoe sich vielmehr politisch und kirchlich vollends verselbständigte und einen Metropoliten in Dol einsetzte, um von ihm, wohl 850, zum König gesalbt zu werden. Nach seinem plötzlichen Tod (851) nahm der Sohn und Nachfolger Erispoe im August 851 in einer dreitägigen siegreichen Schlacht am Fluß Vilaine den Westfranken jede Hoffnung auf einen Umschwung und erzwang im Frieden von Angers seine Anerkennung samt Überlassung der ganzen bretonischen Mark um Nantes und Rennes.

Gemessen an den Widrigkeiten Karls des Kahlen, verlief die Regierung Lothars I. nach 843 in ruhigen Bahnen. Der Kaiser, der die Teilungsordnung nicht länger in Frage stellte und wiederholt als Förderer des brüderlichen Einvernehmens auftrat, behandelte sein Mittelreich von vornherein nicht als Einheit, sondern überließ das italische Regnum dem ältesten Sohn Ludwig II. und regierte persönlich nur den Raum nördlich der Alpen. Dort war seine Autorität allenfalls an den Rändern angefochten, nämlich in Friesland, wo er dem Eindringen der Normannen nur halbherzig entgegentrat, sowie in der Provence, wo er 845 einen autonomistischen Aufstand niederzuschlagen hatte. Ganz überwiegend hielt sich Lothar in Aachen oder doch im karolingischen Kernraum zwischen Rhein und Maas auf, wohl bewußt an den Stil des kaiserlichen Vaters und Großvaters anknüpfend, mit dem Karlssohn Drogo von Metz († 855) als Erzkapellan an seiner Seite und einem Kanzleivorsteher namens Hilduin, der mit dem väterlichen Erzkapellan (bis 831) entweder identisch oder nahe verwandt war. Zum Hof gehörte auch der heranwachsende zweite Sohn Lothar II., neben den um 845 ein Nachkömmling mit Namen Karl, zugleich ein weiterer Erbanwärter, trat. Nach dem Tod der Kaiserin Irmingard (851) legalisierte Lothar sein Verhältnis zu der »Magd« Doda, die ihm noch einen, früh verstorbenen Sohn schenkte. Von den fünf bekannten Töchtern des Kaisers verbanden sich mehrere mit fränkischen Grafen in Ehen von politischer Bedeutung, so Rotrud als Gattin des an der Bretonengrenze mächtigen, 852 als Gegner Karls des Kahlen getöteten Lambert II. von Nantes und eine ihrer Schwestern, die sich 846 vom maasländischen Grafen Giselbert ins Westfrankenreich entführen ließ und zur Stammutter eines führenden »lotharingischen« Adelsgeschlechts werden sollte.

Unter der Oberhoheit des kaiserlichen Vaters hatte der junge Ludwig II. nach 840 seine (vielleicht noch von Ludwig dem Frommen versprochene) Königsherrschaft in Italien zu etablieren, angeleitet von erfahrenen Kräften aus der Umgebung Lothars. An der Seite seines Großonkels Drogo von Metz drang er 844 erstmals nach Rom vor, um dort nach dem eigenmächtigen Pontifikatswechsel zu Sergius II. die fränkische Suprematie wieder einzuschärfen. Er erreichte, daß der Papst ihn durch eine Salbung zum »König der Langobarden« förmlich anerkannte und auch der Fürst von Benevent zur Huldigung erschien. Schon hier zeigt sich, daß die eigentliche Bewährungsprobe dieses Karolingers nicht in der Behauptung Nord- und Mittelitaliens lag, wo er an führenden Magnaten wie dem Markgrafen Eberhard von Friaul, dem Schwiegersohn Ludwigs des Frommen, Rückhalt fand, sondern in Rom und weiter im Süden, wo einst auch Karl der Große an seine Grenzen gestoßen war. Neben den byzantinischen Außenposten und den langobardischen Fürstentümern gab es dort inzwischen als neuen Faktor von bedrohlicher Dynamik die über See aus Afrika und Spanien vorgestoßenen Sarazenen, die ihre Niederlassungen auf Sizilien und dem Festland, ähnlich den Normannen an den nördlichen Küsten, für weitgreifende Raub- und Eroberungszüge nutzten. Größten Schrecken erregten sie im Sommer 846, als sie von der Tibermündung aus plündernd über die bis dahin kaum befestigten Außenbezirke Roms mit den Basiliken St. Peter und St. Paul herfielen und Ludwig II. zu hastiger, glückloser Gegenwehr herausforderten. Nur nach längerer Vorbereitung, zu der auch eine (erst kürzlich ermittelte) Begegnung Kaiser Lothars mit seinem Sohn wohl im Frühjahr 847 in Pavia gehört haben dürfte, kam 848 ein größerer fränkisch-italischer Feldzug zustande, der unter Ludwigs Führung die sarazenische Expansion für eine Weile eindämmte und einen der Abwehr dienlichen Ausgleich zwischen den verfeindeten Fürsten von Benevent und von Salerno erzwang.

Zwar hörte man 849/50 von neuen Überfällen auf die tuszisch-ligurische Küste und auf die Provence, doch blieb die Hoheit über Rom ungefährdet und bot damit Lothar I. die Gelegenheit, die Kaiserwürde auf seinen Ältesten als den nunmehrigen »Schützer der römischen Kirche« in der Weise auszudehnen, daß er ihn zu Ostern 850 von Papst Leo IV. (847–855) in Rom zum (Mit-) Kaiser salben ließ. Den Ausschlag gab noch einmal, wie 813 und 817, das Geheiß des Vaters, aber die Zeremonie der Übertragung war nach fünfzig Jahren – und, wie sich zeigen sollte, dauerhaft – in die Hände des Papstes zurückgelegt, der indes dem vierten karolingischen Kaiser angesichts der familiären Situation keine weiterreichenden Aussichten zu vermitteln hatte als die eines italischen Teilherrschers. Offenbar war mit diesem Akt die Emanzipation Ludwigs II. von der väterlichen Gewalt überhaupt abgeschlossen, denn fortan urkundete er im eigenen Namen, während Lothar nach 851 italischen Empfängern keine Diplome mehr erteilte. Eine gesonderte Hofkapelle unter dem Bischof Joseph von Ivrea und mit früheren Kanzleinotaren Lothars I. tritt in Erscheinung, und 852/53 verwurzelte sich der Junior-Kaiser noch weiter im Lande, indem er Angilberga heiratete, die Tochter des Grafen Adelgis von Parma aus dem auch um Brescia und Spoleto gebietenden, ursprünglich fränkischen Adelshaus der Supponiden.

Das östliche Drittel des Karlsreiches hatte sich endgültig bis 843 König Ludwig ertrotzt, für den seit dem 19. Jahrhundert der anachronistische Beiname »der Deutsche« üblich geworden ist. Die Bezeichnung gibt in verfrühter nationalgeschichtlicher Umdeutung wieder, daß der ostfränkische König in zeitgenössischen westfränkischen Quellen mehrfach als *rex Germanorum* oder *rex Germaniae* apostrophiert und sein Teilreich antikisierend *Germania* genannt wird; immerhin bleibt festzuhalten, daß sich seine Herrschaft ausschließlich über Stämme und Regna germanischer Sprache erstreckt und allein schon durch ihre Dauer und relative Stabilität nicht wenig zur Integration dieser im 8. Jahrhundert unter ganz verschiedenen Voraussetzungen dem Karlsreich einverleibten Lande, also zur Anbahnung einer später gemeinsamen deutschen Geschichte beigetragen hat. Tatsächlich konnte Ludwig auf weit festeren Grund bauen als etwa sein Halbbruder Karl im Westen, hatte er doch schon 817 eine erste Anwartschaft auf Bayern empfangen, etwa 826 dort auch zu regieren begonnen und sein bald vergrößertes rechtsrheinisches Erbteil in den stürmischen Jahren seit 830 gegen alle brüderlichen Anfeindungen zäh behauptet, was ohne einen verläßlichen Anhang unter den Großen im Lande kaum gelungen wäre.

Bayern mit dem Zentrum Regensburg blieb zeitlebens seine wichtigste Machtbasis, wo ihm jahrzehntelang ein bevorzugter Graf namens Ernst, nach den Worten der Fuldaer Annalen »Heerführer jener Gegenden und unter des Königs

Freunden der erste«, den Rücken freihielt. Daneben trat das in Verdun erhandelte Rhein/Main-Gebiet in den Vordergrund, wo Ludwig im häufig besuchten Frankfurt vor 852 das Salvator-Stift einrichtete. Schwaben und zumal Sachsen und Thüringen sahen ihn seltener, doch galt auch hier seine Königsautorität unangefochten, nachdem der von Lothar I. zeitweilig geförderte »Stellinga «-Aufstand vom sächsischen Adel unterdrückt worden war. Eng wußte Ludwig auch mit der stammesübergreifenden Kirche zusammenzuwirken: Auf den seit 833 amtierenden Erzkapellan, den Bischof Baturich von Regensburg, ließ er 848 den Abt Grimald von St. Gallen und Weißenburg folgen, dem er als seinem wichtigsten Berater auf die Dauer auch die Kanzleileitung anvertraute. In Hildesheim nahm er 845 den vertriebenen Ebo von Reims († 851) als Bischof auf, und 847 erhob er den gelehrten Fuldaer Abt Hrabanus Maurus († 856) zum Erzbischof von Mainz, der dort »durch persönliche Initiative« (W.Hartmann) alsbald eine rege Synodaltätigkeit mit dem Höhepunkt einer Versammlung fast des gesamten ostfränkischen Episkopats im Oktober 852 entfaltete. An seinen Außengrenzen hatte Ludwigs Teilreich 845 den verheerenden dänischen Überfall auf Hamburg hinzunehmen, der eine Verlegung des erzbischöflichen Sitzes nach Bremen erforderlich machte, doch gelang es noch im selben Herbst in Paderborn, durch einen Friedensschluß mit den Dänen die akute Gefahr für geraume Zeit von Sachsen abzuwenden. Gegenüber den Slaven jenseits von Elbe und Saale hielt der ostfränkische König an der Praxis der Vorgänger fest, durch wiederholte einschüchternde Vorstöße dem Status quo Respekt zu verschaffen. Mehr politische (und missionarische) Bewegung herrschte im südöstlichen Vorfeld Bayerns, wo sich seit 822 der Aufstieg des Mährerreiches abspielte und vor 833 ein fränkischer Grenzkommandant (Präfekt) Radbod mit Aktionsfeld bis zum Plattensee eingesetzt worden war. Einen aufsehenerregenden Erfolg bedeutete es, daß aus dem von Mähren bedrängten Böhmen 845 vierzehn Anführer *(duces)* in Regensburg erschienen, um sich mit ihren Leuten taufen zu lassen. Ludwig faßte daraufhin Mut, 846 mit Heeresmacht nach Mähren einzudringen und dort den Fürsten Mojmir durch dessen (vermutlich christlichen) Verwandten Rastislav zu ersetzen. Weitere Feldzüge nach Böhmen bis gegen 850, bei denen erstmals auch Ludwigs zweiter Sohn, Ludwig der Jüngere, hervortrat, sollten anscheinend eine mit Karantanien vergleichbare bayerische Suprematie über diesen Teil der Slavenwelt absichern.

Die sichtliche Erfolgsbilanz der ostfränkischen Karolinger im ersten Jahrzehnt nach Verdun verfehlte nicht ihren Eindruck auf unzufriedene Kreise in anderen Teilreichen und trug so indirekt zu der ersten schweren Erschütterung der vertraglichen Ordnung bei, die von Aquitanien ausging. Dort hatte man sich auch nach Pippins Gefangennahme (852) keineswegs überall mit der Herrschaft Karls des Kahlen abgefunden, zumal der westfränkische König 853 durch die Hinrichtung des Grafen Gauzbert von Maine, eines Rorgoniden, neuen Unmut weckte. Das Bedürfnis nach Gegenwehr brach sich nicht einfach in einer Adelsrevolte Bahn, sondern spitzte sich auf den Versuch zu, den als ungerecht empfundenen Herrscher, der seinen göttlichen Auftrag verfehlt zu haben schien, durch einen anderen Karolinger zu ersetzen, der ein besseres Regiment zu führen versprach. Das Thronrecht des Gesamthauses blieb also unbestritten, doch sollte die interne Machtverteilung verändert werden, so wie schon während der Bruderkriege ab 830 das politisch-militärische Gewicht der rivalisierenden Könige wesentlich von den Optionen der jeweiligen Großen bestimmt worden war. Bei ihrer »Einladung« konnten die Aquitanier nicht auf Lothar I., den einstigen Verbündeten Pippins II., rechnen, denn der Kaiser war längst zum Verteidiger der Teilungsordnung von 843 geworden und eben im Herbst 852 noch gemeinsam mit Karl gegen die Normannen an der unteren Seine gezogen (ohne größeren Erfolg); vielmehr wandten sie sich an Ludwig den Deutschen mit der Bitte, entweder selbst oder durch einen seiner Söhne die Regierung in ihrem aquitanischen Regnum zu übernehmen. Der König konnte der Verlockung zum Eingreifen nicht widerstehen, ordnete aber, selber durch neue Verwicklungen an der mährischen Grenze gebunden, den knapp zwanzigjährigen Ludwig den Jüngeren ab, der Anfang 854 mit bewaffneter Macht bis in die Gegend von Limoges vorstieß. Karl der Kahle wich einer direkten Konfrontation aus, rief die Vermittlung Kaiser Lothars an und beklagte sich beim Papst über den flagranten Bruch der Friedenseide; entscheidend wurde schließlich, daß Pippin II., vielleicht mit Karls stillschweigender Duldung, aus seiner Haft in Soissons entkam und nach Aquitanien eilte, wo er den stärkeren Anhang als Ludwig mobilisierte und den ostfränkischen Vetter im Herbst 854 zum eiligen Rückzug nötigen konnte.

Auf die mit knapper Not überstandene Krise reagierte Karl der Kahle in ganz dynastischer Weise: Da er sich auch weiterhin mit Pippins Sonderherrschaft nicht abfinden mochte, suchte er die eigene Familie gerade in den gefährdeten Zonen seines Reichsteils verstärkt sichtbar zu machen. Den etwa 8jährigen Sohn Karl das Kind bestimmte er im Oktober 855 den Aquitaniern »auf ihren Wunsch«, wie es heißt, zum König und ließ ihn in Limoges salben und krönen, um Pippin den Boden zu entziehen, während er für seinen Ältesten, den mit einem Sprachfehler behafteten Ludwig den Stammler, 856 ein Verlöbnis mit einer Tochter des Bretonenführers Erispoe verabredete und den 10jährigen mit einem Unterkönigtum im angrenzenden Neustrien ausstattete. Offenbar gedachte Karl auf diese beiden überhaupt sein monarchisches Erbe zu beschränken, denn zu 854 wird auch überliefert, daß sein dritter Sohn Karlmann die geistliche Tonsur erhielt, also entgegen aller Familientradition trotz legitimer Abkunft von der Aussicht auf Machtbeteiligung ausgeschlossen werden sollte. Der Grund kann eigentlich nur in der Sorge vor einer Zersplitterung Westfrankens durch allzu viele konkurrierende Thronanwärter gesehen werden, anders als im Falle des jüngsten Königssohns Lothar, der wegen angeborener Gebrechen von vornherein als herrschaftsunfähig gegolten hatte und in jungen Jahren ins Kloster gegeben wurde.

Die stabilisierende Wirkung, die sich Karl der Kahle von dieser zeitigen »Hausordnung« versprach, sollte ihm gewiß den Rücken freihalten angesichts der politischen Unwägbarkeiten, die sich 855 aus dem absehbaren Ende Lothars I. ergaben. Der 60jährige Kaiser erkrankte zu Anfang des Jahres schwer, überwies seinem Sohn Lothar II. die Hoheit über Friesland und teilte schließlich, als er im September den Tod vor Augen hatte, in völliger Abkehr von den einst verfochtenen universalen Zielen das ihm zugefallene Mittelreich unter den drei Söhnen auf. Für Ludwig II., den Kaiser, blieb es bei Italien; Karl, der jüngste, erhielt ein Regnum in den Rhônelanden mit dem Schwerpunkt in der Provence, während Lothar II. die nördlichen Gebiete von den Westalpen bis zur Nordsee empfing. Sich selbst ließ der alte Kaiser in das Kloster Prüm aufnehmen, wo er nach wenigen Tagen als Mönch am 29.9.855 starb. Sein Vermächtnis war nicht unumstritten, denn Kaiser Ludwig II. erstrebte einen Gebietsanteil nördlich der Alpen, und auch Lothar II. wollte dem minderjährigen, an

Epilepsie leidenden Bruder Karl kein gesondertes Teilreich einräumen. Lothar suchte und fand Unterstützung bei Ludwig dem Deutschen, in dessen Pfalz Frankfurt er im Oktober 855 von seinen Großen zum König akklamiert wurde. Im Innern stützte er sich auf Erzbischof Gunthar von Köln, den er als Erzkapellan auf den kurz nach Lothar I. verstorbenen Drogo von Metz folgen ließ. Offenbar der Festigung seiner Position nach Süden hin diente der folgenschwere Entschluß des jungen Königs, anstelle seiner bestehenden Friedelehe mit Waldrada (wohl aus moselländischem Adel) eine rechtsförmliche Muntehe mit Theutberga, der Schwester des Abtes Hukbert von Saint-Maurice d'Agaune aus dem Hause der Bosoniden und wichtigsten Machthabers zwischen Jura und Alpen, einzugehen. Immerhin gelang es, Ludwig II. vom Ausgreifen über Italien hinaus abzuhalten, aber auch Lothar II. mußte dem Drängen der provenzalischen Magnaten nachgeben, die mit Karl als nominellem König unter sich bleiben wollten und von Graf Gerhard von Vienne angeführt wurden, einem Schwager von Lothars I. Gemahlin Irmingard und einstigem, vor Karl dem Kahlen gewichenen Grafen von Paris. Auf einem Treffen in Orbe (bei Lausanne), inmitten von Hukberts Gebiet, bekräftigten die drei königlichen Brüder im Herbst 856 die vom Vater gezogenen Grenzen.

Was als »Samtherrschaft« des karolingischen Hauses gedacht war, bot sich damit für die nächste Zeit als ein Nebeneinander von fünf Teilreichen dar, die sich nach Größe und innerer Kohärenz deutlich unterschieden. Das Kaisertum war von Aachen, ja der gesamten Francia gelöst, weshalb nördlich der Alpen um so mehr der Gegensatz zwischen den beiden Karlsenkeln im Westen und im Osten dominierte, die sich wechselseitig am Eingreifen in die Händel ihrer jungen Neffen im Mittelreich gehindert hatten. Gegenüber Ludwig dem Deutschen, der 856 Karl, den aus westfränkischer Haft entkommenen jüngeren Bruder Pippins von Aquitanien, als Erzbischof in Mainz installierte († 863), blieb Karl der Kahle weiter im Nachteil. Weder vermochte er gegen Pippin viel Boden gutzumachen noch gar der Normannen Herr zu werden, die ihre Plünderungen von Städten und Klöstern ungehemmt fortsetzten und durch die Einrichtung fester Stützpunkte in den Mündungsgebieten von Seine, Loire und Gironde geradezu systematisierten. Obendrein mußte Karl 857 erleben, daß Erispoe ermordet wurde und der neue Bretonenherrscher Salomon sogleich Ludwig den Stammler aus seinem angrenzenden Unterkönigtum um Le Mans verjagte. Verärgerte, zum Widerstand entschlossene Große namentlich aus Aquitanien und Neustrien hatten schon 856 eine Intervention Ludwigs des Deutschen erbeten, der jedoch abwinkte. Karl der Kahle suchte sich 857 durch ein Bündnis mit Lothar II. zu sichern, was Ludwig zu einem Treffen mit seinem kaiserlichen Neffen in Trient veranlaßte. Als ihm 858 erneut eine westfränkische Adelsgruppe um Robert den Tapferen, den Grafen von Anjou und Touraine aus dem ursprünglich rheinfränkischen Hause der Robertiner, und den Erzbischof Wenilo von Sens die Herrschaft anbot, hielt er sich nicht länger zurück und gedachte seine Stellung als ältester und mächtigster Teilkönig des Hauses in eine fühlbare Suprematie über das karolingische Gesamtreich umzumünzen. Während Karl der Kahle nach der Verschleppung seines Erzkanzlers, des Karlsenkels Ludwig von Saint-Denis, durch die Normannen zusammen mit Lothar II. die Feinde auf der Seine-Insel Oscellus belagerte, drang Ludwig im Herbst 858 von Worms aus bis in die Gegend von Orléans vor und traf am 12.11. bei Brienne an der Aube auf Karl, der jedoch wegen seines täglich schwindenden Anhangs dem Kampf auswich und nach Burgund floh. Ludwig richtete sich in der Pfalz Attigny ein, wo er Lothar II. empfing, urkundete in westfränkischen Belangen und glaubte sich am Ziel seiner kühnsten Wünsche.

In diesem Moment setzte die im französischen Geschichtsbewußtsein berühmt gewordene Gegenbewegung zugunsten Karls ein, freilich nicht aus einer nationalen oder sprachlichen Aversion gegen den ostfränkischen Eindringling, sondern, historisch nicht minder bemerkenswert, aus verletztem Rechtsempfinden über die Mißachtung der beeideten Verträge und eines gesalbten Königs, letztlich aus dem Bedürfnis nach Wahrung der Reichsteilung, die inzwischen als dauerhafte Friedensordnung erschien. Es kennzeichnet den geschichtlichen Wandel, daß der Umschwung von Männern der einst eher universalistisch eingestellten Kirche ausging, die sich unter Führung des Erzbischofs Hinkmar von Reims einer von Ludwig anberaumten Synode, womöglich zu dessen Krönung, verweigerten. Ihr Beispiel förderte bald auch bei vielen weltlichen Großen ein Verhalten, das Ludwigs Herrschaftsanspruch ins Leere gehen ließ. Nachdem er noch das Weihnachtsfest in Saint-Quentin begangen hatte, sah er sich am 15. 1. 859 zum Rückzug vor dem herannahenden Karl gezwungen und überließ ihm kampflos das Feld. Die förmliche Wiederherstellung des Friedens erforderte mehr als Jahresfrist und lag vornehmlich in Händen des Episkopats sowie König Lothars II., der sich vorab mit Karl dem Kahlen aussöhnte und dann Mitte 859 als Vermittler und Gastgeber zunächst einer Zusammenkunft mit ihm und Karl von der Provence samt den jeweiligen Bischöfen in Savonnières (bei Toul), schließlich einer direkten Begegnung Karls des Kahlen mit Ludwig dem Deutschen auf einer Rheininsel bei Andernach auftrat. Am schwersten fiel die Einbeziehung der westfränkischen Großen in die Einigung, denn Ludwig beharrte auf einer Amnestie für seine Parteigänger, wozu sich Karl nur sehr zögernd bereitfand. Erst daraufhin wurde es möglich, Anfang Juni 860 in Koblenz den Konflikt endgültig beizulegen und, wenn schon nicht die Brüderlichkeit, so doch den Respekt vor den vereinbarten Grenzen gegenseitig auf Romanisch und Fränkisch zu beschwören.

Der Friede von Koblenz leitete ein Jahrzehnt ein, das tatsächlich keine neuen Feldzüge karolingischer Herrscher gegeneinander mit sich brachte, dafür aber innerhalb der verschiedenen Linien des Hauses schwere Auseinandersetzungen, die für den Bestand der Teilreiche entscheidend wurden. Im Vordergrund stand bald der Streit um die Ehen Lothars II., aber auch die wiederholten Zwistigkeiten Ludwigs und Karls mit ihren Söhnen verdienen Beachtung, weil sie zeigen, daß eine Mehrzahl männlicher Nachkommen ebenso wie deren Ausbleiben eine politische Gegebenheit ersten Ranges sein konnte, die nicht nur das Handeln der Seitenverwandten bestimmte, sondern auch den Ambitionen des Adels immer neue Entfaltung bot. Der 860 abermals bekräftigte Vertrag von Verdun hatte eben nur das 843 bestehende Kräfteverhältnis durch Dritteilung des Großreiches fixiert, alle dynastischen Eventualitäten der Zukunft jedoch dem Durchsetzungsvermögen der Beteiligten überlassen.

Bei Ludwig dem Deutschen werden erste Dispositionen über die herangewachsenen Söhne in der zweiten Hälfte der 850er Jahre erkennbar, kurz nachdem Karl der Kahle im Westen analoge Entschlüsse getroffen hatte. Karlmann, den Ältesten, setzte er nach dem Sturz des langjährigen Präfekten Radbod (854), dem vorgeworfen wurde, mit den weiter erstarkenden Mährern zu paktieren, 856 als Befehlshaber des bayerischen

Ostlandes an der Donau ein. Ludwig der Jüngere tritt nach dem Scheitern seines aquitanischen Abenteuers 858 und 862 durch Feldzüge gegen die Abodriten in besonderer Verantwortung für den sächsischen Norden des Ostfrankenreiches hervor, und Karl III., der Jüngste, wurde etwa 859 nach Alemannien entsandt, wo er als *princeps* oder *rector* vom Breisgau aus eine gewisse Aufsicht führte und sich 861/62 mit Richgard, der Tochter des elsässischen Grafen Erchanger, vermählte. Auch Karlmann, der bereits aus früherer Friedelehe mit einer gewissen Liutswind einen Sohn Arnolf, den späteren Kaiser, hatte, erhielt eine vollgültige Gattin aus seinem Machtbereich, nämlich eine namentlich unbekannte Tochter des führenden bayerischen Grafen Ernst, mit dem er in den nächsten Jahren bei dem Versuch eng zusammenwirkte, sich eine größere und selbständige Herrschaft zu verschaffen. 858 schloß Karlmann eigenmächtig Frieden mit dem von den Ostfranken seit Jahren bekämpften Rastislav von Mähren und ging dazu über, die Gefolgsleute des Vaters aus dem Raum östlich des Inns zu vertreiben. Ludwig der Deutsche, zunächst durch die Folgen seines westfränkischen Feldzugs abgelenkt, reagierte 861 damit, daß er Graf Ernst auf einem Hoftag in Regensburg absetzte und seiner Lehen enthob (was dessen Verwandte bezeichnenderweise veranlaßte, zu Karl dem Kahlen zu »emigrieren«). Mit Karlmann versöhnte er sich zeitweilig, zog dann aber 863 doch gegen ihn zu Felde und nahm ihn für mehr als ein Jahr in Haft, um inzwischen mit bulgarischer Unterstützung erneut Mähren heimzusuchen. Eine Beruhigung trat erst ein, als sich Ludwig 865 zur förmlichen Ankündigung einer Reichsteilung nach seinem Tode verstand, derzufolge Karlmann Bayern und die angrenzenden Marken, Ludwig der Jüngere Thüringen, »Franken« und Sachsen samt den slavischen Tributen, Karl III. Alemannien und Churrätien erhalten sollten. Ähnlich wie Karl der Kahle stiftete er übrigens für seine mindestens vier Töchter keinerlei Ehen mit fränkischen Großen; sie treten vielmehr seit Mitte der 850er Jahre nach und nach als Vorsteherinnen bayerischer und schwäbischer Frauenklöster in Erscheinung.

Anders als die Vettern im Westen blieben die drei ostfränkischen Prinzen zu Lebzeiten des Vaters ohne Königstitel und wurden nur gelegentlich durch Mitunterfertigung an den Urkunden Ludwigs in Angelegenheiten ihrer künftigen Erblande beteiligt. Karlmann allerdings scheint nach 865 durchgesetzt zu haben, daß er das bayerische Ostland »wie ein König«

(H. Wolfram) und nun in Frontstellung gegen Mähren innehatte, was sehr bald die Eifersucht der jüngeren Brüder hervorrief. Ludwig der Jüngere, der 865 vom Vater zur Auflösung seines Verlöbnisses mit einer Tochter des bei Karl dem Kahlen gerade in Ungnade stehenden mehrfachen (Laien-)Abtes und einstigen Seneschalks Adalhard gezwungen worden war, erhob sich 866 »aus Unwillen darüber, daß der König ihm bestimmte Lehen wegnahm und dem Bruder Karlmann gab« (wie der Fuldaer Annalist meint), warb um die Hilfe abgesetzter Grafen und ein Bündnis mit dem Mährer Rastislav, konnte aber nach einigen Monaten beschwichtigt werden und kehrte zu seinen militärischen Aufgaben an der Grenze der Abodriten und Sorben zurück. Auch bei neuen Aufständen, zu denen er sich 871 und 873 mit Karl verband, lassen die Quellen durchblicken, daß eine tatsächliche oder befürchtete Bevorzugung Karlmanns bis hin zur völligen Übergehung ihres Erbrechts, also Erwägungen über eine ostfränkische »Individualsukzession« Karlmanns (M. Borgolte), die Triebfeder bildeten; dagegen vermochte offenbar auch eine öffentliche Bestätigung des Teilungsplans, wie sie Ludwig der Deutsche 872 in Forchheim vornahm, nur wenig auszurichten. Ein gewisses Ungleichgewicht unter den Brüdern war wohl schon dadurch bedingt, daß Karlmann die Hauptlast des (insgesamt wenig glücklichen) Kampfes gegen die Mährer trug, bei denen sich seit 863 das östliche Christentum durch die Slavenapostel Kyrillos († 869) und Methodios im Widerstreit zur bayerischen Mission ausbreitete. Eine jähe Wendung trat 870 ein, als Rastislav von seinem Neffen Swatopluk gestürzt und an Ludwig den Deutschen ausgeliefert wurde, der ihn blenden ließ, während der gerade erst in Rom approbierte Erzbischof Methodios dem Zorn des ostfränkischen Episkopats und mehrjähriger Klosterhaft anheimfiel. Der neue Mährerfürst Swatopluk trat zu Karlmann bald sogar in eine familiäre Beziehung, indem er den illegitimen Sprößling von dessen Friedelsohn Arnolf aus der Taufe hob und so zu dem exotisch klingenden Namen Zwentibold gelangen ließ. Doch hielt die unverhoffte Eintracht nicht lange vor, da Karlmann und die Seinen in Mähren zu offener Unterwerfung schritten. Nach sehr verlustreichen Kämpfen 871 und 872 mußten sich Ludwig der Deutsche und sein Sohn 874 zu einem Friedensschluß in Forchheim herbeilassen, der Swatopluk faktische Selbständigkeit einschließlich kirchlicher Handlungsfreiheit einräumte.

Auf Seiten Karls des Kahlen stehen nach der schweren Krise von 858/59 politisch-militärische Erfolge nach außen heftigen Verwicklungen in seinem familiären und aristokratischen Umfeld gegenüber. Des aquitanischen Dauerproblems wurde er nun endlich ledig, da Pippin II. ohne die Aussicht auf Unterstützung durch andere Karolinger mehr und mehr an Boden verlor und zuletzt nur noch mit den Normannen im Bunde das Land unsicher machte, bis er 864 aufgegriffen wurde und in Klosterhaft in Senlis verschwand. Gegen die Bretonen unter dem *dux* Salomon, denen sich rorgonidische Grafen und selbst der Königssohn Ludwig der Stammler, zuvor neustrischer Unterkönig, zugewandt hatten, half die Aussöhnung Karls mit Graf Robert dem Tapferen (861), dessen Schlagkraft zumindest mittelbar einen erträglichen Friedensschluß in Entrammes bei Le Mans (863) herbeiführte. Als Befehlshaber im Raum zwischen Seine und Loire war Robert auch sehr wirksam in der Normannenabwehr, die der König jetzt durch vermehrten Befestigungsbau und dank gesteigerter Abgaben der Untertanen soweit zu intensivieren verstand, daß den Feinden das Vordringen merklich erschwert wurde. Roberts Tod im Gefecht bei Brissarthe im Anjou (866) begründete wesentlich den Ruhm seines Geschlechts, der späteren Kapetinger, gehört im Grunde aber bereits in eine Phase nachlassender normannischer Aggressivität, die sich für ein Jahrzehnt wieder stärker gegen England kehrte. Da Roberts Söhne, die nachmaligen Könige Odo und Robert, noch minderjährig waren, traten zunächst wieder Repräsentanten anderer großer Familien in den Vordergrund: der Welfe Hugo (»der Abt«, als Inhaber von Saint-Germain in Auxerre), über Kaiserin Judith ein Vetter des Königs, im Besitz der Befehlsgewalt in Neustrien und 867 der Rorgonide Gauzlin als Nachfolger Ludwigs von Saint-Denis in der Würde des Erzkanzlers.

Gleichzeitig verdüsterte sich jedoch die dynastische Zukunft des Westreiches. Beide königlichen Söhne Karls des Kahlen, so berichtet Erzbischof Hinkmar in seiner 861 aufgenommenen Fortsetzung der Reichsannalen, wählten 862 eine Gattin gegen den Willen des Vaters, ließen sich also für Adelsgruppen gewinnen, deren Bevorzugung nicht den aktuellen Zielen des Hofes entsprach. Karl das Kind, der kaum 15jährige König Aquitaniens, verband sich mit der Witwe des Grafen Humbert (von Bourges?), was der Vater als Rebellion betrachtete und 863 mit dem Einmarsch in Aquitanien, mit der Absetzung des

Sohnes und dessen Inhaftierung in Compiègne ahndete. Ludwig der Stammler ehelichte währenddessen unter dem Einfluß der aufständischen Rorgoniden Ansgard, die Tochter des Grafen Harduin, wurde aber von Robert dem Tapferen bezwungen und von Karl dem Kahlen in die Grafschaft Meaux eingewiesen, doch hatte er zuvor auch noch eine wesentliche Rolle dabei gespielt, daß sich seine Schwester Judith, die bereits zwei kurze Ehen mit angelsächsischen Königen hinter sich hatte, durch den Grafen Balduin I. von Flandern entführen ließ, womit sich der Vater nur höchst widerwillig abfand. Als Karl 865 einen neuen Versuch mit seinem gleichnamigen Sohn als König von Aquitanien machte, litt dieser bereits schwer an den Folgen eines Jagdunfalls, denen er 866 erlag. Daß schon 865 auch der seit Geburt schwächliche Sohn Lothar, zuletzt nomineller Abt von Saint-Germain in Auxerre, und anscheinend um dieselbe Zeit Zwillingssöhne im Kindesalter verstorben waren, mag den besorgten Karl bewogen haben, seiner etwa 36jährigen Gattin Irmintrud 866 in Soissons eine feierliche Salbung und Krönung durch die Bischöfe mit Gebetsbitte um weitere Nachkommenschaft zuteil werden zu lassen, doch hinderte ihn dies keineswegs, kurz darauf deren Bruder als Aufrührer mit dem Tode zu bestrafen. Als Erbe geblieben war ihm allein der zuvor wenig bewährte Ludwig der Stammler, dem er 867 das vakante aquitanische Regnum anvertraute und dessen Gemahlin Ansgard zwischen 863 und 866 die Enkel Ludwig (III.) und Karlmann zur Welt brachte. Sein Vorrang scheint ab 870 den früh ins Kloster gegebenen und inzwischen mit mehreren Abteien ausgestatteten Königssohn Karlmann zum Aufstand getrieben zu haben, der jedoch trotz einiger hochmögender Mitverschworener Karl kaum ernstlich gefährden konnte und 873 mit Karlmanns Bestrafung durch Blendung sein düsteres Ende fand († 876).

Es verdient im Auge behalten zu werden, daß weder Ludwig der Deutsche noch Karl der Kahle über einen gefestigten oder gar harmonischen familiären Rückhalt verfügten, als sie während der 860er Jahre mit steigender Aufmerksamkeit die Vorgänge im Mittelreich nördlich der Alpen, dem *regnum Lotharii* (Lotharingien), verfolgten. Dessen König zeigte sich bereits 857 seiner von den politischen Umständen diktierten Ehe mit Theutberga überdrüssig und strebte nach Legalisierung der älteren Verbindung mit Waldrada, von der er mit der Zeit wenigstens vier Kinder, darunter wohl damals schon einen Sohn namens Hugo, hatte. Theutbergas Verstoßung unter der Beschuldigung der Unzucht mit ihrem Bruder Hukbert von Saint-Maurice bedeutete zugleich den Bruch Lothars mit diesem wichtigen Gebieter im Alpenraum, gegen den er 858 erfolglos zu Felde zog. Der Gegenden jenseits des Jura entledigte er sich daraufhin 859 überhaupt, indem er sie Ludwig II. abtrat, ebenso wie er dem anderen Bruder Karl von der Provence gegen die Einsetzung zum Erben territoriale Zugeständnisse im Süden machte; auch seine rege Vermittlungspolitik im Streit Ludwigs des Deutschen mit Karl dem Kahlen 859/60 erscheint von dem Wunsch bestimmt, sich nach keiner Seite äußere Feinde zu schaffen. Innerhalb Lotharingiens setzte er nämlich, nachdem ein von den Großen verlangtes Gottesurteil 858 zugunsten der angeschuldigten Königin ausgefallen war, Anfang 860 zu einem neuen Scheidungsverfahren auf zwei Aachener Synoden an, die er unter der Führung der Erzbischöfe Gunthar von Köln und Thietgaud von Trier dazu brachte, Theutberga auf Grund eines Geständnisses ins Kloster zu verweisen. Hauptsächlich gegen diese Verfahrensweise richtete sich bald das von zweifelnden Beobachtern erbetene ausführliche Rechtsgutachten Hinkmars von Reims (De divortio Lotharii), und als Theutberga noch vor Jahresende nach Westfranken floh, um dort ihr Schuldbekenntnis zu widerrufen und an den energischen Papst Nikolaus I. (858–867) zu appellieren, war nicht mehr zu übersehen, daß Lothars Eheaffäre gesamtfränkische Dimensionen angenommen hatte. Kaum zufällig eben in diesen Monaten suchte Kaiser Ludwig II. seine seit Jahren bestehende Ehe mit Angilberga durch eine urkundlich verbürgte Ausstattung der Gattin rechtlich unanfechtbar zu machen.

Lothar II. nahm den Bruch mit Karl dem Kahlen in Kauf, verbündete sich mit Ludwig dem Deutschen, dem er das Elsaß versprach, und war mit ihm zusammen stark genug, um den westfränkischen Oheim Ende 861 durch diplomatische Intervention vom beabsichtigten Griff nach dem Reich des provenzalischen Karl abzuhalten. Auf einer dritten Aachener Synode erreichte Lothar 862, daß seine Ehe mit Theutberga annulliert und ihm eine neue Heirat gestattet wurde. Auch die Aussicht auf eine vom Papst und Karl dem Kahlen verlangte Neuberatung in größerem synodalen Rahmen, die er bei einer Begegnung mit Karl und Ludwig dem Deutschen in Savonnières akzeptieren mußte, konnte ihn nicht darin beirren, Ende 862

Waldrada in aller Form zur gekrönten Königin zu erheben. Um das Einvernehmen mit seinem kaiserlichen Bruder Ludwig II. zu wahren, willigte er nach dem frühen Tode Karls von der Provence (24.1.863) rasch in eine Teilung der Rhôneländer ein, die zwar nicht den gerade noch gegebenen Erbzusagen entsprach, ihm aber immerhin Lyon und Vienne einbrachte und Karl den Kahlen ausschloß. Gelassen empfing Lothar mit seinen Bischöfen im Juni 863 die päpstlichen Abgesandten, die sich auf einer Synode in Metz, angeblich durch Bestechung, von der neuen Argumentation überzeugen ließen, Waldrada sei von Anfang an rechtsgültig mit Lothar vermählt gewesen und Theutbergas Ehe daher nichtig. Gunthar und Thietgaud machten sich persönlich nach Rom auf und trauten sich zu, dort eine Bestätigung dieser Rechtsauffassung erlangen zu können.

Die schroffe Zurückweisung durch Nikolaus I., der im Oktober 863 nicht nur die Metzer Beschlüsse verwarf, sondern in bis dahin ungekannter Konkretisierung seines Jurisdiktionsprimats auch die beiden Erzbischöfe exkommunizierte und absetzte, bezeichnet den Wendepunkt des ganzen Dramas, denn sie machte erstmals – und je länger, desto stärker – die Erwartung realistisch, daß Lothar mit seinem Verlangen scheitern und angesichts von Theutbergas Kinderlosigkeit sein Reich ohne legitimen Erben lassen könnte. Der König wagte es im Unterschied zu den empörten Erzbischöfen nicht, sich dem römischen Spruch offen zu widersetzen, suchte aber die Angelegenheit möglichst weiter in der Schwebe zu halten. Er ließ die von Gunthar bekleidete Würde des Erzkapellans fortan unbesetzt, hintertrieb 864, noch gemeinsam mit den anderen Königen, die fränkische Beteiligung an einer von Nikolaus angekündigten großen Synode in Rom und intensivierte seine Beziehungen zu Ludwig II. jenseits der Alpen, der gleich Anfang 864 von Benevent aus einen drohenden Zug vor die Ewige Stadt unternommen hatte. Auf die Dauer jedoch ließ sich der Kaiser nicht zugunsten des Bruders von seinen Zielen in Unteritalien ablenken, wo er gerade 866 die Bekämpfung der Araber auf breiter Front wiederaufnahm, während Lothar II. schon Anfang 865 erleben mußte, daß sich seine bislang verfeindeten Oheime Ludwig und Karl in Tusey bei Toul über ein Bündnis verständigten und ihn von seinem eigenen lotharingischen Boden aus aufforderten, sich dem kirchlichen Eherecht zu beugen. Nikolaus I. jedenfalls sah alsbald Anlaß, die beiden brieflich zu mahnen, sie möchten »mit ihren von Gott verliehenen Erbteilen zufrieden sein und fremde Rechte nicht beeinträchtigen«. Der päpstliche Legat, der dies überbrachte, konnte durchsetzen, daß Lothar im Sommer 865 Theutberga wieder aufnahm und sich von Waldrada trennte, – freilich nicht für lange, denn bereits 866 gewährte er der ungeliebten Gattin eine ansehnliche Abfindung und brachte sie dazu, ihrerseits den Papst um Auflösung der Ehe zu ersuchen, was bei diesem jedoch nicht verfing. Während Waldradas Sohn Hugo 867 ganz wie ein legitimer Thronerbe mit einer Unterherrschaft über das Elsaß ausgestattet wurde, besprachen sich Ludwig und Karl in Metz offen über eine eventuelle Aufteilung der Reiche ihrer Neffen, außer dem lotharischen also auch dem des söhnelosen Ludwig II. Noch einmal schien sich eine Wende abzuzeichnen, als auf Papst Nikolaus der versöhnlichere Hadrian II. (867–872) folgte, der zwar weiterhin Theutbergas Scheidungswunsch zurückwies, aber doch Waldrada vom Bann löste und sich bereit fand, Lothar persönlich zu empfangen. Die Begegnung kam im Juli 869 in Montecassino und Rom zustande, führte aber zu nicht mehr als der Zusage einer neuen Untersuchung und einer neuen Synode. Da Lothar auf der Rückreise am 8.8.869 in Piacenza starb, ist es bei dieser ungewissen Lage geblieben, die Hugo und seinen Schwestern das Stigma der Illegitimität beließ und den Weg zu anerkannter Herrschaft verlegte.

Ohne einen unanfechtbaren Leibeserben Lothars II. konnte im Rahmen der karolingischen Samtherrschaft nach seinem Tode nur das »Anwachsungsrecht« anderwärts regierender Mitglieder des Hauses Platz greifen. Erster Anwärter wäre, wie auch der Papst betonte, Ludwig II. gewesen, der damit das Mittelreich seines Vaters Lothar I. wiedervereint hätte, doch der »Kaiser Italiens«, wie ihn Hinkmar gern einschränkend nannte, war in langwierige, erst 871 siegreich beendete Kämpfe mit den Sarazenen vor Bari verstrickt und machte keine Anstalten, des toten Bruders wegen über die Alpen zu kommen. Da Ludwig der Deutsche in den entscheidenden Wochen krank in Regensburg darniederlag, war die Bahn frei für Karl den Kahlen, der durch rasches Vorgehen im Wechselspiel mit seinem Anhang im Lande allen konkurrierenden Bestrebungen zuvorkam. Seine Königskrönung in Metz, bereits am 9.9.869 feierlich nach einem von Erzbischof Hinkmar entworfenen Ritus vollzogen, bezeugt ebenso wie der anschließende Zug nach Aachen und die Einsetzung neuer Erzbischöfe in Trier und Köln Karls Entschlossenheit, entgegen früheren Teilungsabreden vom ganzen *regnum Lotharii* Besitz zu ergreifen und sich damit ein klares gesamtfränkisches Übergewicht zu sichern. Im Vollgefühl des Erfolges feierte er Anfang 870 in Aachen die Hochzeit mit seiner zweiten Gattin Richilde, einer Nichte Theutbergas und Hukberts, die an die Stelle der 869 gestorbenen Irmintrud trat und deren Bruder Boso von nun an bei Karl eine wesentliche Rolle spielen sollte. Allerdings ließ sich der auf Anhieb erzielte Gebietszuwachs nicht völlig halten, als der ostfränkische Ludwig nach seiner Genesung die eigenen Ansprüche anmeldete und dafür ebenfalls Anklang unter den lotharingischen Großen fand. Eine Teilung wurde doch noch unumgänglich und nach einer grundsätzlichen Einigung im März in allen Einzelheiten im Vertrag von Meerssen vom August 870 vereinbart. Danach erhielt Ludwig die Gebiete östlich von Maas, oberer Mosel und Saône, mithin auch Metz und Aachen, verzichtete aber auf die Gegenden um Lyon und Vienne, die Lothar II. erst 863 als Erbe Karls von der Provence gewonnen hatte. Dort schritt Karl der Kahle sogleich mit Waffengewalt gegen Graf Gerhard von Vienne, seinen alten Feind, ein und ersetzte ihn durch seinen neuen Schwager Boso, während im nördlich angrenzenden Raum zwischen Jura und Alpen, der unverändert zum Reich Ludwigs II. gehörte, schon seit längerem der Welfe Konrad, wie sein Bruder Hugo der Abt ein Vetter Karls des Kahlen, dominierte, nachdem er 864 Hukbert bezwungen und getötet hatte. Zum Ersatz für das entgangene Aachen baute Karl in den folgenden Jahren die Pfalz Compiègne aus und verband mit ihr ein Stift, das 877 eingeweiht wurde.

27 Jahre nach dem Vertrag von Verdun war man also abermals bei drei fränkischen Teilreichen angelangt, freilich in deutlich anderem Zuschnitt als vordem. Nur noch zwei von ihnen erstreckten sich auf den Mutterboden der alten Francia und hielten sich, wie eben die Konfrontation von 869/70 gezeigt hatte, mittlerweile in etwa die Waage, nachdem Karl der Kahle seine anfängliche Schwäche im Vergleich zu Ludwig dem Deutschen mit Glück und Geschick ausgeglichen hatte und zuletzt gar der aktivere geworden war. Für die allmähliche Verfestigung des Westreiches und des Ostreiches in Richtung auf ihre französische bzw. deutsche Zukunft hatte das Erlöschen der lotharingischen Eigenständigkeit nicht geringe Be-

deutung. Daneben bestand - getrennt durch die Rhônelande und die Westalpen, deren historischer »Sonderweg« sich bereits abzuzeichnen begann - das karolingische Italien, das in den Jahrzehnten Ludwigs II. den Status des Unterkönigreiches abstreifte und im Zusammenwirken dieses Kaisers mit den regionalen Führungskräften von meist fränkischer Herkunft eine spürbare Konsolidierung bis tief in den Süden hinein erlebte, 871 gipfelnd in der mit byzantinischer Flottenhilfe möglich gewordenen Einnahme von Bari als dem Zentrum der Sarazenenmacht auf der Halbinsel. Auch wenn das Bündnis mit den Griechen nicht lange hielt, weshalb die 869 verabredete Vermählung von Ludwigs Tochter Irmingard mit dem östlichen Kaisersohn Konstantin nie zustande kam, und auch wenn Ludwig bald nach dem Triumph von Bari sogar in zeitweilige Gefangenschaft des Herzogs Adelchis von Benevent geriet, die 872 durch eine erneute Kaiserkrönung in Rom kompensiert werden sollte, zeichnet sich doch in seiner Gesamtpolitik die Perspektive einer neuen lateinischen Mittelmeermacht etwa in der Tradition des verschwundenen Langobardenreiches ab. Wenn daraus nichts geworden ist, so lag das vor allem anderen daran, daß Ludwig und Angilberga lediglich zwei Töchter (darunter eine früh verstorbene) hatten und keine Dynastie im Mannesstamm bilden konnten, während Karl dem Kahlen trotz mancher Unglücke doch ein Sohn und Ludwig dem Deutschen deren drei verbleiben sollten. Allein aus diesem Grunde wurde das italische Regnum schon im Laufe der 860er Jahre ebenso wie dasjenige Lothars II. zum Objekt der Begehrlichkeit und rückte erst recht nach 869/70 in den Mittelpunkt der politischen Spekulation, obgleich doch Ludwig II. eigentlich jünger als seine Oheime jenseits der Alpen war und eher diese zu überleben hätte hoffen können. Wiederum aus der familiären Situation ergab sich, daß Karl der Kahle ein etwaiges italisches Erbe nur für sich selbst anstreben konnte, Ludwig der Deutsche dagegen für einen seiner Söhne zur Entspannung von deren Rivalitäten untereinander.

Demgemäß konzentrierte sich der westfränkische König auf das Kaisertum, dessen Weitergabe nach Ludwigs Tod beim Papst liegen würde, und ließ sich seit 872 von Hadrian II. wie auch dessen Nachfolger Johannes VIII. (872–882) vertrauliche Zusagen geben. Sein ostfränkischer Bruder dagegen wünschte eine Art von Hausvertrag über das südliche Regnum und traf sich 872 mit der Kaiserin Angilberga in Trient sowie 874, als man anscheinend schon mit Ludwigs baldigem Ende rechnete, mit diesem selber bei Verona, um für seinen ältesten Sohn Karlmann eine Designation zum Erben zu erreichen. Es ist unklar, wieviel Verbindlichkeit die eine wie die andere Abrede erlangt hatte, als Kaiser Ludwig II. am 12.8.875 in der Gegend von Brescia tatsächlich starb und damit auf beiden Seiten das Bestreben weckte, rasch Fakten zu setzen. Karl der Kahle, vom Papst herbeigerufen, drang eilends in die Lombardei vor und vermochte dort im Herbst zuerst Karl III., dann auch Karlmann, den Söhnen des von der Witwe Angilberga alarmierten Ludwig des Deutschen, den weiteren Vormarsch abzuschneiden. Der ostfränkische König zeigte seine Verärgerung, indem er auf diese Nachrichten hin von Metz aus zusammen mit seinem Sohn Ludwig dem Jüngeren militärisch in Westfranken einfiel, um gewissermaßen nach dem Muster von 858 Karl die Vasallen im eigenen Lande zu entziehen und ihm wie 869/70 einen Anteil am einseitig erzielten Raumgewinn abzunötigen. Der Verstoß, der dazu führte, daß Ludwig das Weihnachtsfest 875 in Karls Pfalz Attigny feiern konnte, wurde zeitweilig begünstigt durch eine nach Hinkmars Zeugnis in Westfranken verbreitete Mißstimmung darüber, daß Karl um römisch-italischer Ambitionen willen sein angestammtes, innen und außen bedrohtes Regnum im Stich gelassen habe, worin zugleich ein beredter Ausdruck für das Schwinden eines gesamtfränkischen Horizonts zu erkennen ist. Gleichwohl trat Ludwig der Deutsche bald nach der Jahreswende den Rückzug an, wohl weil er einsah, mit seinen Manövern dem Bruder nicht in den Arm fallen zu können, drang doch Karl davon unberührt weiter nach Rom vor, wo er am 17.12. Einzug hielt und am 25.12., genau 75 Jahre nach dem Großvater, aus der Hand des Papstes die Kaiserkrone empfing. Von großer historischer Tragweite war, daß diese Rangerhöhung auf einer Auswahlentscheidung Johannes' VIII. beruhte und erst in der Krönung rechtliche Gestalt gewann, denn so sollte es fortan auf Jahrhunderte bleiben.

Als Kaiser, von dem zumal der Papst tätigen Schutz der römischen Kirche erwartete, hätte Karl der Kahle sogleich Anlaß gehabt, gegen die wieder offensiv gewordenen Sarazenen im Süden einzuschreiten, doch überließ er dies dem *dux* Lambert von Spoleto und dessen Bruder Wido II. (aus dem durch Lothar I. dorthin gekommenen fränkischen Hause der Widonen) und ging selber daran, sich in der Nachfolge Ludwigs II. wenigstens in Mittel- und Oberitalien Achtung zu verschaffen. Da sich die ostfränkischen Neffen verzogen hatten, brachte er ziemlich mühelos eine Reichsversammlung in Pavia zustande, die ihn im Februar 876 zum *protector* und *defensor* des italischen Regnums proklamierte. Als bevollmächtigten *dux* und *missus* setzte er seinen Schwager Boso von Vienne ein, der sich alsbald durch Heirat mit Irmingard, der Tochter Ludwigs II., eine zusätzliche Legitimation für eine umfassende Statthalterschaft sicherte. Karl selber strebte nämlich eine schnelle Rückkehr nach Westfranken an, wo er eingedenk des erst kürzlichen Einfalls Ludwigs des Deutschen seine Autorität mit Hilfe der in Rom erlangten hohen Würde neu befestigen wollte. Aufsehen erregte, daß er »alle Gewohnheit fränkischer Könige verachtend« sich nach Meldung der Fuldaer Annalen den Seinen in unüblicher Kleidung präsentierte, »den Königstitel ablegte und sich Kaiser und Augustus nennen ließ über alle Könige diesseits des Meeres«. Forum seines gesteigerten Selbstgefühls wurde eine große Versammlung im Juni/Juli in Ponthion, auf der er »in golddurchwirktem Gewand«, sehr zum Verdruß des anwesenden Hinkmar von Reims, die vom Papst gewährte Erhebung des Erzbischofs Ansegis von Sens zum apostolischen Vikar »für Gallien und Germanien« (wie einst Drogo) bekanntgeben ließ, eine akklamatorische Bekräftigung seines Kaisertums entgegennahm und allen Anwesenden einen förmlichen Treueid abverlangte. Daß Große, wie ausdrücklich bezeugt wird, »aus Franzien, Burgund, Aquitanien, Septimanien, Neustrien und der Provence« zugegen waren, machte das 843 geschaffene Westfrankenreich zum ersten (und einzigen) Male in vollem räumlichen Umfang erfahrbar und bezeichnet den Höhepunkt in Karls langer Regierung. Er schien sein Erbteil endlich geeint und nach der Vermehrung um das halbe Lotharingien obendrein fest mit Italien verbunden zu haben, so daß der Kaisertitel einem ganz offenkundigen Übergewicht im Verhältnis zu dem älteren Bruder im Osten Rechnung trug.

Die Erfolgsleiter war womöglich für Karl noch nicht einmal zu Ende. Zwar hatten in Ponthion erschienene Beauftragte Ludwigs des Deutschen drohend einen Anteil am Erbe Ludwigs II. eingefordert, doch trat dies binnen kurzem in den Hintergrund, da der ostfränkische König am 28.8.876 in Frankfurt starb. Er folgte etwa 70jährig seiner im Januar verschiedenen Gattin, der Welfin Hemma, und wurde im nahen Kloster Lorsch beigesetzt. Das Teilreich, das er sich in seiner Jugend erkämpft und dann Jahrzehnte hindurch innerhalb der Familie behauptet hatte, so daß daraus der Keim des späteren Deutschland werden konnte, hinterließ er im Augenblick des Todes in einer durchaus prekären Lage. Sich der neuen großfränkischen Politik Karls des Kahlen zu erwehren, fiel nun seinen drei in der Vergangenheit wenig einigen Söhnen Karlmann, Ludwig dem Jüngeren und Karl III. zu, die vor Jahren eine Teilungsverfügung des Vaters für das Ostfrankenreich von 843 entgegengenommen hatten, sich aber über die 870 hinzugekommene Osthälfte des *regnum Lotharii* erst noch verständigen mußten. Bevor sie überhaupt zusammenkamen, sahen sie sich durch einen eiligen Vormarsch ihres kaiserlichen Oheims herausgefordert, der, ungeachtet einer gerade wieder akuten Normannengefahr im Seineraum, über Aachen nach Köln vordrang, um die Annexion des östlichen Lotharingien und wohl auch der linksrheinischen Gebiete Ostfrankens um Mainz, Worms und Speyer, also die Rheingrenze, durchzusetzen. Wenige Tage nachdem seine Kanzlei bereits eine Urkunde »im ersten Jahr der Nachfolge des Königs Ludwig« datiert hatte, brachte ihm jedoch Ludwig der Jüngere mit einem Aufgebot aus Sachsen, Thüringern und Franken am 8.10.876 bei Andernach am Rhein eine empfindliche Niederlage bei, die ihn zum sofortigen Rückzug und zur Aufgabe seiner Pläne nötigte. Die drei ostfränkischen Brüder, die seit dem Tod des Vaters als Könige auftraten, kamen im folgenden Monat im Nördlinger Ries zusammen, also im Schnittpunkt der ihnen 865/72 zugeteilten Herrschaftsgebiete, in denen sie ohnehin seit langem agierten, und bekräftigten ihr Einvernehmen durch Eide in fränkisch-deutscher Sprache. Karlmann erhielt neben Bayern und seinen Marken anscheinend auch freie Hand, die ostfränkischen Machtansprüche in Italien gegen Karl den Kahlen geltend zu machen; er gab die Mark Kärnten an seinen vorehelichen Sohn Arnolf weiter und richtete sich eine eigene Hofkapelle unter dem Erzbischof Theotmar von Salzburg ein. Ludwig der Jüngere blieb der Erbe Frankens, Thüringens und Sachsens, wo er sich ähnlich den Brüdern in den Jahren zuvor durch Heirat mit Liudgard, der Tochter des führenden ostsächsischen Grafen Liudolf, aristokratischen Rückhalt gesichert hatte; ihm, der das Grab des Vaters in Lorsch hütete, fiel auch der Kern von dessen Hofkapelle um den Erzbischof Liutbert von Mainz (Erzkapellan und Kanzleivorstand seit 870) zu und, vorbehaltlich endgültiger Klärung, der größte Teil des östlichen Lotharingien. Ausgenommen scheint allein das Elsaß gewesen zu sein, das Karls III. alemannisch-churrätisches Regnum abrundete; da es dort keinen Metropoliten gab, rückte bei ihm der Augsburger Bischof Witgar zum obersten Kapellan auf.

Karls des Kahlen kaiserliche Autorität hatte mit dem Debakel von Andernach ihren Zenit überschritten. Weder vermochte er weiter den Bestand des nun dreigeteilten Ostfrankenreiches zu bedrohen, noch gelang ihm die Vertreibung der Wikinger von der unteren Seine auf andere Weise als durch einen hohen Tribut, der im Frühjahr 877 über eine allgemeine Umlage in Westfranken aufgebracht werden mußte. Als dann auch noch die Hilferufe des Papstes immer drängender wurden, der über sarazenische Raubzüge in der römischen Campagna, über die Bedrohung der Stadt selbst und über die Untätigkeit der Spoletiner Herzöge klagte, war die Überforderung Karls augenscheinlich: Er mochte sich dem Appell an seine Kaiserpflichten nicht länger entziehen, zumal mittelbar auch seine Hoheit über Italien auf dem Spiel stand, stieß aber mit dem Plan eines abermaligen Zuges über die Alpen bei den Großen seiner Umgebung auf sichtlichen Widerwillen. Da Dauer und Ausgang des Unternehmens völlig ungewiß waren, schienen sorgsame Vorkehrungen erforderlich, wie sie auf einer Reichsversammlung in Quierzy im Juni 877 in einem Kapitular niedergelegt wurden. Darin wird mit einem Sieg über die Sarazenen ebenso wie mit der Nachricht vom Tod des Kaisers oder einem ostfränkischen Angriff in der Zwischenzeit gerechnet, in jedem Fall aber den Lehnsträgern die Aussicht auf Erblichkeit ihrer Lehen nach kriegsbedingten Todesfallen eröffnet. Im Mittelpunkt steht jedoch die Einsetzung Ludwigs des Stammlers zum Regenten unter Bedingungen, die von massivem »Mißtrauen des Vaters gegen den einzig möglichen Thronerben« (C. Brühl) diktiert erscheinen. So wie Karl 872 den längst erwachsenen Sohn in seinem aquitanischen Regnum unter die Kuratel des Grafen Bernhard (Plantapilosa) von Autun, Sohn des einst hingerichteten Bernhard von Septimanien, ferner des gleichnamigen Grafen von Gothien sowie Bosos von Vienne gestellt hatte, unterwarf er auch jetzt Ludwigs Verfügungsgewalt und Bewegungsfreiheit allerhand einschränkenden Bestimmungen, hinter denen das Sicherheitsbedürfnis der tonangebenden Hofkreise um Hugo den Abt und den Erzkanzler Gauzlin zu erkennen ist. Dazu kam die Abneigung der Kaiserin Richilde, die nach zwei im

Säuglingsalter verstorbenen Söhnen weiterhin Karl einen Erben und damit eine dynastische Alternative zu Ludwig hoffte schenken zu können. Falls die Darstellung des Chronisten Regino zutrifft, Ludwig sei noch von seinem Vater zur Lösung der (von diesem seit jeher mißbilligten) Ehe mit Ansgard und zur Neuvermählung mit jener Adelheid veranlaßt worden, die seit 878 an seiner Seite bezeugt ist, dürfte das am ehesten um diese Zeit geschehen sein, da Adelheids Vater, der Pfalzgraf Adalhard, ein Urenkel Ludwigs des Frommen (über dessen Tochter Alpais), gerade in dem Interimsregiment von 877 an führender Stelle erscheint.

Der von den westfränkischen Großen allenfalls hingenommene Italienzug wurde ein Fiasko. Karl der Kahle traf Anfang September in Vercelli und Pavia mit Johannes VIII. zusammen, der ihm von einer kurz zuvor in Ravenna gehaltenen großen Synode zur Bestätigung seiner Kaiserwürde berichtete, erfuhr jedoch gleichzeitig, daß sein Neffe Karlmann von Ostfranken mit starker Heeresmacht die Alpen überquert hatte und ihm entgegeneilte. Da er sich mit seinem geringen Gefolge dem nicht gewachsen fühlte, forderte er dringend die verabredete Heranführung des westfränkischen Hauptkontingents an, mußte aber erleben, daß sich ihm nun seine Großvasallen versagten, allen voran Boso von Vienne, doch auch Hugo der Abt, Bernhard von Autun, Bernhard von Gothien und andere. Es blieb dem Kaiser nichts übrig als die Preisgabe Italiens und schleunige Flucht über die Alpen, bei der er kurz nach dem Passieren des Mont-Cenis am 6.10.877 in dem Dorf Avrieux in Savoyen mit 54 Jahren gestorben ist. Nach provisorischer Bestattung im Kloster Nantua wurde er später nach Saint-Denis überführt. Auch wenn der letzte Enkel des großen Karl als Gescheiterter die historische Bühne verließ, hat er doch für die französische Geschichte keine geringere Bedeutung gehabt als sein Bruder Ludwig für die deutsche; wie jener hat er die von ihnen beiden lebhaft vorangetriebene Auflösung des Karlsreiches genutzt, um eine Anzahl von Regionen und Stämmen recht verschiedener Herkunft unter seiner Herrschaft zusammenzuführen und gleichsam aneinander zu gewöhnen, die auch auf weitere Sicht verbunden blieben und ihn daher im Rückblick als den ersten ihrer Könige betrachteten. Zugleich hat Karl der Kahle mit dem Fehlschlag der universalistischen Politik seiner späten Jahre ungewollt gezeigt, daß die Desintegration nicht mehr umzukehren war.

VIII. Die siebente Generation: Karlmann, Ludwig der Jüngere, Karl III. und Ludwig der Stammler (877–887/88)

Wieviel es bedeutet hat, daß sich die Regierungen Ludwigs des Deutschen und Karls des Kahlen jeweils über ein ganzes Menschenalter erstreckten, tritt erst voll zutage beim Blick auf das äußerst bewegte Jahrzehnt nach ihnen, das in der karolingischen Familiengeschichte durch eine verhängnisvolle Serie von Unglücken, Krankheiten und frühen Todesfällen überschattet ist. Das Zeitmaß der Generationenfolge, das bis dahin stets mit rund 30 Jahren zu veranschlagen war, verkürzte sich jählings auf gerade noch ein Dezennium, innerhalb dessen sämtliche zur Königswürde gelangten Urenkel Karls des Großen ins Grab sanken, und zwar ohne daß auch nur einer von ihnen der Gewalt seiner inneren oder äußeren Widersacher zum Opfer gefallen wäre. In einer politischen Ordnung, die wesentlich von persönlichen Bindungen getragen war, fiel eine solche Instabilität an der Spitze stark ins Gewicht, weil sie nicht nur die rasch wechselnden Herrscher am Erwerb individueller Autorität hinderte, sondern auch die Loyalität der Großen immer härteren Belastungsproben unterwarf und schließlich adlige Selbsthilfe geradezu herausforderte. Das hoffnungslose Siechtum, in das mehrere Spätkarolinger verfielen, ließ mit der Zeit an der Fortdauer jener Vitalität, Sieghaftigkeit oder, christlich gesprochen, göttlichen Erwählung zweifeln, die das Geschlecht in der Vergangenheit ausgezeichnet zu haben schien, und macht begreiflich, daß sich unter den Miterlebenden die Stimmen mehrten, die an die Ära Karls des Großen und Ludwigs des Frommen als die vermeintlich »gute, alte Zeit« erinnerten. Hatte man seither die Probleme kennengelernt, die eine wachsende Anzahl erbberechtigter Söhne und Enkel mit sich brachte, so war nun zu erfahren, wie die schwindende Lebenskraft der Dynastie erst recht die Schwächemomente ihres Reiches bloßlegte: Zunächst starben mit den Brüdern und Vettern der nachgerückten Generation auch die erforderlichen Leitfiguren dezentraler Abwehr der äußeren Bedrohungen und die regionalen Repräsentanten der Samtherrschaft dahin, dann zeigte der Heimfall aller Macht in die Hand eines Einzigen rasch die Unhaltbarkeit auch dieses Zustandes und leitete überhaupt das Ende der karolingischen Prärogative im Regnum Francorum ein.

Unter den vier Herrschern, die 876/77 im Osten und im Westen ihre Väter beerbten, stand zunächst der ostfränkische Teilkönig Karlmann von Bayern im Vordergrund, denn er hatte durch seinen Vorstoß über die Alpen die Suprematie Karls des Kahlen gebrochen und empfahl sich nach dessen Tod, auch mit Unterstützung Angilbergas, der Witwe Ludwigs II., als Anwärter auf das Kaisertum. Diesen Vorrang konnte der nunmehrige Familienälteste, der in Pavia förmlich die Königshoheit in Italien übernahm, indes nur wenige Wochen behaupten, da ihn bereits im November 877 in Verona anfallartig das lähmende Leiden befiel, das noch mehrfach unter den Nachkommen Ludwigs des Deutschen und Hemmas auftreten sollte. Karlmann ließ sich eilends in seine angestammte Pfalz Ötting am Inn schaffen, hielt von dort aus seine Ansprüche aufrecht und fand auch Gelegenheit, italischen Empfängern Urkunden auszustellen, vermochte aber fortan nicht mehr aktiv ins politische Geschehen einzugreifen.

Während die Folgen dieser Wendung für das ostfränkische Machtgefüge erst allmählich eintraten, erforderten die Verhältnisse in Westfranken eine zügige Klärung. Zwar führte dort im Grunde kein Weg an Karls des Kahlen einzig überlebendem Sohn Ludwig dem Stammler vorbei, doch begegnete der 31jährige Thronerbe wie zuletzt beim Vater, so auch in den führenden Hofkreisen um seine Stiefmutter Richilde, den Erzkanzler Gauzlin und den Pfalzgrafen Adalhard massiven Vorbehalten, die in seiner körperlichen Behinderung und mehr noch in seinem von Jugend an glücklosen politischen Agieren begründet waren. Den Versuch Ludwigs, sich im Herbst 877 durch rasche Neuvergabe großer Lehen einen zuverlässigen Anhang zu schaffen, wußten seine mächtigen Gegner sogleich zu vereiteln. Sie gedachten den künftigen König, wenn er denn unvermeidlich war, offenbar dauerhaft unter jener Kuratel zu halten, die Karl der Kahle im Sommer beim Abgang nach Italien verordnet hatte, und sahen dafür eine gute Gewähr in Ludwigs Ehe mit Adelheid, Adalhards Tochter, die spätestens jetzt, nach Trennung von der bisherigen Gattin Ansgard, geschlossen wurde und den heranwachsenden Söhnen Ludwig und Karlmann im nachhinein die Vollbürtigkeit nahm. Erst als Ergebnis längerer Verhandlungen kam es zur

Übergabe der Insignien und am 8.12.877 zur Weihe und Krönung Ludwigs in Compiègne, die noch einmal Hinkmar vornahm. Aus diesem Anlaß entwickelte der Erzbischof das unter Karl dem Kahlen mehrfach erprobte, »Gottes Erbarmen und die Wahl des Volkes« betonende Zeremoniell derart fort, wie es dann für die gesamte weitere Geschichte des französischen Königtums verbindlich blieb, doch verfehlte er die gegebene Situation mit seiner gleichzeitigen Denkschrift an Ludwig, worin er ein kraftvolles Einschreiten gegen die Normannen bei tunlichster Schonung der Besitzungen von Kirchen und Adel verlangte. In Wahrheit kam der neue König kaum zur Entfaltung, denn bereits auf einem Feldzug, den er im Frühsommer 878 im Schlepptau Hugos des Abtes gegen die Normannen an der unteren Loire und zugleich gegen Hugos Widersacher aus dem Rorgonidenhaus unternahm, erkrankte Ludwig lebensgefährlich und mußte es hinnehmen, daß sich Markgraf Bernhard von Gothien, ein enger Verwandter der Angegriffenen, mit weiter Resonanz im Süden gegen ihn erhob, während im Norden Unsicherheit über das Verhalten der ostfränkischen Vettern, voran Ludwigs des Jüngeren, des Siegers von Andernach, bestand.

Dazu kamen die gespannte Lage in Italien und die Erwartungen, die der Papst in seiner Bedrängnis durch Sarazenen, innerrömische Gegner sowie die Markgrafen Lambert von Spoleto und Adalbert von Tuszien trotz allem in den Erben Karls des Kahlen setzte. Johannes VIII. floh im Mai 878 über See in die Provence, wo er von Graf Boso von Vienne, dem Schwiegersohn Kaiser Ludwigs II. und Bruder der Kaiserin Richilde, ehrenvoll empfangen wurde, und ließ sich von ihm weiter in die Francia geleiten mit dem Ziel, dort auf einer großen Synode unter Beteiligung aller Karolinger selber neuen Rückhalt zu gewinnen und die bedrohte Stabilität von Reich und Kirche zu festigen, doch erschienen auf der Versammlung, die im August und September in Troyes stattfand, nur die westfränkischen Bischöfe und deren eben wieder genesener König. Ludwig der Stammler erlangte vom Papst eine weitere, bestätigende Krönung, die freilich seiner zweiten Gattin Adelheid wegen des unkanonischen Charakters ihrer Ehe versagt blieb, setzte auch eine Verurteilung seiner politischen Gegner durch – neben Bernhards von Gothien auch Hugos, des unglücklichen Friedelsohnes Lothars II. mit Waldrada, der nun in der Maasgegend von sich reden machte –, blieb aber zurückhaltend gegenüber dem Angebot Johannes' VIII., das faktisch herrenlose Italien in Besitz zu nehmen und in Rom zur Kaiserwürde aufzusteigen. Anders als vordem Pippin und Karl der Große, deren Versprechungen an die römische Kirche der Papst beschwörend in Troyes verlesen ließ, war dieser späte Nachfahre unter dem Druck näherliegender Gefahren und familiärer Rivalen kaum mehr imstande, eine Politik großen Stils ins Auge zu fassen. Im Schutz Bosos, den Johannes VIII. adoptiert hatte und der in Italien vielleicht eine ähnliche Platzhalterrolle wie 876 für Karl übernehmen sollte, trat der Papst die Heimreise an, auf der ihn Boso jedoch in Pavia wieder verließ.

Sofern Ludwig dem Stammler ernstlich eine Wiederaufnahme der Kaiserpolitik seines Vaters vorschwebte, hätte er einen Grund mehr gehabt, sich den Rücken frei zu halten durch eine Übereinkunft mit den Ostfranken, bei denen Ludwig der Jüngere mittlerweile die anteiligen Rechte des schwer kranken Bruders Karlmann an der Osthälfte Lotharingiens übernommen hatte. Er war daher der Partner, mit dem sich der westfränkische König am 1./2.11.878 in Fouron, im alten Kerngebiet zwischen Lüttich und Aachen, traf, um bei prinzipiellem Vorbehalt seiner Optionen in Italien gegenseitige Freundschaft und Hilfe zu vereinbaren, die Teilungsgrenze von Meerssen (870) zu bekräftigen und gegebenenfalls die unbehinderte Sukzession der jeweiligen Söhne zuzusichern, nämlich auf ostfränkischer Seite eines erst im Vorjahr geborenen kleinen Ludwig, auf Seiten des Stammlers ausdrücklich Ludwigs und Karlmanns, der Söhne der verstoßenen Ansgard, »und weiterer, die Gottes Güte schenken werde«. Das hier anklingende Zukunftsproblem sollte schneller akut werden als gedacht, denn schon im folgenden Frühjahr erkrankte Ludwig der Stammler während einer Strafexpedition gegen Bernhard von Gothien erneut und starb am 10.4.879 in Compiègne, wohin er zurückgebracht worden war und wo er nun sein Grab fand.

Der Tod des Königs, der seine Witwe Adelheid schwanger zurückließ, stürzte das Westreich in eine tiefe Krise. Daß man die Niederkunft nicht abwartete, aber auch nicht im Sinne der jüngsten Abmachungen die Nachfolge der vorhandenen Söhne reibungslos vonstatten gehen ließ, lag an Zerwürfnissen unter den Großen, die durch Ludwigs schwankende Haltung ihnen gegenüber genährt worden waren und jetzt zur Entladung kamen. Dem Erzkanzler Gauzlin, einem Rorgoniden, der sich beim Thronwechsel von 877 zu seinen übrigen Abteien auch Saint-Denis verschafft und den König noch maßgeblich in Fouron beraten hatte, wurde Anfang 879 das Hofamt entzogen, als sein welfischer Gegenspieler, Hugo der Abt mit Machtbasis in Neustrien, bei Ludwig zu beherrschendem Einfluß gelangt war. Zusammen mit anderen Magnaten, darunter Boso von Vienne, war es Hugo, der den todkranken König dazu bestimmte, allein den ältesten Sohn Ansgards, den höchstens 16jährigen Ludwig III., durch Zusendung der Insignien als nächsten König vorzusehen, was der tonangebenden Gruppe auch weiterhin eine ungeschmälerte Präponderanz sichern sollte. Gegen diese Abkehr vom Teilungsrecht gingen sogleich nach Eintreten des Erbfalls Gauzlin von Saint-Denis sowie der welfische Graf Konrad von Paris, ein Vetter Hugos des Abtes, mit weiteren Repräsentanten der Francia vor, indem sie Ludwig den Jüngeren von Ostfranken auf den Plan riefen und mit ihm in Verdun zusammentrafen. Ihr Angebot an den – nach Karlmanns Erkrankung – ältesten handlungsfähigen und vollbürtigen Karolinger, auch bei ihnen die Herrschaft zu übernehmen, stand in der Tradition solcher »Einladungen« seit den 850er Jahren und bezweckte anstelle der angebahnten Sukzession konkret, »entweder eine gewaltsame andere Lösung zu erzwingen oder aber Hugo den Abt und seine Partei zum Nachgeben, zum Herausgeben eines der beiden Prinzen, zu bewegen« (K. F. Werner). Eine spezifische Loyalität gegenüber dem westfränkischen Zweig des Hauses oder legitimistische Vorbehalte gegenüber den Sprößlingen einer aufgelösten Ehe waren offenbar kein Thema.

Der Schachzug zeitigte in der Tat Wirkung: Noch im Mai 879 ließ Hugo Ludwig dem Jüngeren, um ihn von weiterem Vormarsch abzuhalten, die Abtretung der in Meerssen erworbenen Westhälfte Lotharingiens und die Nachfolge beider westfränkischer Thronerben, also auch des 13jährigen Karlmann, zusichern. Mit der Ausführung hatte er es nach Ludwigs Abzug weniger eilig, doch kam es im September immerhin zur gemeinsamen Krönung der jungen Könige im Kloster Ferrières durch Erzbischof Ansegis von Sens, kaum zufällig eben in den Tagen, da die Königin Adelheid am 17.9. den postumen Sohn des Stammlers zur Welt brachte, der nach dem kaiserlichen Großvater Karl genannt wurde. Dessen ungeachtet hielt Hugo der Abt weiter an seinem faktischen Regiment über ein ungeteiltes Westfranken fest, provozierte den Bruch mit dem ehrgeizigen Boso von Vienne, der sich im Oktober selbst zum König der Rhônelande aufschwang (nun mit Hinweis auf die fehlende Legitimität der Ansgard-Söhne), und forderte schließlich doch noch den Einmarsch Ludwigs des Jüngeren heraus, dessen Heer, verstärkt um die Gefolgsleute Gauzlins, dem seinen im Januar 880 bei Saint-Quentin gegenüberstand. Erst durch diese Zuspitzung fand man zur verbindlichen Form der Einigung, nämlich dem Vertrag von Ribemont (Oise) im Februar, der ganz Lotharingien dem Ostfrankenreich zuschlug und den Gegnern Hugos die Machtbeteiligung im Westen gewährte; seine Konsequenz war die im März in Amiens vollzogene Reichsteilung, bei der Ludwig III. (mit Gauzlin als restituiertem Erzkanzler) die Francia und Neustrien erhielt, während Karlmann (mit Hugo dem Abt als »Beschützer« und Feldherrn) Burgund, Aquitanien und Gothien zufielen. Die Art, wie sich beide Parteien gegenseitig einen eigenen, lenkbaren König abgenötigt hatten, unterschied sich kaum noch vom Umgang der fränkischen Großen des 7. Jahrhunderts mit den späten Merowingern.

Ein gewisser Zwang zum Einlenken ergab sich im übrigen für die brüchige Brüder- und Vetterngemeinschaft der regierenden Karolinger samt ihrer adligen Umgebung aus neuen Herausforderungen, denen sie gemeinsam durch Usurpatoren und äußere Feinde ausgesetzt waren. Die Wechselhaftigkeit der Machtverhältnisse in Ost und West reizte zu Versuchen, dazwischen das zehn Jahre zuvor untergegangene Mittelreich der Lothare ganz oder teilweise wiederzubeleben. Derartiges dürfte gewiß der bereits in Troyes als Aufrührer gebannte Hugo im Sinn gehabt haben, dem als illegitim gebliebenem Sohn Lothars II. 869 das Erbe verwehrt worden war und der sich nun mit gewalttätigem Anhang im einstigen Reich des Vaters und Großvaters Geltung zu verschaffen hoffte. Gegen ihn zog Ludwig der Jüngere 879 und zogen 880 Ludwig III. und Karlmann von Westfranken sowie der ostfränkische Karl III. durchaus erfolgreich zu Felde, doch ohne seiner habhaft zu werden. Deshalb versuchte ihn Ludwig der Jüngere 881 durch eine Ausstattung mit mehreren Grafschaften und Abteien, darunter Lobbes, abzufinden, aber Hugo entzog sich dem Frieden bald wieder in der begründeten Voraussicht, für seine Ambitionen stets genügend bewaffnete Unterstützung in unzufriedenen Kreisen finden zu können. Durch die Heirat seiner Schwester Bertha mit dem Grafen Theotbald von Arles, der ihn auch militärisch unterstützte und ausgerechnet ein Neffe Theutbergas, der Nebenbuhlerin seiner Mutter Waldrada, war, schlug Hugo zudem eine familiäre Brücke zu den Bosoniden, deren Oberhaupt, Boso von Vienne, mit seinem schon erwähnten Griff nach der Königswürde die Kreise der Karolinger nicht minder nachhaltig störte. Seine Proklamation, die am 15.10.879 in Mantaille bei Vienne im Beisein von nicht weniger als 25 Bischöfen stattfand, sowie die anschließende Krönung in Lyon wurden im politischen Vakuum nach dem Tode Ludwigs des Stammlers möglich und sollten ebenfalls eine Wiederbelebung des vergangenen Mittelreiches anbahnen. Einen Bruch mit allem Herkommen und ein Fanal für die Zukunft stellte der Vorgang deshalb dar, weil hier erstmals jemand, der zwar Schwiegersohn eines Kaisers und Schwager eines anderen Kaisers, aber der eigenen Herkunft nach kein Karolinger war, einzig unter Berufung auf Wahl und Salbung als gottgewollter Herrscher innerhalb des Frankenreiches auftrat und damit, wenngleich begrenzten, Anklang fand. Die Provokation wurde auch als solche begriffen und löste sogleich entschiedene Aktionen gegen den »Tyrannen« aus, die westliche und östliche Karolinger zusammenführten und in einer vergeblich gebliebenen monatelangen Belagerung von Vienne durch Ludwig III., Karlmann und Karl III. im Herbst 880 gipfelten. Erst im zweiten Anlauf gelang es Karlmann von Westfranken und in dessen Auftrag Bosos eigenem Bruder, Graf Richard von Autun, im Sommer 882 die Stadt zu erstürmen und Bosos Gattin, die Kaisertochter Irmingard, gefangen zu nehmen, während der König selbst entkam, aber bis zu seinem Tode (11. 1. 887) keine nennenswerte Rolle mehr zu spielen vermochte.

Die Niederringung unerwünschter Konkurrenten im Innern band jahrelang politische und militärische Energien, die den Karolingern bei der Abwehr eines neuen, alles zuvor Dagewesene übertreffenden Ansturms der Normannen fehlten. Nach einem angelsächsischen Defensiverfolg durch König Alfred den Großen (878) setzte die inzwischen zum »Großen Heer« vereinigte Hauptmasse der Feinde im Sommer 879 nach Flandern über, verwüstete den gesamten Schelderaum und richtete sich in Gent als festem Ausgangspunkt auch für winterliche Überfälle ein. Die Konfrontation der westlichen und der östlichen Franken bei Saint-Quentin im Februar 880 spielte sich daher gewissermaßen unter den Augen der Wikinger ab und schlug nach der Einigung augenblicklich um in einen gemeinsamen Aufmarsch gegen die Nordmänner, wodurch eine beutebeladene Gruppe auf dem Rückweg zu ihren Schiffen bei Thiméon in der Nähe von Charleroi gestellt und unter Führung Ludwigs des Jüngeren bezwungen werden konnte. Die Aktion blieb indes einmalig, denn durchweg gingen die Teilkönige und Teilreiche zur Bekämpfung der Eindringlinge weiterhin getrennte Wege. Ludwig, dem in Ribemont ein Großteil des besonders gefährdeten Gebiets zugefallen war, kehrte gegen Ende des Jahres noch einmal in seinen Nordwesten zurück und erreichte den Abzug der Normannen aus der Pfalz Nimwegen, die zuvor freilich von ihnen eingeäschert worden war. In Westfranken zogen es beide Könige im Sommer 880 vor, gegen Hugo und Boso einzuschreiten, und überließen dem Erzkanzler Gauzlin ein Kontingent zur Verteidigung des Nordens, mit dem er jedoch an der Schelde scheiterte. Neue schwere Verheerungen bis weit ins ungeschützte Landesinnere waren die Folge und bewogen 881 König Ludwig III. zu einer eigenen Anstrengung: Bei Saucourt unweit der Somme-Mündung führte er Anfang August gegen ein größeres Normannenheer einen Überraschungsschlag, bei dem er sich auch durch persönliche Tapferkeit auszeichnete. Der Erfolg war alles andere als kriegsentscheidend, doch zeigt seine zeitgenössische Verherrlichung im volkssprachigen Ludwigslied vom früh verwaisten, von Gott erwählten, von »herrlichem Gefolge« umgebenen, kampfesmutigen jungen König – überliefert aus Gauzlins Kloster Saint-Amand –, was mit beherztem Vorgehen gegen die beutegierigen Heiden an königlichem Prestige zu gewinnen war und was demnach im Falle des Versagens in den Augen der Mitwelt für die einzelnen Karolinger auf dem Spiel stand.

Innerhalb der Dynastie waren inzwischen weitere Verschiebungen infolge der schweren Krankheit Karlmanns von Ostfranken eingetreten. Nach einem Schlaganfall im Winter 878/79, der ihm das Sprechvermögen nahm, hatte er die Aussicht auf Genesung aufgeben müssen und es hingenommen, daß sich sein Bruder Ludwig der Jüngere unter Umgehung seines vorehelichen Sohnes Arnolf, der weiter auf Kärnten beschränkt blieb, mit Zustimmung der Großen der Herrschaft in Bayern bemächtigte. Unklar ist, inwieweit Karlmann, der am 22.9.880 wohl in Ötting die Augen schloß (und jedenfalls dort bestattet ist), noch selber dazu beigetragen hat, daß sein weithin nominell gebliebenes italisches Königtum auf seinen jüngsten Bruder, den schwäbisch-elsässischen Teilherrscher Karl III., überging. Der historische Aufstieg dieses Karolingers begann damit, daß ihn Papst Johannes VIII., enttäuscht in seinen Erwartungen eines westfränkischen Eingreifens, im Frühjahr 879 nach Italien einlud und Karlmann im August anscheinend letztmalig für ein italisches Kloster urkundete. Von niemandem angefochten, überquerte Karl III. im Oktober die Alpen, fand in Pavia die Anerkennung der dort erschienenen Magnaten und zog weiter nach Ravenna, wo er vom Papst Anfang 880 eine Salbung zum König Italiens empfing und seinen Erzkanzler Liutward als neuen Bischof von Vercelli durchsetzte. Er hätte nach dem Wunsch Johannes VIII. den Weg gleich bis Rom verlängern und mit der Kaiserwürde die seit dem Tod Ludwigs II. verwaiste Rolle eines Schutzherrn der römischen Kirche und Mittelitaliens übernehmen sollen, wollte sich aber vor weiteren Schritten zunächst innerhalb der Familie absprechen und kehrte daher in die Francia zurück, wo sich sein Bruder Ludwig der Jüngere soeben in Ribemont die Westhälfte Lotharingiens gesichert hatte. Nicht mit ihm, von dem im Sommer 880 erstmals auch eine Erkrankung gemeldet wird, sondern mit den westfränkischen Neffen traf er sich im Juni zu einem Frankentag in Gondreville, von dem dann die gemeinsame Attacke gegen die Usurpatoren Hugo und Boso ausging. Erst nach dem Abbruch der Belagerung von Vienne ließ er sich von Johannes VIII. bewegen, erneut nach Italien zu kommen, und nahm nun aus seiner Hand am 12.2.881 in Rom die Kaiserkrone entgegen. Keiner der Beteiligten konnte ahnen, daß dies im Rückblick den Auftakt zur langen imperialen Tradition Ostfranken-Deutschlands bilden würde.

Näher lag der Blick auf die aktuelle Lage des Herrscherhauses, in dem Karl III. ja erst durch den Ausfall seines Vetters Ludwig des Stammlers und seines älteren Bruders Karlmann zur höchsten Würde aufgestiegen war. Immerhin gab es damals noch vier regierende Karolinger, zwei im Westen und zwei im Osten, unter denen sich ohne förmliche Absprache räumlich aufgeteilte Zuständigkeiten in der Abwehr gemeinsamer Bedrohungen eingespielt hatten: die beiden Ludwige im Nordwesten gegen die Normannen, der westfränkische Karlmann gegen Boso im Süden und eben Karl III. als Kaiser in den vielfältigen Wirrnissen Italiens, wo er sich im Jahr 881 fast durchgängig aufhielt. Bedenklich war, daß keiner der vier über legitimen männlichen Nachwuchs gebot, sie also notfalls nur sich gegenseitig beerben konnten. Die beiden jungen Könige in Westfranken waren nämlich noch unvermählt, der Kaiser seit 20 Jahren in kinderloser Ehe mit Richgard verheiratet, und Ludwig der Jüngere hatte erleben müssen, daß sein ehelicher Sohn Ludwig 879 in Regensburg als Kleinkind durch einen Sturz aus dem Fenster zu Tode kam und sein erwachsener Sohn Hugo (aus einer früheren Verbindung) 880 in dem Gefecht gegen die Normannen bei Thiméon fiel. Statt ihrer präsentierte sich die Zukunft der Dynastie in Gestalt mehrerer Bastarde, von denen eine reibungslose Thronfolge kaum zu erwarten war: Arnolf von Kärnten, dem Friedelsohn des verstorbenen Karlmann, Bernhard, einem Illegitimus des Kaisers selbst, sowie Karl, dem kleinen postumen Stiefbruder der westfränkischen Könige, um ganz zu schweigen von dem »Aufrührer« Hugo, der den lotharischen Mannesstamm fortsetzte. Absehbaren neuen Verwicklungen und Machtverlusten war somit nur zu entgehen, wenn kein weiterer Todesfall eintrat und sich bei den Königen bald vollbürtiger Nachwuchs einstellte, doch das Schicksal meinte es anders. Noch im Jahre 881 zeigten sich auch bei Ludwig dem Jüngeren Anzeichen eines schweren Leidens, wie es bereits Karlmann zu Tode geführt hatte, und als das »Große Heer« der Normannen nach der Schlappe bei Saucourt im Herbst ins östliche Lotharingien eindrang, um von einem Standquartier in Asselt bei Maastricht aus die Rhein- und Mosellande heimzusuchen, war der ostfränkische König zu fühlbarer Gegenwehr nicht mehr imstande. Es gehört zu den düstersten Szenen der Karolingergeschichte, wie die Eindringlinge im Winter 881/82 mit Feuer und Schwert nacheinander über Lüttich, Köln, Bonn, Prüm, Trier und zumal über Aachen herfielen, wo sie die Grabkirche Karls des Großen zum Pferdestall machten, während Ludwig der Jüngere todkrank im nahen Frankfurt darniederlag, dort am 20.1.882 verschied und in Lorsch an der Seite des Vaters zur letzten Ruhe gebettet wurde. Die Situation »enthüllt... die ganze Schwäche des personalen Herrschaftsverbandes. Nur der König hält das Heer zusammen... Der tote König integriert den Herrschaftsverband nicht mehr, dieser droht sich aufzulösen und zu verfallen« (J. Fried).

Die Aufgabe der Konsolidierung fiel mit Ludwigs Erbe dem Bruder, Kaiser Karl III., zu. Er kehrte aus Italien zurück und empfing zunächst in Bayern, dann im Mai auch in Worms die Huldigungen als nunmehr alleiniger Herr des mit Lotharingien und Italien vereinigten Ostfrankenreiches. Unter dem Eindruck der jüngsten Ereignisse strömte ihm ziemlich rasch eine große Streitmacht aus Franken, Bayern, Schwaben, Thüringern, Sachsen und anderen zu, die im Juli den normannischen Hauptstützpunkt Asselt einzuschließen vermochte. Von der erwarteten Erstürmung sah der Kaiser jedoch bald ab und gewährte den Feinden freien Abzug und neue Zahlungen gegen die Zusicherung ihres Anführers Gottfried, sich taufen zu lassen, eine Lehnsherrschaft in Friesland zu übernehmen und durch Heirat mit Lothars II. Tochter Gisela (aus der nicht anerkannten Ehe mit Waldrada) in die karolingische Familie einzutreten. Das Verhalten Karls III. entsprang wohl der Überlegung, durch Respektierung der faktischen Machtlage in Lotharingien, in die auch Giselas Bruder Hugo durch Überlassung der Einkünfte des Bistums Metz einbezogen wurde, eine notdürftige Befriedung herbeiführen zu können, doch wurde dies, wie das entrüstete Echo in den zeitgenössischen Quellen zeigt, von den maßgeblichen Kreisen kaum verstanden und eher als schmähliche Schwäche ausgelegt, die der Autorität des Kaisers Abbruch tat.

Dynastische Konkurrenz brauchte Karl indes um so weniger zu fürchten, als fast gleichzeitig am 5.8.882 auch noch der junge Ludwig III. von Westfranken, der Held von Saucourt, infolge eines Unfalls verstarb, den er in Tours, wie berichtet wird, bei der scherzhaften Verfolgung einer Adelstochter erlitt. Das Westreich kam dadurch in der Hand seines 10jährigen Bruders Karlmann wieder zusammen, der am 9.9. in Quierzy die erweiterte Herrschaft antrat. Gegner der erzwungenen Reichsteilung von 880 atmeten auf, darunter der alte Hinkmar von Reims, der für den neuen König sogleich seine Schrift über Hofordnung und Reichsverwaltung unter Karl dem Großen (De ordine palatii) in Erinnerung an die Zeit »der Größe und der Einheit des Reiches« anfertigte. Die Gruppe um Gauzlin von Saint Denis dagegen, die auf Ludwig III. gesetzt hatte und in der kurz zuvor an die Stelle des verstorbenen Welfen Konrad als Graf von Paris Odo, der herangewachsene Sohn Roberts des Tapferen, getreten war, mußte einen merklichen Rückschlag im Wettstreit mit dem bei Karlmann dominierenden Hugo dem Abt hinnehmen, wußte sich aber doch insoweit zu behaupten, daß Gauzlin 884 zum Bischof von Paris aufstieg.

Ohnehin verschaffte sich unter Karlmann die Normannenplage im Westen wieder den Vorrang vor den inneren Positionskämpfen, da nach der Übereinkunft mit Karl III. in Asselt bloß ein Teil des feindlichen Heeres unter Gottfried im Gebiet der Rheinmündung Fuß faßte, ein weiterer mit dem Anführer Siegfried jedoch vom Hennegau bis tief in die Champagne ausschwärmte und neben anderen auch Erzbischof Hinkmar zur Flucht aus Reims trieb, auf der er am 21./23.12.882 in Epernay gestorben ist. Gegen immer neue Plünderungen im gesamten Norden Westfrankens, die dem Annalisten von Saint-Vaast in Arras die Sorge einflößten, daß das Christenvolk »der Ausrottung preisgegeben sei«, half schließlich 884 nach gemeinsamem Entschluß der Großen nur wieder ein horrender Tribut, den vornehmlich die Kirchen und ihre Schatzkammern aufzubringen hatten.

Der unaufhaltsam scheinende Schwund thronfähiger Karolinger, der in Ostfranken wie in Westfranken die dynastisch bedingten Teilungen nach wenigen Jahren wieder aufhob und seit 882 mit Karl III. und Karlmann nur noch je einen Herrscher übrig ließ, ging einher mit einer unübersehbaren Einschränkung auch des räumlichen Radius der Familienmacht, die einst Karl der Große bis fast an die Grenzen der lateinischen Christenheit auf dem Kontinent ausgedehnt hatte. Besonders fühlbar war der Wandel in Italien, wo im Süden nach dem Tod Kaiser Ludwigs II. (875) rasch jeder fränkische Einfluß erlosch und bald auch in Rom die Schutzhoheit versagte, wie das trübe Ende des vermutlich ermordeten Papstes Johannes VIII. (882) bewies. Nördlich der Ewigen Stadt beherrschten die aus fränkischem Adel hervorgegangenen mächtigen Markgrafen das Feld, namentlich Wido III. († 882/83) und Wido II. von Spoleto, Lamberts Sohn und Bruder, und der ihnen verschwägerte Adalbert I. von Tuszien sowie im Nordosten Berengar I. von Friaul, durch seine Mutter Gisela Enkel Ludwigs des Frommen; gegen sie richtete Karl III. bei seinen befristeten Aufenthalten im Lande wenig aus. Im früher lotharischen Bereich der Westalpen gebot neben dem allseits angefeindeten »König« Boso von Vienne, der indes zeitlebens nicht aufgab, im Dukat um den Genfer See der Welfe Rudolf, der vor 878 seinen Vater Konrad, den Bezwinger Hukberts, beerbt hatte. Von großer Tragweite war, daß mit dem Aufrücken Ludwigs des Stammlers zum westfränkischen König 877 auch die karolingische Unterherrschaft über Aquitanien entfiel, was sich 878/79, freilich noch vergebens, Bernhard von Gothien zunutze zu machen suchte, dann aber die Bahn freigab für den von Karl III. bereits als *marchio* titulierten Grafen Bernhard (Plantapilosa), ursprünglich von Autun († 885/86), den Begründer des bald schon recht autonomen Herzogtums der Wilhelme. Erst recht keine Rede mehr war von einer fränkischen Hoheit in der Bretagne, wo nach dem Tode des *dux* Salomon (874) Graf Alan I. von Vannes schrittweise seine Macht durchsetzte und bis zur Erneuerung des Königstitels steigerte († 907). Im ostfränkischen Reich waren nicht nur beträchtliche Teile Frieslands den Normannen überantwortet worden, sondern auch im Norden Einbußen eingetreten, nachdem bei einem Überfall dänischer Wikinger im Gebiet der Unterelbe Anfang 880 Liudolfs Sohn Brun, der Schwager König Ludwigs des Jüngeren, an der Spitze des schwer geschlagenen sächsischen Aufgebots samt elf weiteren Grafen und zwei Bischöfen gefallen war. Die Mark jenseits der Elbe ging verloren, und auch einige Slavenstämme fühlten sich daraufhin ermuntert, den sächsisch-thüringischen Grenzraum zu attackieren, wurden aber zurückgeschlagen. Schlimmere Kämpfe entbrannten zwischen 882 und 884 in der bayerischen Ostmark, wo der Mährerfürst Swatopluk auf die Verdrängung des Markgrafen Aribo durch innere Gegner, hinter denen Arnolf von Kärnten stand, mit verwüstenden Einfällen reagierte und am Ende bei einer Begegnung mit Karl III. nahe dem Wienerwald eine Bekräftigung des für ihn günstigen Status quo ante, wenn nicht mehr, erzwang.

Um dem rundum in die Defensive geratenen, teilweise bereits schrumpfenden Reichsgefüge neue Thronkämpfe zu ersparen und wieder eine längerfristige Perspektive zu eröffnen, griffen die beiden regierenden Karolinger den schon früher von Hinkmar zur Sprache gebrachten Gedanken an eine feste Rechtsbeziehung zwischen der östlichen und der westlichen Linie ihres Hauses auf, indem zu einem unbekannten Zeitpunkt, wohl 883/84, der kinderlose Karl III. den vaterlosen Karlmann adoptierte, also zum künftigen Erben des Gesamtreiches einsetzte. Die damit verbundene Erwartung, der junge westfränkische König werde den 27 Jahre älteren, vielleicht bereits kränkelnden Kaiser überleben, erfüllte sich indes nicht, denn in abermaliger Steigerung des Verhängnisses kam Karlmann am 6.12.884 durch ein Unglück auf der Jagd zu Tode und mußte, 18jährig, bei seinem Bruder Ludwig III. in Saint-

Denis begraben werden. Die Großen des Westreiches, unter denen Hugo der Abt nun seine Ausnahmestellung verlor, griffen nicht auf den kleinen Karl, Ludwigs des Stammlers Sohn von Adelheid, zurück, der sich mit seiner Mutter damals oder wenig später in der Obhut des Grafen Ramnulf II. von Poitiers befand; gegen ihn sprach wohl nicht nur, daß man ihn nach der Anerkennung seiner verstorbenen Stiefbrüder als illegitim betrachten mußte, sondern auch, daß die Entscheidung für ein fünfjähriges Kind eine vormundschaftliche Regierung von solcher Dauer erfordert hätte, wie sie in der karolingischen Geschichte bis dahin stets vermieden worden war. So blieb allein der gerade in der Lombardei weilende Karl III. übrig, dem eine Gesandtschaft unter Graf Theoderich von Vermandois die Einladung zur Herrschaftsübernahme unterbreitete. Der Kaiser erschien im Juni 885 in Ponthion und nahm die Huldigung der bisherigen Untertanen Karlmanns entgegen. Innerhalb von nur sechs Jahren war ihm ohne sonderliche Mühe, als bloße Konsequenz dynastischen Erbrechts, die Vereinigung sämtlicher Reichsteile in seiner Hand gelungen. Die Kanzlei empfand selbst den additiven Charakter dieser Herrschaft und berechnete fortan in den Urkundendatierungen gesondert die Kaiser- und die Königsjahre in Ostfranken, in Italien und in »Gallien«. Auch Reichsversammlungen fanden weiter getrennt statt.

Am Willen, der gewaltigen Aufgabe Herr zu werden, hat es Karl III., der zwischen 879 und 886 zwölfmal die Alpen überquerte, nicht fehlen lassen. Die akutesten Sorgen bereiteten weiter die Normannen, die nach ihren Beutegewinnen in Westfranken 884 den Schwerpunkt wieder mehr östlich, in die Gegend von Löwen, verlagert hatten. Die Verbindung der Gruppe um Gottfried mit dem lotharingischen Prätendenten Hugo war bereits vor Karls III. Rückkehr, jedoch in seinem Auftrag, mit roher Gewalt zerschlagen worden. Gegen ein vermeintlich gefährliches Komplott beider Schwäger rückte nämlich Graf Heinrich vom Grabfeldgau, Stammvater der Babenberger und bewährter Heerführer schon Ludwigs des Jüngeren, im Mai 885 an den Niederrhein und ließ Gottfried mit vielen der Seinen während vorgetäuschter Verhandlungen umbringen, nachdem man zuvor seine Gattin Gisela, die Tochter Lothars II., in Sicherheit gebracht hatte († 907 als Äbtissin von Nivelles und Fosses); wenig später wurde auch Hugo, ihr Bruder, in Gondreville in einen Hinterhalt gelockt, überwältigt und geblendet, um seine Tage als Mönch im Kloster Prüm zu beschließen († nach 895). Der lotharische Mannesstamm war damit ausgeschaltet, aber die Bedrohung durch die Normannen keineswegs überwunden, wenn auch deren Herrschaft in Friesland zusammenbrach. Als neues Ziel erkor ein großer Teil von ihnen den Seineraum und zumal die Stadt Paris, die seit Ende November 885 fast ein Jahr lang umzingelt wurde. Daß sie allen Angriffen standhielt, lag wesentlich an der Tatkraft des während der Belagerung gestorbenen Bischofs Gauzlin wie auch besonders des Pariser Grafen Odo, dessen unerschrockener Kampfesmut an seinen Vater Robert den Tapferen gemahnte. Karl III. dagegen wich monatelang der Konfrontation aus, erschien erst nach einem Italienzug im Oktober 886 vor Paris, wo der mit einer ostfränkischen Truppe vorausgeschickte Babenberger Graf Heinrich inzwischen gefallen war, und erreichte den Abzug der Feinde wie zuvor in Asselt nur durch eine Vereinbarung, die ihnen neue Lösegelder zusicherte und Burgund zur Überwinterung, de facto zur Plünderung freigab, – gemäß zeitgenössischem Kommentar ein »wahrhaft allzu erbärmlicher Ratschluß«.

Gerade weil Karl III. kaum noch imstande war, alle drängenden Probleme des ihm zugefallenen Großreiches selber resolut anzupacken, und weil er anders als seine Vorgänger auch keine Familienmitglieder mehr hatte, denen er Teile seiner Verantwortung delegieren konnte (abgesehen vom Neffen Arnolf, zu dem er Distanz hielt), verdient Aufmerksamkeit, auf wen sich der Kaiser bei seiner unverhofften Alleinherrschaft stützte und welche historischen Folgen dies hatte. In seiner näheren Umgebung war der anfängliche Erzkapellan, Bischof Witgar von Augsburg, noch während des auf Schwaben begrenzten Regiments von Liutward überspielt worden, einem aus der Reichenau hervorgegangenen Kanzleinotar, dem seine Gegner später niedere Herkunft vorwarfen; er erscheint 878 bereits als Erzkanzler und war seither von überragendem Einfluß auf Karl, der ihn 880 mit dem Bistum Vercelli und nach dem Gewinn ganz Ostfrankens 882 möglicherweise auch anstelle Liutberts von Mainz mit der Würde des Erzkapellans ausstattete. Gleich ihm waren es weitere »Alemannen, denen er vornehmlich die Führung seiner Herrschaft *(negotium sui regni)* anvertraut hatte«, wie ein rückblickender Annalist kritisch und durchaus konform mit dem Eindruck moderner Forschung vermerkte, wonach Karls Hofkapelle trotz aller Ausweitung seiner Macht »weitgehend den Charakter der landschaftlich gebundenen Teilkapelle«

beibehielt (J. Fleckenstein). Dieser räumlichen Isolierung an der Spitze steht die Bereitschaft des Kaisers gegenüber, ganze Reichsteile *(regna)* der Dominanz einzelner regionaler Machthaber zu überantworten. So verstärkte er in Italien das Gewicht Berengars von Friaul, indem er ihn mit Strafmaßnahmen gegen den Rivalen Wido II. von Spoleto beauftragte, und in Westfranken verhalf er dem Robertiner Odo zum weiteren Durchbruch, als er ihm zur Grafschaft Paris 886 nach dem Tode Hugos des Abtes auch noch dessen hinterlassene Hoheitsrechte in Neustrien und an der Loire hinzugab. In die Herrschaftsbildungen des burgundisch-provenzalischen Raums griff er als Kaiser gar nicht erst ein, aber auch innerhalb Ostfrankens hat er die Konsolidierung der liudolfingischen Macht in Sachsen durch Otto (den Erlauchten), den Bruder des gegen die Wikinger gefallenen Brun, zumindest nicht behindert, und das obgleich dieser Schwager Ludwigs des Jüngeren durch die Heirat mit einer Tochter des Babenbergers Heinrich bereits weitere Kreise zu ziehen begonnen hatte. Heinrichs Bruder Poppo festigte indessen seine Vorrangstellung in der thüringischen Mark gegen die Sorben.

Um allen diesen selbstbewußten Gebietern, die zunehmend Fiskalgut und königliche Amtsträger in ihren Bann zogen, künftig überhaupt noch einen gemeinsamen Herrn überordnen zu können, bedurfte es dringend der einvernehmlichen Vorsorge für die Nachfolge des Kaisers, dessen Hoffnung auf einen legitimen Thronerben, einen »kleinen Ludwig oder Karl« *(Ludoviculum vel Carolastrum),* wie ihn Notker von St. Gallen unbeirrbar kommen sah, vergeblich geblieben war. Nach dem Tod des westfränkischen Adoptivsohns Karlmann hatte Karl III. 885 einen Versuch gemacht, seinen noch heranwachsenden außerehelichen Sohn Bernhard (von einer namentlich nicht bekannten Mutter) zum Erben einzusetzen, war aber am Einspruch von Bischöfen und mehr noch an der bedenklichen Tatsache gescheitert, daß der zur Sanktionierung des heiklen Beschlusses eingeladene Papst Hadrian III. (884–885) auf der Hinreise eines jähen Todes starb. Das Problem gewann neue Dringlichkeit, als der Kaiser im Winter 886/87 schwer erkrankte, so daß er, das Schicksal seiner Brüder vor Augen, durch einen Aderlaß während der Fastenzeit Linderung suchte. Um die allgemeine Besorgnis zu dämpfen, schien sich ihm ein unerwarteter Weg zu eröffnen, da der soeben verstorbene Boso von Vienne einen kleinen Sohn namens Ludwig hinterlassen hatte, der als Enkel Kaiser Ludwigs II. ein unanfechtbarer Karolinger in weiblicher Linie war. Ungeachtet des vergangenen Streits mit seinem Vater, lud ihn Karl mit der Mutter Irmingard zu sich und nahm ihn Ende Mai 887 in Kirchen (bei Lörrach) an Sohnes Statt an, im Beisein Odos von Paris und womöglich auch Berengars von Friaul, der kurz zuvor am Hof nachzuweisen ist. Die Entscheidung für einen vielleicht gerade Sechsjährigen war indes nichts als ein ungewisser Wechsel auf die fernere Zukunft und brüskierte offen den erwachsenen und handlungsfähigen, wenngleich illegitimen Neffen Arnolf von Kärnten, der unter den ostfränkischen Großen längst viele Anhänger hatte. In der verbreiteten Mißstimmung kam es zu Geschehnissen, die »durch und durch rätselhaft und unheimlich« (G. Tellenbach) erscheinen. Noch in Kirchen ließ sich der Kaiser nötigen, seinen bis dahin allmächtigen Erzkanzler Liutward von Vercelli vom Hof zu verweisen und durch Erzbischof Liutbert von Mainz zu ersetzen, laut Reginos Chronik unter der Beschuldigung des Ehebruchs mit der Kaiserin Richgard. Während sich Liutward angeblich zu Arnolf begab (in dessen Umgebung er allerdings nie bezeugt ist), soll sich Richgard mit der Beteuerung gerechtfertigt haben, in 25 Ehejahren unberührt geblieben zu sein, trennte sich von ihrem kranken Gemahl und zog sich in das von ihr gegründete Kloster Andlau zurück. Daß dies alles geschah, um Karl eine neue Ehe und doch noch Nachwuchs zu ermöglichen, ist bloß eine vage Vermutung.

Seine Autorität scheint seither heillos erschüttert gewesen zu sein. Als Karl III. im November zu einer ostfränkischen Reichsversammlung in Tribur erschien, erfuhr er, daß Arnolf mit bewaffneter Macht herannahe, offenbar um die Anerkennung seiner Ansprüche zu erzwingen. Der Kaiser wich noch ins nahe Frankfurt aus, bot dort aber ein solches Bild der Hinfälligkeit, daß sich auch seine bisherigen Getreuen binnen weniger Tage dem eingetroffenen Herausforderer zuwandten. Vom 17.11. datiert Karls letzte, vom 27.11. Arnolfs erste Herrscherurkunde. Der von allen verlassene und somit gestürzte Kaiser bat sich einige Königshofe in Schwaben aus und ist sehr bald auf einem davon, in Neudingen an der oberen Donau, am 13.1.888 seinem Leiden erlegen. Auf der Reichenau trug man ihn zu Grabe.

IX. Die achte Generation: Arnolf und Karl der Einfältige (887/88–923/29)

Mit dem Sturz und dem Tod Kaiser Karls III. brach 887/88 der Mannesstamm muntehelich geborener Karolinger ab. Die Herrschaft des Geschlechts wäre wohl vollkommen erloschen, wenn nicht ein illegitimer Deszendent der ostfränkischen Linie, Arnolf, bis dahin Markgraf in Kärnten, durch seine Rebellion aktiv diese Wendung herbeigeführt hätte. Da er seine politischen Ziele jedoch, entsprechend dem Kreis seiner Frankfurter »Wähler«, auf das Regnum seines Großvaters Ludwig des Deutschen, also auf Ostfranken (samt Lotharingien), beschränkte, gab er zugleich den Weg frei zur Auflösung des großfränkischen Reichsverbandes, der von der Dynastie aufgebaut und bis zuletzt von ihr ausschließlich regiert worden war. Neben Arnolf traten weitere Machthaber, die das, was Boso von Vienne 879 zuerst gewagt hatte, mit größerem Erfolg nachahmten: als Nicht-Karolinger nach dem Königstitel zu greifen und im Vertrauen auf ihre hochadlige, meist den Karolingern verbundene Herkunft, auf einen Vorsprung an Ämtern, Besitz und Vasallen wie auch auf den Segen der Kirche eine eigenständige Hoheit auf dem Boden des alten Karlsreiches durchzusetzen. Die räumlichen Abmessungen entsprachen durchweg den von den karolingischen Teilungen gezogenen Grenzen, knüpften also an Machtpositionen an, die das Herrscherhaus zuvor selbst geschaffen und innegehabt, aber mangels Nachwuchs hatte aufgeben müssen. Gleichwohl ist der Übergang zu den neuen, anders legitimierten Königen auch von Miterlebenden bereits als tiefer Einschnitt empfunden worden, wie die berühmte Feststellung des Chronisten Regino von Prüm zeigt, wonach sich damals »die *regna,* eines rechtmäßigen Erben beraubt, aus ihrem Gesamtgefüge in Einzelteile trennten und nicht mehr ihrem natürlichen Herrn aufwarteten, sondern ein jeder daran ging, aus seinem Innern sich einen König zu erwählen«. Da mit dem *naturalis dominus* augenscheinlich der Karolinger Arnolf gemeint ist, wird der Unterschied ganz deutlich: Nach genau 200 Jahren (seit Tertry 687), während deren das Aktionsfeld des arnulfingischpippinidischen Hauses mit dem Frankenreich in seinen jeweiligen Dimensionen deckungsgleich gewesen war, ging die karolingische Geschichte nicht abrupt und spurlos zu Ende wie die merowingische, sondern setzte sich durchaus fort (für immerhin ein volles weiteres Jahrhundert), freilich ohne den Vorrang des Geblüts vor allen übrigen Gebietern und nur noch in Teilbereichen des zerfallenen Imperiums, nämlich zunächst in Ostfranken und dann weit länger in Westfranken, wobei dem dazwischen gelegenen Stammland in Lotharingien stets eine Schlüsselrolle zukam.

Das Hervortreten der neuen Könige hatte sich unter Karl III. schon länger angebahnt und konnte daher Anfang 888 ziemlich rasch vonstatten gehen. Der Regensburger Fortsetzer der Fuldaer Annalen, der noch herablassend von den »vielen Kleinkönigen *(reguli)* in Europa« spricht, nennt als ersten Berengar von Friaul, den Enkel Ludwigs des Frommen, der sich spätestens im Februar 888 in Pavia zum König des italischen Regnums krönen ließ, und gleich danach den Welfen Rudolf, der den Dukat um den Genfer See beherrschte, aber bei seiner Königserhebung in Saint-Maurice d'Agaune die Erneuerung des Lotharreiches ins Auge faßte. In Westfranken nutzte der Robertiner Odo seine überlegene Machtstellung von der Seine bis zur Loire wie auch seinen frischen Kriegsruhm als Verteidiger von Paris, um Ende Februar oder Anfang März in Compiègne die Krone zu nehmen, wohl nur wenige Tage bevor in Langres Markgraf Wido II. von Spoleto, eingedenk der alten Verbindungen seines Geschlechts zum Westen, desgleichen tat. Allerdings räumte er vor Odo schnell das Feld und verfolgte seine Ambitionen seither in Italien weiter, während im aquitanischen Süden Graf Ramnulf von Poitiers, nach dem Tode des Bernhard Plantapilosa (885/86) der Mächtigste weit und breit, zeitweilig ebenfalls seine Verselbständigung als König betrieb, sich dann aber doch Odo unterwarf († 890); an seinem Hof hütete er im übrigen den achtjährigen Karl, Ludwigs des Stammlers postumen Sohn, der vorerst freilich von keiner Seite ins Spiel gebracht wurde.

König Arnolf von Ostfranken, der Karolinger, ließ dies alles unbeteiligt geschehen. Erst im Juni 888 empfing er in Frankfurt eine Gruppe westfränkischer Gegner Odos unter dem Erzbischof Fulco von Reims, die zunächst Wido angehangen hatten und nun ihm die Herrschaft bei ihnen antrugen. Arnolf ging nicht darauf ein und erkannte vielmehr Odo an, auf den ja auch

Karl III. im Westen vertraut hatte. Der Robertiner fand sich, gestärkt durch einen eben errungenen Normannensieg, in Worms zur Huldigung ein und erhielt bald darauf von Arnolf eine Krone, mit der er, nunmehr in Reims, abermals gekrönt wurde, was seine inneren Widersacher einstweilen zum Schweigen brachte. Anders verhielt sich Arnolf gegenüber Rudolf, dessen Ehrgeiz auf Lotharingien, ausgedrückt in einer Königskrönung während des Sommers in Toul, er nicht hinzunehmen gewillt war. Durch einen Aufmarsch im Elsaß nötigte er den Welfen zum Rückzug und zum Erscheinen im Oktober in Regensburg, wo er ihm die Königsherrschaft allein für den westlichen Alpenraum zugestand. In Italien schließlich setzte Arnolf, wiederum wie Karl III., auf Berengar, zu dem er Ende 888 bei einer Begegnung in Trient persönliche Beziehungen aufnahm, ohne indes verhindern zu können, daß Berengar bald schon eine schwere Niederlage gegen den aus Westfranken zurückgekehrten Wido erlitt und im Kampf um das Regnum südlich der Alpen fürs erste das Nachsehen hatte. Alles in allem zeigt Arnolfs Umgang mit Odo, Rudolf und Berengar, daß der Karolinger eine gewisse Oberhoheit in Anspruch nahm, die sich schon aus dem relativen Übergewicht seiner ostfränkisch-lotharingischen Position ergab, aber, wohl unter dem Eindruck des Scheiterns Karls III., keine großfränkische Restaurationspolitik betrieb. Westfranken und Italien scheint er »schon als eigene traditionsbehaftete und geschichtsfähige Einheiten« (E. Hlawitschka) respektiert zu haben, doch fand er sich nur mühsam mit Rudolfs (hoch-)burgundischer Reichsbildung ab. Um deren Expansion vorzubeugen, förderte er sogar die Wiederaufrichtung des (nieder-)burgundisch-provenzalischen Königtums der Bosoniden durch den jungen Ludwig, den Adoptivsohn Karls III., der 890 in Valence unter Berufung auf seine von Karl verliehene *regia dignitas* und auf Arnolfs Einverständnis erhoben und gesalbt wurde.

Innerhalb Ostfrankens fehlte es nicht an geschichtsbewußten Stimmen, die in dem Namen des etwa 40jährigen, nicht zur Herrschaft geborenen Königs den heiligen Arnulf von Metz wiedererkannten und von ihm wie von dem einstigen Stammvater der Karolinger den Beginn einer neuen Blüte erhofften. Arnolf, der sich anscheinend erst als König mit Oda aus dem in der Lahngegend verwurzelten Geschlecht der Konradiner vermählte, konnte indes lediglich zwei Söhne aus früheren, kirchlich nicht anerkannten Verbindungen vorweisen, den gerade erwachsenen Zwentibold und einen noch ganz kleinen Ratold, deren Erbrecht ihm die ostfränkischen Großen 889 in Forchheim unter der Voraussetzung zusicherten, daß ihm kein legitimer Sprößling von Oda beschieden sein würde. Vermutlich gegen diesen Beschluß entfachte Bernhard, der außereheliche Sohn Karls III., 890/91 in Schwaben und Churrätien einen Aufstand, bei dessen Niederschlagung er getötet wurde. Nachwirkungen der Konfrontation mit dem kaiserlichen Oheim sind auch sonst in der inneren Politik Arnolfs zu spüren, der das Zentrum der Macht wieder nach Bayern verlegte und anstelle Liutberts von Mainz († 889) auf den Erzkapellan seines Vaters Karlmann, den Erzbischof Theotmar von Salzburg, zurückgriff. 892 sorgte er für den Sturz des von Karl III. geförderten Babenbergers Poppo in der Sorbenmark und ließ dafür die konradinischen Verwandten seiner Gattin, Graf Konrad den Älteren sowie dessen Bruder Rudolf als Bischof von Würzburg, zu vorherrschendem Einfluß in Mainfranken und Thüringen gelangen, ähnlich wie er 895 den in Bayern seit langem dominierenden Grafen Engildeo, der mit Hildegard, einer Tochter Ludwigs des Jüngeren, im Bunde stand, durch Liutpold ersetzte, vermutlich einen eigenen Verwandten über seine Mutter Liutswind. Zusätzliche Autorität gewann Arnolf durch glückliche Entwicklungen an den äußeren Grenzen, denn nach einem vielbeachteten Sieg über die Normannen am Fluß Dyle bei Löwen (891) kam ihm zugute, daß sich diese Feinde bald endgültig von seinem Teilreich abkehrten, und im Südosten erlebte er 894 den Tod des bis zuletzt erfolglos bekämpften Swatopluk, womit ein rascher, durch das von Osten neuerdings hervorbrechende Reitervolk der Ungarn noch beschleunigter Machtverfall des Mährerreiches einsetzte. Als die Königin Oda im Herbst 893 einen Sohn zur Welt brachte, der den Namen des Urgroßvaters Ludwig erhielt, schien die Konsolidierung der Karolingerherrschaft im reduzierten Rahmen Ostfranken-Lotharingiens vollends gelungen.

Eine zweite historische Bühne eröffnete sich dem alten Kaiserhaus gleichzeitig im Westen, wo König Odo nach dem Gewinn allseitiger Anerkennung (888/89) seine beträchtliche Hausmacht an Grafschaften, Kirchen und Lehen, die er formell dem Bruder Robert übereignet hatte, nach Kräften weiter ausbaute und sich damit den wachsenden Unmut der anderen Großen zuzog. Seine Widersacher, allen voran Erzbischof

Fulco von Reims und der Graf Heribert von Soissons und Meaux, durch seinen Vater Pippin ein Enkel des geblendeten Königs Bernhard von Italien († 818), versprachen sich am meisten Wirkung davon, nicht einen der Ihren Odo entgegenzustellen, sondern einen echten Karolinger: den bis dahin als illegitim betrachteten, mittlerweile 13jährigen Sohn Ludwigs des Stammlers, Karl mit dem späteren, an sich positiv gemeinten Beinamen »der Einfältige«. Er wurde am 28.1.893, also am Jahrestag von Karls des Großen Tod, in Reims feierlich gekrönt und fand als (Gegen-)König auf Anhieb starke Resonanz, die bis ins westfränkische Burgund und nach Aquitanien reichte, aber nicht von Dauer war. Um ihm wenigstens das Wohlwollen Arnolfs zu sichern, appellierte Fulco in einem Schreiben geschickt an die familiäre Solidarität, indem er seinen Abscheu vor der Tyrannei des »dem Königstamm *(stirps regia)* fremden« Odo mit der Sorge um die Zukunft des Karolingerhauses verknüpfte, aus dem nur noch Arnolf und eben der junge Karl übrig und somit eng aufeinander angewiesen seien. Tatsächlich trafen beide im Mai 894 in Worms zusammen, wo Arnolf den Vetter (zweiten Grades) als Lehnsmann annahm und seine politischen Ziele zu unterstützen versprach. Doch ließ er bald davon ab, als Karl nach seiner Rückkehr gegen den wieder erstarkenden Odo weiter rapide an Boden verlor und aus der Francia ins westliche Burgund ausweichen mußte. Arnolf besann sich seiner Rolle als Oberherr beider, »befahl, daß Odo und Karl zu ihm kämen« (so der Annalist von Saint-Vaast), und als sich im Mai 895 nur Odo in Worms einstellte, erneuerte er das Bündnis mit ihm, gab also die karolingische Option im Westen auf.

Dringlicher waren dem ostfränkischen Herrscher die Beeinträchtigungen seiner Hegemonie, die von König Rudolf und von den Widonen ausgingen, und die Chancen für den eigenen Nachwuchs, die aus deren Bekämpfung erwachsen konnten. Jedenfalls war der lästige Welfe in Hochburgund fühlbar gestärkt durch die Erfolge Widos, der nach der Abdrängung Berengars in den Raum von Verona bis Friaul als Herr über den größten Teil Italiens auch den widerstrebenden Papst Stephan V. (885–891) dazu gebracht hatte, ihn als ersten Nicht-Karolinger am 21.2.891 zum Kaiser zu krönen, und mit der Erhebung seines heranwachsenden Sohnes Lambert zum Mitkönig (Mai 891) und sogar dessen Kaiserkrönung durch Stephans Nachfolger Formosus (891–896) im April 892 in Ravenna die langfristige dynastische Sicherung seiner (ganz »fränkisch« gedachten) Herrschaft erreicht zu haben schien. Dagegen war Arnolf bereit, seine anfängliche Selbstbescheidung aufzugeben, – wozu ihn auch Hilfsgesuche des Papstes und Berengars ermunterten. 893 schickte er Zwentibold, seinen Ältesten, vor, der bis Pavia zog, aber nicht viel gegen Wido ausrichtete; Anfang 894 folgte er selbst, nahm in einer »Entscheidungsschlacht« (J. Jarnut) die Stadt Bergamo ein und verschaffte sich in ganz Oberitalien Geltung (in unklarem Verhältnis zu den Rechten König Berengars), brach dann aber die weitere Verfolgung Widos ab und kehrte auf dem Umweg einer Strafexpedition durch Rudolfs hochburgundisches Kernland heim.

Gegen den schwer zu packenden Welfen waren ein erneuter Feldzug Zwentibolds und eine Zusammenkunft Arnolfs mit Ludwig von der Provence im Sommer 894 gerichtet, zu einem guten Teil aber auch Arnolfs Plan, den Erstgeborenen, der seit der Geburt Ludwigs des Kindes sein Thronfolgerecht in Ostfranken eingebüßt hatte, mit einem gesonderten Regnum auszustatten, das außer dem eigentlichen Lotharingien auch Burgund umfassen sollte. Nachdem die Großen dies, bemerkenswerterweise, 894 in Worms noch abgelehnt hatten, setzte sich Arnolf im Mai 895 an gleicher Stätte durch und ließ Zwentibold in Gegenwart Odos von Westfranken unter allgemeiner Zustimmung zum König *in Burgundia et omni Hlotharico regno* salben und krönen. Erst danach wandte er sich wieder Italien zu, wo inzwischen Kaiser Wido verstorben war und seit Ende 894 dessen Witwe Ageltrude mit dem jungen Kaiser Lambert das Regiment führte. Anders als noch 894 pochte Arnolf diesmal auf Herrscherrechte auch südlich der Alpen, was ihn schnell mit Berengar entzweite, und drang im Winter 895/96 bis Rom vor, wo er sich den Einzug gegen Ageltrude erkämpfen mußte. Formosus verlieh ihm am 15./22.2.896 ohne Rücksicht auf den geflohenen Lambert die Kaiserkrone und erwartete von ihm weiteres Einschreiten gegen das widonische Spoleto, aber da holte Arnolf das Verhängnis der Spätkarolinger ein: Er erlitt wie sein Vater Karlmann einen Schlaganfall mit schweren Lähmungen, der eine sofortige Rückkehr nach Bayern gebot und bereits 897 eine Ausdehnung des Treueids der ostfränkischen Großen auch auf den vierjährigen Sohn Ludwig ratsam machte. In Mailand ließ Arnolf seinen außerehelichen Sohn Ratold zurück, dem er eine künftige Rolle in

Italien zugedacht haben mag, doch war das karolingische Zeitalter in der Geschichte dieses Landes unwiederbringlich zu Ende. Kaiser Lambert († 898) und Berengar teilten sich noch 896 vertraglich die Herrschaft.

Der einzige unter Arnolfs Söhnen, der politisch handlungsfähig geworden ist, war Zwentibold, dem der Vater 895 die Hoheit über Lotharingien mit allen Merkmalen der Eigenständigkeit, also auch einer gesonderten Hofkapelle unter Erzbischof Hermann von Köln und einer Kanzlei unter Erzbischof Radbod von Trier, zugestanden hatte. Gewiß verband sich damit die Erwartung engsten Zusammenwirkens mit Ostfranken, doch kam es gerade dazu nicht, denn statt flankierend zu dem nach Italien strebenden Arnolf weiter Rudolf von Hochburgund unter Druck zu setzen, ließ sich Zwentibold sogleich im Sommer 895 für den fast schon gescheiterten Karl den Einfältigen gewinnen und drang, auch in der Hoffnung auf eigenen Gebietszuwachs, ins Westreich ein, wo er bis vor Laon gelangte, ohne indes Odos Vormacht erschüttern zu können. Im Winter 895/96 und nochmals im Sommer 896 bot er Karl Zuflucht in seinem Reich und verhinderte nicht, daß er im Vogesenkloster Remiremont mit Arnolfs Widerpart in Italien, dem flüchtigen Kaiser Lambert, und wahrscheinlich auch Rudolf von Hochburgund zusammentraf. Nicht bloß diese eigenwillige Außen-, besser: Familienpolitik, sondern auch heftige Zerwürfnisse Zwentibolds mit dem lotharingischen Grafenadel veranlaßten den kranken Kaiser Arnolf, sich 897 nach Worms zu bemühen. Dort kam es zur einstweiligen Aussöhnung und im Sinne einer stärkeren Bindung an das Ostreich zur Verabredung einer Heirat des Königs mit der Liudolfingerin Oda, Tochter des sächsischen Machthabers Otto des Erlauchten. Offenbar hinderten diese Vorgänge Zwentibold an weiterem Eingreifen im Westen, so daß dort 897 ohne sein Zutun, aber durch tätige Vermittlung Fulcos von Reims ein Ausgleich zwischen Odo und Karl dem Einfältigen zustandekam: Der siegreiche Robertiner, der Schritt für Schritt die Königsmacher des Gegners auf seine Seite gezogen hatte, u.a. Graf Heribert durch Überlassung der wichtigen Grafschaft Vermandois (896), aber selber ohne legitimen Sohn geblieben war, einigte sich mit dem unterlegenen Karolinger auf gegenseitige Anerkennung ihres Königtums, gestand ihm ein beschränktes Hoheitsgebiet (wohl um Laon) und nach seinem Tode die Anwartschaft auf das ganze Westreich (vor dem eigenen Bruder

Robert) zu, ließ sich dafür aber die beträchtlichen Machtpositionen seiner Familie von dem bisherigen Rivalen garantieren.

Auf dieser Grundlage ergab sich eine anscheinend reibungslose Wiederherstellung der karolingischen Monarchie im Westen, als Odo am 1.1.898 in La Fère an der Oise gestorben und ganz im Stile seiner Vorgänger in Saint-Denis beigesetzt war. Binnen kurzem hatte der Herrscherwechsel indes Rückwirkungen auf Lotharingien, weil sich unzufriedenen dortigen Großen nun in Gestalt Karls eine dynastische Alternative zu Zwentibold bot. Insbesondere kam es zum scharfen Bruch zwischen dem König und der bis dahin maßgeblichen Figur seiner Umgebung, dem Maasgau-Grafen Reginar, Sohn Giselberts und einer Tochter Lothars I., und zu dessen Hilferuf an Karl, der im Sommer 898 bis Aachen und Nimwegen vorstieß, wogegen Zwentibold offenbar vergebens den Beistand seines sächsischen Schwiegervaters suchte. In der Gegend von Prüm wurde im Oktober eine offene Schlacht zwischen den beiden Karolingern durch einen Waffenstillstand abgewendet, doch zeigten die Friedensverhandlungen im Frühjahr 899 in St. Goar am Mittelrhein, bei denen die ostfränkischen Abgesandten Arnolfs, Erzbischof Hatto von Mainz sowie die Konradiner Konrad und Gebhard, ein gewichtiges Wort mitsprachen, daß es um Zwentibolds Autorität und Autonomie immer schlechter bestellt war. Die Großen des Lotharreiches warteten augenscheinlich nur noch das unabwendbare Hinscheiden Kaiser Arnolfs ab, das am 8.12.899 in Regensburg eintrat, und die Nachfolge seines am 4.2.900 in Forchheim erhobenen und gekrönten Sohnes Ludwig das Kind, um diesen ins Land zu rufen und ihm im März in Diedenhofen zu huldigen. Auf einen gesonderten Herrscher ihres Regnums legten sie keinen Wert, sondern waren mit einer Angliederung an Ostfranken bei Fortbestand einer eigenen Königskanzlei unter dem Trierer Erzbischof ganz zufrieden. »Von allen seinen Bischöfen und Grafen im Stich gelassen *(desertatus)*«, wie man in Regensburg notierte, ist König Zwentibold am 13.8.900 bei einem Gefecht im Maasgau umgekommen. Seine Ruhestätte fand er später Überlieferung zufolge in der Abtei Susteren.

Das erste Dezennium des 10. Jahrhunderts sah daraufhin noch einmal - wie 869 bis 876 und zuletzt 882 bis 884 - je einen allgemein anerkannten karolingischen König in Ostfranken und in Westfranken, doch waren beide durch äußere Umstände und die Macht der Großen in ihren Handlungsspielräumen aufs stärkste eingeengt und nicht entfernt mehr mit Ludwig dem Deutschen oder Karl dem Kahlen zu vergleichen. Erst recht fehlte ihnen die Kraft zu grenzüberschreitender Aktion im freundlichen oder feindlichen Sinne, so daß sich Ludwig das Kind und Karl der Einfaltige zeitlebens nie begegnet sind. Ganz unbeeinflußt von beiden verlief im übrigen der weitere geschichtliche Weg Italiens und des Kaisertums, dem hier wenigstens ein Seitenblick gelten muß, weil daran zwar nicht mehr der Mannesstamm des großen Karl beteiligt war, aber das politische Gewicht seines Geblüts noch lange sichtbar blieb. Fast lückenlos war nämlich die vielumstrittene Krone Italiens im frühen und mittleren 10. Jahrhundert (bis zum Eingreifen Ottos I.) nach dem Willen der Großen des Landes auf dem Haupt von Karolingern in weiblicher Linie: Gegen König Berengar I., den Enkel Ludwigs des Frommen, der dank Widos, Lamberts und Arnolfs Tod alle seine Kontrahenten überdauert hatte, trat 900 von außen der inzwischen erwachsene Ludwig von der Provence, Enkel Kaiser Ludwigs II., in die Schranken, errang 901 auch die Kaiserwürde, wurde aber 905 von Berengar überwunden und durch Blendung aus dem Machtkampf ausgeschaltet († 928). Für die nächsten fast 20 Jahre behauptete sich Berengar, seit 915 ebenfalls Kaiser, bis er 924 einem Mordanschlag erlag. Nach einem Zwischenspiel durch den Welfen Rudolf II., den Sohn und Nachfolger Rudolfs I. († 912) in Hochburgund, der von 922 an gegen Berengar aufgetreten war und bis 926 um Italien rang, setzte sich Graf Hugo von Arles und Vienne als König durch, der durch seine Mutter Bertha ein Enkel Lothars II. und Waldradas war, also wie der letzte Kaiser Ludwig der Blinde in der dynastischen Tradition des Mittelreiches von 843 stand. Gegen ihn († 948) und seinen gleichfalls königlichen Sohn mit dem bezeichnenden Namen Lothar († 950) wandte sich schließlich mit Berengar II. († 966), dem Sohn einer Tochter des söhnelos gebliebenen ersten Berengar, sowie dessen Sohn Adalbert († 972/75) noch einmal die auf Ludwigs des Frommen Tochter Gisela zurückgehende Deszendenzlinie.

In Ostfranken war 899/900 nach dem Tode Kaiser Arnolfs eine Situation eingetreten, die man seit den späten Merowingern nicht mehr gekannt hatte. Der neue König Ludwig war ein anfangs sechsjähriges Kind, offenbar von Natur kränklich und zu eigenständigem Handeln nicht imstande, auch wenn das hergebrachte Zeremoniell der Reichsversammlungen und der Urkundenausstellung dies überspielte. Macht und Verantwortung mußten auf Jahre an die geistlichen und weltlichen Großen übergehen, die durchweg im Königtum weiterhin ihren legitimierenden Rückhalt sahen, aber von dort nicht länger in ihren Positionskämpfen gehemmt wurden, sondern eher versucht waren, die Königsautorität zur Waffe gegeneinander zu machen. Sie fühlten sich im übrigen zur Bündelung und Anspannung aller verfügbaren Kräfte unter ihrer Führung vielfach auch dadurch herausgefordert, daß kurz nach dem Verschwinden der Normannengefahr die neue, unberechenbare Bedrohung durch die Ungarn über Ostfranken hereinbrach, die fraglos auch einen tatkräftigen König überfordert hätte. Auf den Spuren der Hunnen und der Awaren, mit denen sie in den lateinischen Quellen gern identifiziert werden, waren diese berittenen Nomaden aus dem Wolgaraum in die Donau/Theiß-Ebene des alten Pannonien vorgestoßen und machten sich von dort aus bald durch rasche, nach Westen gerichtete Beutezüge über weite Entfernungen bemerkbar. 899/900 fielen sie in großer Zahl plündernd in Oberitalien ein, nachdem König Berengars Abwehr in Friaul gescheitert war. Aber auch Bayern mit Karantanien und der Ostmark wurden seitdem von ihnen heimgesucht, das innerlich geschwächte Mährerreich bis 906 zerschlagen. Hatte noch Arnolf 892 eine ungarische Reiterschar gegen Swatopluk zu Hilfe genommen, so standen 902 Bayern und Mährer in gemeinsamem Kampf gegen die Heiden.

Bestimmend an Ludwigs Königshof blieben jene Kreise, die bereits in Arnolfs Gunst gestanden hatten. Unter den Vertretern des Episkopats tritt weniger der weiter amtierende Erzkapellan Theotmar von Salzburg als der von Arnolf eingesetzte Mainzer Erzbischof Hatto hervor, der in einem Schreiben nach Rom über den Thronwechsel von 900 berichtete, offenbar noch in der trügerischen Hoffnung, einen »ostfränkischen Anspruch auf die Kaiserwürde« (H. Beumann) retten zu können. Zur informellen Regentschaft ist gewiß auch Bischof Adalbero von Augsburg zu zählen, der als »Erzieher« des Königs genannt wird, sowie Bischof Salomon III. von Konstanz, seit 909 mit dem zuvor vakant gebliebenen Titel des Kanzlers. Im Kreise der großen Familien gaben nun erst recht die unter Arnolf aufgestiegenen Konradiner den Ton an, die sich in Hessen, aber nicht in Thüringen gegen die sächsischen Liudolfinger behaupteten und in Mainfranken seit 902 im Namen des

Königs eine blutige Fehde mit den Babenbergern ausfochten; daß Graf Konrad der Ältere dabei 906 den Tod fand, zog alsbald die Gefangennahme und Hinrichtung des letzten Babenbergers Adalbert nach sich, womit der Weg frei war für den jüngeren Konrad, den nachmaligen König, der fortan als *dux* in Rhein- und Mainfranken waltete. Einen weiteren Zugewinn hatte sein Haus schon etwa 902 zu verzeichnen gehabt, als Konrads des Älteren Bruder Gebhard zum Statthalter in Lotharingien mit der urkundlichen Bezeichnung als *dux regni quod a multis Hlotharii dicitur* eingesetzt worden war, neben dem freilich auch der einheimische Graf Reginar seine Position wahrte. Als »königsnaher« Magnat hat ferner Liutpold in Bayern zu gelten, der angesichts der bedrohten Grenzen zu vermehrten Machtmitteln und erhöhten Befugnissen gelangte und 903 als *dux Boemanorum* von der Königskanzlei tituliert wurde. Immerhin mehrfach am Hof bezeugt, freilich ohne Kennzeichnung als *dux*, ist der Liudolfinger Otto der Erlauchte, der im angestammten Sachsen 906 einen ersten Einfall der Ungarn hinnehmen mußte, und schließlich fehlen in Ludwigs Umgebung auch nicht der thüringische Markgraf Burchard (908 mit *dux*-Titel) sowie ein weiterer Burchard, der als Markgraf in Rätien den ersten Rang bei den Alemannen beanspruchte, aber 911 der Wut seiner Gegner zum Opfer fiel. Die historische Forschung erkennt in diesen Männern die Repräsentanten der heraufziehenden nach-karolingischen Mittelgewalten, die in allmählicher Annäherung an ältere Volks- und Rechtsgebiete als Herzogtümer zum tragenden Grund des Ottonenreiches wurden. Eben in der Zeit des ostfränkischen Kinderkönigtums nahmen sie einen entscheidenden Entwicklungsfortschritt.

Zum äußeren Wendepunkt der Regierungszeit Ludwigs des Kindes wurde der Sommer 907, als der Versuch offensiver Ungarnabwehr an der Donau scheiterte und ein stattliches bayerisches Aufgebot am 4.7. vor Preßburg eine verheerende Niederlage erlitt; Liutpold als Anführer kam ebenso ums Leben wie der Erzkapellan Theotmar von Salzburg und zwei weitere Bischöfe neben vielen anderen Großen. Das bayerische Ostland, einst von Karl dem Großen den Awaren abgerungen, war nach diesen Einbußen nicht mehr zu halten, und Bayern selbst geriet in eine exponierte Position, deren Stabilisierung nach dem Willen der Überlebenden Liutpolds Sohn Arnulf zufiel. Während er sich bald schon *dux Baioariorum et etiam adiacentium regionum* nannte, ist Ludwigs Königshof seither nicht mehr im väterlichen Kernland Bayern nachzuweisen, sondern hielt sich im konradinischen Franken sowie in Schwaben auf. Ein ähnlich vernichtender Schlag durch die Ungarn traf übers Jahr Thüringen, wo der Markgraf Burchard wie auch Bischof Rudolf von Würzburg, der Konradiner, bei der Abwehr fielen und fortan die sächsischen Liudolfinger ihre Macht ausweiten konnten. 909 und abermals 910 suchten die Ungarn, Bayern durchquerend, mit Raub und Brand Alemannien heim, und dort am Lech geschah es zum einzigen Mal, daß ihnen König Ludwig selbst an der Spitze eines Heeres aus Schwaben, Franken und Bayern entgegentrat. Er wurde genauso geschlagen wie andere vor ihm und verlor auf dem Schlachtfeld wiederum einen wichtigen Helfer: den Konradiner Gebhard, *dux* in Lotharingien. Da die erneute Besetzung seines Amtes von auswärts nicht mehr zustande kam, rückte Reginar, der Enkel Lothars I. und Graf im Maasgau, bis Mitte 911 (wieder) in die Rolle des anerkannt führenden Magnaten im alten Lotharreich ein. Man sieht, wie mit dem Schwinden der Kraft von König und Hof zur Verteidigung nach außen ein Verfall ihrer personellen und integrierenden Wirksamkeit nach innen einherging.

Im Unterschied zu Ludwig dem Kind war Karl der Einfältige, als er im Januar 898 nach Odos Tod auf einer Reichsversammlung in Reims sein unangefochtenes Königtum in Westfranken antrat, immerhin ein Achtzehnjähriger und die folgenden zweieinhalb Jahrzehnte hindurch Herr seiner politischen Entschlüsse, aber auch er hatte sich von vornherein schweren Hypotheken zu beugen, die seine Entfaltung hemmten und an denen er trotz zeitweiliger Erfolge schließlich gescheitert ist. Robert, der Bruder des verstorbenen Königs, ließ ihm ja nur deshalb den Vortritt, weil er gemäß früherer Absprache darauf bauen durfte, nicht bloß den Hausbesitz seiner Vorfahren, sondern auch die Gesamtheit der von Odo übertragenen Hoheitsrechte in Neustrien und im Pariser Becken und sogar die dortigen Pfalzen, Fiskalgüter und Reichsabteien zu behalten. Diese Mediatisierung aller königlichen Rechte in Neustrien, die Karl sogar Saint-Denis entzog, verschob die Gewichte zwischen Karolingern und Robertinern entscheidend. Sie fand ihren förmlichen Ausdruck in Roberts Bezeichnung als *marchio* und ging in der Sache weiter als die Machtkonzentrationen in den Händen der zeitgleichen *duces* in Ostfranken, weil sie in etwa flächendeckenden Charakter annahm und neben den Grafschaften auch die Bischofssitze dem König entwand. Sie war zudem durchaus nichts Einmaliges, sondern holte nun auf genuin fränkischem Boden nach, was sich schon länger im aquitanischen Süden abgezeichnet hatte, den inzwischen Wilhelm I. der Fromme († 918), der Sohn Bernhards Plantapilosa und Stifter der Abtei Cluny, als *comes, marchio atque dux* beherrschte, und was ferner im (westfränkischen) Burgund durch das zähe, bisweilen brutale Vorgehen des Grafen Richard von Autun († 921), Bosos Bruder, politische Realität geworden war und sich auch in dessen *marchio*-Titel niederschlug.

Selbst im engeren Bereich der östlichen Francia zwischen Seine und Maas, der dem wiederbelebten karolingischen Königtum allein noch verblieb, gab es fühlbare Konkurrenz durch die aufsteigende Macht des Grafen Balduin II. von Flandern († 918), der 900 ungestraft die Ermordung des Erzbischofs Fulco von Reims, Karls Erzkanzler, ins Werk setzte, und durch den Grafen Heribert I. von Vermandois, der in der Champagne seine Herrschaft ausbreitete, bis er vor 907 ebenfalls Balduins Nachstellungen zum Opfer fiel. Inmitten dieser regionalen Gebieter, die ihm alle durch formellen Lehnseid unterstellt, tatsächlich aber mit ihren Vasallenaufgeboten überlegen waren, blieb Karl wenig anderes übrig, als die großen Lehnsfürstentümer (Prinzipate) zu respektieren, behutsam ihre Rivalitäten zu steuern und sich selber wenigstens einen Kernbereich unmittelbarer Autorität im Raum um Reims und Laon zu erhalten, wobei die Erzbischöfe von Reims seine wichtigsten Partner wurden. An ein aktives Bemühen um Lotharingien, wo er gleich 898 auf Reginars Seite eingegriffen hatte, konnte Karl jahrelang nicht denken, doch durfte seine 907 geschlossene Ehe mit der vornehmen Sächsin Frederun, vielleicht aus der Familie der späteren Königin Mathilde, ein fortwährendes Interesse am Ostreich und eine Aversion gegen die in Lotharingien damals vorwaltenden Konradiner anzeigen. Da Frederun bis 917 nacheinander sechs Töchter zur Welt brachte, war sie indes nicht imstande, Karls Getreuen neue Zuversicht in die herrschaftliche Zukunft der alten *stirps regia* zu vermitteln.

Erst 911 kam Karls Politik in ein neues Fahrwasser. Im Verhältnis zu den Normannen, die in Westfranken nicht mehr mit der Wucht früherer Jahrzehnte, aber doch weiterhin Raubzüge unternahmen und dabei nun von den *marchiones* und sonstigen Magnaten, so gut es ging, in die Schranken gewiesen wurden, trat eine Wende zum Besseren ein, als nach dem Scheitern ihrer Belagerung von Chartres eine starke Gruppe unter Führung Rollos dazu gebracht werden konnte, das Christentum anzunehmen und ihre Niederlassung an der unteren Seine als Grafschaft Rouen zum Schutz des Reiches legalisieren zu lassen. Karl der Einfältige, an den vorherigen, von Robert von Neustrien und Richard von Burgund angeführten Kämpfen offenbar unbeteiligt, trat in Erscheinung, als es etwa im September 911, vielleicht in Saint-Clair-sur-Epte, darum ging, diese Vereinbarung förmlich abzuschließen und Rollo mit dem Gebiet zu belehnen, aus dem die spätere Normandie hervorgegangen ist. Damals dürften bereits die Umwälzungen absehbar gewesen sein, die sich kurz darauf weiter östlich ergaben, denn noch vor dem Tod des ostfränkischen Königs Ludwig am 24.9., dem die Bestattung in Regensburg folgte, hatten sich »die Führer *(principes)* der Lotharingier«, einer einzelnen, vielerörterten Annalennotiz zufolge, von dem glücklosen jungen Herrscher »getrennt«. Ob diese Entscheidung, hinter der fraglos der 911 wieder in den Vordergrund getretene Reginar stand, unmittelbar die Hinwendung zum einzigen anderen Karolinger, dem westfränkischen König Karl, einschloß, weiß man nicht, aber jedenfalls bot sich ein solcher Schritt an, als nach dem Hinscheiden des erbenlosen, nur 18 Jahre alt gewordenen Ludwig feststand, daß die ostfränkische Linie Ludwigs des Deutschen erloschen war, und die führenden Männer seiner Umgebung sich daran machten, ihr Regiment auch ohne einen Karolinger fortzuführen, indem sie den Mächtigsten der Ihren zum Nachfolger erkoren. Wenige Tage bevor in Forchheim Konrad der Jüngere, das Haupt der Konradiner, von »Franken, Sachsen, Alemannen und Bayern« zum ersten nichtkarolingischen König Ostfrankens gewählt und anschließend gesalbt worden ist, trat Karl der Einfältige am 1.11.911 die Herrschaft über die Heimat seiner frühesten Vorfahren an.

Die Tragweite der Ereignisse erschließt sich dem rückblickenden Betrachter in anderer Weise als den Miterlebenden. Da es im Ostfrankenreich nie mehr zu einer karolingischen Restauration kam (wozu auch, anders als in Westfranken nach 888, alle dynastischen Voraussetzungen fehlten), war die Entscheidung der an sich auf möglichste Kontinuität bedachten Wähler Konrads I. tatsächlich ein irreversibler Bruch mit der karolingischen Vergangenheit und ein wesentlicher Schritt in eine eigenständige Zukunft der bisherigen östlichen Reichsteile, in denen das fränkische Element seine Führungsrolle kaum auf die Dauer wahren konnte. Umgekehrt fühlte sich Karl der Einfältige bereits am 20.12.911 in der ersten nach Konrads Wahl ausgestellten Urkunde veranlaßt, neben der zusätzlichen Jahreszählung »seit dem Erwerb des vergrößerten Erbes« auch die Selbstbezeichnung *rex Francorum* anstelle des bis dahin gebräuchlichen Königstitels ohne Bereichsangabe einzuführen. Die betonte »Gleichsetzung von fränkisch und karolingisch« (J. Ehlers) sollte nach außen wie nach innen wirken und dem fortan alleinigen Herrscher aus Karls Geblüt einiges wettzumachen helfen, was ihm an realen Machtmitteln abging. In der Tat gelang es ihm 912 und 913, dreimalige Vorstöße Konrads I. zur Rückgewinnung des *regnum Lotharii* abzuweisen, ohne daß sich im Lande eine »konradinische Partei« geregt hätte. Karl nahm nun sogar bevorzugt in Metz und Diedenhofen, in Herstal und Aachen Aufenthalt, ließ seinen Verbündeten Reginar, reich mit Kirchenbesitz ausgestattet, wie die Gebieter über Neustrien, Aquitanien und Burgund als *marchio* gelten, faßte aber doch bald immer deutlicher ins Auge, Lotharingien zur Erweiterung seiner schmalen Machtbasis in Westfranken zu nutzen. So erlosch nach dem Tod Erzbischof Radbods von Trier (915) allmählich die gesonderte lotharingische Königskanzlei, die auf Zwentibolds Zeit zurückging, und als im selben Jahr auch Reginar starb, verweigerte Karl dessen Sohn Giselbert die Vorrangstellung des Vaters. Exponent dieser neuen, selbstbewußteren Politik scheint der seit 916 in der Umgebung des Königs zunehmend genannte Hagano gewesen zu sein, ein lotharingischer Getreuer von angeblich geringerer Herkunft, dessen Aufstieg zum Grafen und zum maßgeblichen Berater Karls den Ärger der bis dahin führenden Kreise vornehmlich in Westfranken weckte.

Karl der Einfältige mag sich 918/19 bereits auf dem Wege zu einer Hegemonie über die nicht-karolingischen Könige gesehen haben, zumal angesichts der schweren Krise, in die die ostfränkische Monarchie durch den fehlgeschlagenen Versuch Konrads I. († 918) geraten war, sich in karolingischer Manier die Mittelgewalten botmäßig zu machen und zu halten. Gleichwohl agierte auch Karl jederzeit auf schwankendem Grund, nicht bloß weil er immer noch ohne Sohn war und darum Freund und Feind als der letzte Karolinger erscheinen mußte, nach dessen Ende auch im Westen über das Königtum neu zu verfügen sein würde. Er beeilte sich, nach dem Tod seiner sächsischen Gemahlin Frederun (917) eine neue Ehe einzugehen, wobei sich seine Wahl wiederum nicht am westfränkischen Hochadel orientierte, sondern erstmals in der karolingischen Familiengeschichte auf eine Ausländerin fiel: Eadgifu, die Tochter des angelsächsischen Königs Eduard des Älteren von Wessex († 924). Im Verhältnis zu den eigenen *marchiones* und sonstigen Großvasallen, unter denen um 920 eine neue Generation nach vorne drängte, hatte Karl ohnehin die für sein politisches Überleben entscheidende Balance früherer Jahre verloren, wie schlagartig zutage trat, als 919 sein Aufruf zur Heerfolge gegen die bis nach Westfranken vorgedrungenen Ungarn nahezu ungehört verhallte. In Lotharingien wurde seine Lage dadurch erschwert, daß östlich des Rheins durch die Wahl des liudolfingischen Sachsenherzogs Heinrich, des Sohnes Ottos des Erlauchten, zum König der »Franken und Sachsen« im Mai 919 eine ganz neue Konstellation eingetreten war, die auf die Großen an Maas und Mosel einladender wirkte als das konradinische Regiment der Vergangenheit. Während sich Giselbert nun völlig mit Karl dem Einfältigen überwarf, traten, wie berichtet wird, »fast alle« Großen Westfrankens mit Robert von Neustrien an der Spitze Anfang 920 in Soissons ihrem König mit der Forderung gegenüber, seinen Günstling Hagano zu entlassen, d.h. seine resolute Politik der letzten Jahre aufzugeben, und als er dies verweigerte, sagten sie ihm die Treue auf. Der drohenden Beugehaft seiner Magnaten entging Karl nur, indem er sich für sieben Monate in den Schutz des ihm noch ergebenen Erzbischofs Heriveus von Reims begab. Diese Zeit nutzte Giselbert, um sich von seinem lotharingischen Anhang »unter Abkehr von König Karl *(relicto Karolo rege)*« zum *princeps*, also wohl einem Herrscher aus eigenem Recht, proklamieren zu lassen.

Gegen die kaum verhüllte Absetzung hat sich Karl der Einfältige noch einmal energisch aufgebäumt. Als ihm die Unterhandlungen des Erzbischofs Heriveus zu erneuter Anerkennung oder besser: Duldung verholfen hatten, wandte er sich zunächst gegen Giselbert, beendete dessen Sezession und setzte auch in der Machtprobe um die Neubesetzung des Lütticher Bischofsstuhls den eigenen Kandidaten gegen den von Giselbert bestimmten und bereits vom Kölner Erzbischof Hermann auf Druck König Heinrichs I. geweihten Rivalen durch, wobei er sogar den Papst zu seinen Gunsten einschaltete. Um sich auch bei dem sächsischen König, dem augenscheinlichen Schutzherrn Giselberts, Geltung zu verschaffen, drang Karl im September 920 mit Heeresmacht in die Gegend von Worms vor, mußte aber vor der dortigen Gegenwehr zurückweichen. Mit Heinrich I. konnte er 921 einen befristeten Waffenstillstand vereinbaren, und kurz vor dessen Ende traf er ihn am 7.11. bei Bonn, um auf einem mitten im Rhein verankerten Schiff einen Freundschaftsvertrag abzuschließen. Schon durch die Wahl des Ortes kam zum Ausdruck, daß Karl die Anerkennung der Rheingrenze, also der Zugehörigkeit Lotharingiens zu seiner Machtsphäre, erreichte, während Heinrichs Erfolg in der expliziten Gleichrangigkeit der Partner, des *rex Francorum orientalium* neben dem *rex Francorum occidentalium,* bestand, also in der Respektierung seines erst zwei Jahre alten, noch keineswegs überall im Reiche Konrads I. durchgesetzten »fränkischen« Königtums durch den Erben des Karolingergeschlechts.

Nach dieser vermeintlichen Sicherung des *regnum Lotharii* gedachte Karl der Einfältige, überdies gestärkt durch die Geburt des langersehnten Stammhalters (vor September 921), der nach dem Großvater Ludwig benannt wurde, 922 unbeirrt auch in Westfranken wieder die Zügel in die Hand zu bekommen. Über dem Versuch, die Königsabtei Chelles seiner Tante Rothild zu entziehen, um sie Hagano geben zu können, kam es endgültig zum Eklat: Hugo, der Sohn Roberts von Neustrien, soll es gewesen sein, der die Truppen der erbosten Großvasallen, darunter nun auch des Erzbischofs von Reims, sammelte und Karl nach Lotharingien abdrängte, so daß am 30.6.922 Robert, der Bruder Odos, in Reims zum (Gegen-)König erhoben werden konnte. Anders als 888 erfolgte der zweite Griff der Robertiner nach der Krone Westfrankens in offener Konfrontation mit einem Karolinger und ging unmittelbar in eine bewaffnete Auseinandersetzung von einjähriger Dauer über, bei der sich Karl der Einfältige hauptsächlich auf lotharingische Gefolgsleute stützte. Robert I. sicherte sich durch einen Freundschaftspakt, den Heinrich I. Anfang 923 nahe der Ruhrmündung unbedenklich auch mit ihm nach dem Muster des Bonner Vertrages schloß. In der Schlacht der beiden westfränkischen Könige am 15.6.923 bei Soissons fand Robert den Tod, doch sein Sohn Hugo erstritt zusammen mit Graf Heribert II. von Vermandois den Sieg, indem er Karl und sein Heer in die Flucht schlug. Dennoch fiel das Königtum nicht ihm zu, dem Erben der ausgedehnten Robertinermacht (deren Übernahme ihm übrigens schon vor 914 von Karl zugesichert worden war), sondern in bewußter Abkehr vom Geblütsgedanken Rudolf, dem Sohn und Nachfolger Richards († 921) als *marchio* in Burgund, der zugleich Schwiegersohn des gefallenen Robert war. Er wurde in einem abermaligen Dynastiewechsel (zu den Bosoniden) am 13.7. in Soissons zum König gewählt und gesalbt. Zu neuen Kämpfen kam es nicht mehr, denn der geschlagene Karl der Einfältige ließ sich schon wenige Wochen später durch ein Täuschungsmanöver Heriberts von Vermandois überlisten und wurde dessen Gefangener, während die Königin Eadgifu mit ihrem kleinen Sohn zum Bruder Athelstan von Wessex in die englische Heimat entfloh.

Heribert lieferte seine Beute nicht an den neuen König Rudolf aus, sondern hielt den gestürzten Karolinger, für den sich in den Quellen der Zeit kaum Mitleid regt, zunächst in Château-Thierry, dann in Péronne in eigenem Gewahrsam, um ihn als politisches Faustpfand zu gebrauchen. 925 erzwang er die Wahl seines fünfjährigen Sohnes Hugo zum Erzbischof von Reims und seine eigene Einsetzung zum Verwalter des Reimser Kirchenbesitzes, und als ihm 927 Rudolf die wertvolle Grafschaft Laon zu verweigern wagte, holte Heribert Karl den Einfältigen aus der Haft hervor und erkannte ihn im Bunde mit den Normannen unter Rollos Sohn Wilhelm I. als rechtmäßigen König an, ohne ihm indes seine Bewegungsfreiheit zurückzugeben. Es soll sogar zu einer Begegnung beider Könige in Reims gekommen sein, bei der Karl die Pfalz Attigny als eine Art Abfindung zugestanden wurde, doch nachdem Heribert 929 seinen Willen auch in Laon bekommen hatte, scheint davon keine Rede mehr gewesen zu sein. Jedenfalls ist klar bezeugt, daß Karl am 7.10.929 in Péronne, am Ort seiner Gefangenschaft, gestorben und dort auch bestattet ist. Das triste Ende markiert bis zur äußersten Konsequenz die Vergeblichkeit des Versuchs, allein mit dem karolingischen Namen noch einmal eine wirksame Zentralgewalt gegen die Großen zu etablieren, darf aber nicht darüber täuschen, daß Karl der Einfältige gerade im Wechselspiel mit den Gegenkräften, deren er nicht mehr Herr wurde, den geschichtlichen Weg des werdenden Frankreich wesentlich bestimmt hat.

X. Die neunte Generation: Ludwig IV. (936–954)

Weit mehr als beim Umsturz von 887/88 mußte 923 und vollends 929 der Eindruck entstehen, als ob ein karolingisches Königtum für alle Zeit der Vergangenheit angehörte. Die Art und Weise, wie sich in Westfranken – wo allein noch die alte *stirps regia* fortbestand – die großen Lehnsfürsten Karls des Einfältigen entledigt hatten, um zweimal nacheinander einen aus ihrem Kreise zum primus inter pares zu machen, schien dafür zu sprechen, daß, ähnlich wie in Italien seit 896/99 und in Ostfranken seit 911, die politische Entwicklung über eine Zentralgewalt, die sich vornehmlich durch Geblüt legitimierte, hinweggegangen war und die Zukunft einem losen Verbund der neuen Mittelgewalten sowie dem wechselseitigen Machtkalkül ihrer Inhaber gehören würde. Während in Italien daraus kein dauerhaftes Gleichgewicht erwuchs und in Ostfranken ab 919 den sächsischen Liudolfingern ein anfangs betont föderativer Neuaufbau gelang, der die deutsche Geschichte einleitete, sollte sich im Kräftespiel der westfränkischen Magnaten 936 noch einmal eine Situation ergeben, die zum Rückgriff auf eine Monarchie älteren Typs ohne regionale Verankerung in einem Dukat, einem Stamm oder einer Großgrafschaft führte. Gewiß wäre diese Restauration nicht zustande gekommen ohne den besonderen Nimbus, der trotz aller Einbußen in jüngerer Zeit die Abkömmlinge Karls des Großen noch immer auszeichnete, aber sie bezweckte doch keineswegs, die Verfassungszustände des 9. oder gar des 8. Jahrhunderts wiederzubeleben, die den größten Frankenherrschern ihre Glanztaten erst ermöglicht hatten. Im Gegenteil, Ludwig IV. kam 936 in ein Reich, in dem die Bedingungen für königliches Wirken, das diesen Namen verdiente, noch um einiges ungünstiger geworden waren als zu Lebzeiten seines Vaters Karl.

Am schwersten wog zweifellos der Verlust Lotharingiens, der als unmittelbare Konsequenz des Herrscherwechsels von 923 eingetreten war. Der Sturz Karls des Einfältigen hatte nämlich die dortigen Anhänger des Karolingers in die Arme Heinrichs I. getrieben, des Königs »der Franken und Sachsen«, der ohne vertragliche Bindung an Rudolf von Westfranken noch 923 im Bunde mit Giselbert den größeren Teil des Landes in Besitz nahm und den Rest 925/26 gegen den inzwischen umgeschwenkten Giselbert eroberte. Da westfränkischer Widerstand ausblieb, konnte Heinrich I. Giselbert bald wieder auf seine Seite ziehen und gewährte ihm 928 mit dem *dux*-Titel zugleich die Ehe mit seiner Tochter Gerberga. Die Einbeziehung des alten Mittelreiches als nunmehriges Herzogtum Lothringen in den Hoheitsbereich Heinrichs I., vom westfränkischen König Rudolf 931 anerkannt, gab dem noch lockeren Bund der rechtsrheinischen Herzogtümer eine feste Klammer von Westen her und mitten darin Metz und Aachen als die Stätten der fränkisch-karolingischen Tradition, wohingegen Westfranken mit der Wiederherstellung der Teilungslinie von Verdun und Ribemont, die nun auf Jahrhunderte galt, eben jenes Regnum einbüßte, in dem zuletzt Karl der Einfältige noch am ehesten die Basis einer erneuerten Königsmacht erblickt hatte. So kam es, daß dem wachsenden Gewicht Heinrichs I. ein fortschreitender Verfall der Autorität Rudolfs gegenüberstand, der sich von seinem Vasallen Heribert von Vermandois durch das makabre Spiel mit dem gefangenen Karl dem Einfältigen zur Übergabe von Reims und Laon nötigen ließ und nicht einmal sein burgundisches Familienerbe ungeschmälert zu behaupten vermochte. Vor allem aber mußte der westfränkische König ständig auf das Wohlwollen seines Schwagers, des Robertiners Hugo mit dem Beinamen *magnus* (eigentlich »der Ältere« statt des üblichen »der Große«), bedacht sein, der als mächtigster Magnat des Reiches seine königsgleiche Stellung unterstrich, indem er 926 in zweiter Ehe die angelsächsische Prinzessin Eadhild, eine Schwester von Karls des Einfältigen Gattin Eadgifu, heiratete. Hugo riß mehr und mehr das Gesetz des Handelns an sich und führte ab 929 eine jahrelange Fehde gegen Heribert von Vermandois um die Vormacht in der zentralen Francia, bei der er, gewissermaßen mit König Rudolf im Schlepptau, 931 Reims einnahm und Heriberts jugendlichen Sohn Hugo als Erzbischof durch den Mönch Artold ersetzte. Als der Graf von Vermandois 934 völlig zu unterliegen drohte, war es Heinrich I., der von außen durch eine Gesandtschaft unter Führung Giselberts von Lothringen Einhalt gebot. 935 setzte er bei einem persönlichen Treffen mit Rudolf von Westfranken am Grenzfluß Chiers, wozu sich neben dem welfischen König Rudolf II. von Bur gund auch die Hauptkontrahenten Hugo und Heribert einfanden, einen Schiedsspruch durch, der den Robertiner zur Rückgabe des größten Teils seiner Gewinne zwang.

Dies waren die jüngsten Erfahrungen, als Hugo der Große nach dem Tode König Rudolfs, der söhnelos am 14./15.1.936 starb, ebenso wie 923 davon absah, selber nach der Krone zu streben, weil er als König seine zahlreichen Grafschaften hätte aus der Hand geben müssen. Stattdessen brachte er den 15jährigen, am Hof von Wessex aufgewachsenen Ludwig als Rudolfs Nachfolger ins Spiel, und die Deutung liegt nahe, daß er damit vor allem »Heriberts Stellung zwischen Seine und Maas entscheidend zu treffen« suchte, da »die Wiederherstellung des karolingischen Königtums ... in der Francia zu Lasten des Hauses Vermandois gehen mußte« (K. F. Werner). Jedenfalls erschien der »überseeische« Sohn Karls des Einfältigen kaum aus eigenem Antrieb am Strand von Boulogne, wo ihn Hugo »und die übrigen Großen der Franken« huldigend in Empfang nahmen, sondern begann in der ihm fremden Umwelt sein Königtum, zu dem er am 19.6.936 von Artold von Reims in Laon gekrönt wurde, eher wie eine Schachfigur in den Händen Mächtigerer und hatte zeitlebens mit dieser mißlichen Rolle zu kämpfen. Zunächst und vor allem war es Hugo, der sich die königliche Autorität lieh, um mit dem Titel eines *dux Francorum* seinen angestammten Vorrang im nördlichen Kerngebiet des Reiches, in »Franzien«, aber auch vor den anderen Großvasallen des gesamten Westfranken formalisieren zu lassen, und der zudem den Versuch machte, Ludwig ständig an seine Umgebung zu binden. Als sich der junge König 937 dieser »Vormundschaft« (*procuratio* in den Worten des Geschichtsschreibers Flodoard von Reims) entwand, fiel es dem Robertiner offenbar nicht schwer, ihn zu isolieren, indem er sich rasch mit seinem bisherigen Gegner Heribert von Vermandois verständigte und noch vor Ludwig IV. Verbindung zu König Otto I. aufnahm, dem Sohn und Nachfolger Heinrichs I. jenseits der Maas, der sich im Vorjahr demonstrativ in Aachen hatte krönen lassen und dessen Schwester Hadwig Hugo der Große nun ehelichte.

Vor diesem Hintergrund mußte es Ludwig als verlockender Wink des Schicksals erscheinen, daß sich Herzog Giselbert von Lothringen 939 im Aufstand gegen Otto zusammen mit anderen Großen des *regnum Lotharii* ihm als König unterstellte. Um für den Fall des Erfolgs der verbreiteten Erhebung seine Ansprüche auf das noch vom Vater innegehabte karolingische Stammland zu sichern, nahm Ludwig alle Kräfte zusammen und rückte über Verdun bis ins Elsaß vor, doch fiel die Entscheidung weiter nördlich bei Andernach, wo Giselbert am 2.10.939 auf der Flucht im Rhein ertrank, nachdem der ihm verbündete Herzog Eberhard von Franken im Kampf gefallen war. Die Aussicht auf eine Rückgewinnung Lothringens hatte sich so schnell zerschlagen wie sie aufgetaucht war, aber da Ludwig Giselberts Witwe Gerberga, die Tochter König Heinrichs I., beim Rückzug mit sich nahm und bald darauf heiratete, scheint er doch nicht jede Hoffnung aufgegeben zu haben und tat es im übrigen Hugo dem Großen gleich, der sich ja vorher schon mit Otto I. verschwägert hatte. Vorerst freilich gab der Fehlschlag seinen inneren Gegnern neuen Auftrieb: Hugo von Franzien und Heribert von Vermandois nahmen 940 gemeinsam die Stadt Reims ein, wo sie Erzbischof Artold, Ludwigs Coronator, wieder zugunsten von Heriberts Sohn Hugo verdrängten, und gegen Jahresende trafen sie in der einstigen Karolingerpfalz Attigny Otto I., der mit einem Heereszug nach Westfranken auf das vorjährige Verhalten Ludwigs IV. reagierte und nun die Huldigung von dessen wichtigsten Vasallen entgegennahm. Da es der liudolfingische König indes bei dieser Demonstration seiner Überlegenheit beließ, konnte er zwei Jahre später nach erneutem Aufflammen der inneren Fehden von beiden Lagern in Westfranken als schlichtender Vermittler angerufen werden. In Visé an der Maas, also nicht an der Grenze, sondern auf lothringischem Boden, empfing er im November 942 seine beiden Schwäger, König Ludwig und Herzog Hugo, samt deren gewichtigsten Parteigängern zu einer allgemeinen Versöhnung, die für den bedrängten Karolinger eine Stabilisierung seines Königtums bei abermaligem Verzicht auf Lothringen bedeutete.

Die ersten Jahre lehrten Ludwig IV., daß er nicht daran denken konnte, von seiner begrenzten Krondomäne um Reims und Laon sowie den Oise-Pfalzen aus der großen Lehnsfürsten insgesamt Herr zu werden, vielmehr mußte er bemüht sein, durch Bündnisse und Konzessionen zwischen ihnen zu lavieren, um sich in den wechselvollen Positionskämpfen zu behaupten, und dabei stets die Möglichkeit ottonischen Eingreifens in Betracht ziehen, das meist darauf abzielte, keinen Machthaber in Westfranken allzu dominant werden zu lassen. In diesem Sinne wandte sich Ludwig bereits 937 auf der Suche nach einem Gegengewicht zu Hugo von Franzien dem burgundischen *marchio* Hugo dem Schwarzen zu, dem Bruder des verstorbenen Königs Rudolf, bis dieser 940 durch einen Vorstoß Ottos I. nach Burgund gezwungen wurde, von der Feindschaft gegen die Robertiner abzulassen. 942 verschaffte sich Ludwig neuen Rückhalt bei Wilhelm III. (Werghaupt) von Poitou († 963), den er als *marchio* von Aquitanien anerkannte, und überdies in Rouen bei Wilhelm I. (Langschwert) von der Normandie sowie den dort erschienenen Fürsten der Bretonen, bevor sich gegen Jahresende in Visé durch Otto I. wieder ein Modus vivendi mit Hugo dem Großen und dessen Anhang einstellte. Das karolingische Königtum stand damals schon nicht mehr nur auf zwei Augen dank der Geburt eines Stammhalters Lothar, den Gerberga Ende 941 zur Welt gebracht hatte, und gewann sogar unerwarteten Spielraum, als Wilhelm von der Normandie Ende 942 durch Leute des Grafen von Flandern ermordet wurde und Anfang 943 auch Heribert II. von Vermandois starb. Während Heriberts erwachsene Söhne im Erbstreit unter sich blieben und als Machtfaktor vorerst ausfielen, rief die Situation bei den Normannen, wo der Nachfolger Richard I. noch unmündig und keineswegs überall anerkannt war, den königlichen Oberlehnsherrn auf den Plan. Ludwig IV. schlug sich von Rouen aus energisch gegen normannische Teilfürsten und wiedererstehendes Heidentum, geriet aber 945 in einen Hinterhalt seiner Gegner, die ihn festsetzten und an Hugo von Franzien auslieferten. Der *dux Francorum* überließ seinem Grafen Tedbald von Blois und Chartres die Bewachung und verlangte die Abtretung von Laon als Bedingung der Freilassung.

Dem Los seines Vaters Karl entging Ludwig IV. nicht aus eigener Kraft oder durch den Mut seiner Getreuen, sondern dank auswärtiger Interventionen gegen eine derartige Demütigung des gesalbten Königs. Zwar mußte Gerberga Laon preisgeben, aber sie rief König Edmund von Wessex, Athelstans Nachfolger, als Ludwigs Oheim, ferner ihren eigenen Bruder König Otto I. sowie den Papst zu Hilfe und erreichte, daß ihr Gatte im Sommer 946 wieder freikam und Otto - genau umgekehrt wie 940 – zugunsten seines karolingischen Schwagers und gegen den robertinischen einen Feldzug nach Westfranken anführte. Sein Heer richtete im Verein mit demjenigen Ludwigs vor Laon, Senlis, Paris und Rouen wenig aus, errang jedoch einen wichtigen Erfolg durch die Erstürmung von Reims, wo daraufhin Artold wieder den erzbischöflichen Platz seines Rivalen Hugo von Vermandois einnehmen konnte. Ludwigs Lage blieb gleichwohl prekär und legte ihm weiter enges Zusammenwirken mit Otto nahe, das dann am 7.6.948 in der gemeinsamen Synode von 32 Bischöfen beider Reiche unter dem Vorsitz eines päpstlichen Abgesandten in Ingelheim gipfelte. Die Versammlung im Beisein sowohl Ottos wie Ludwigs (in formeller Gleichrangigkeit) war in ihrer Art einmalig im 10. Jahrhundert; sie gemahnte nicht bloß äußerlich an die vergangenen Zeiten des großfränkischen Reiches, sondern griff auch sachlich die karolingische Tradition auf, indem sie ihr ganzes moralisches Gewicht für die Königsgewalt in die Waagschale warf und demgemäß Hugo den Großen als »Angreifer und Räuber von Ludwigs Königtum« ebenso strikt verurteilte wie den »Schein-Bischof« Hugo, der in Reims Artold von seinem rechtmäßigen Sitz vertrieben habe. Dem synodalen Bannfluch folgte alsbald ein neuer, vom lothringischen Herzog Konrad dem Roten befehligter Feldzug nach Westfranken, der »sich nicht als Krieg, sondern als Exekution ... gab« (H. Fuhrmann), aber kaum etwas bewirkte.

Die Rückgewinnung von Laon, längst der wichtigsten Bastion für die Karolinger, glückte Ludwig IV. erst 949 durch nächtliche Überrumpelung, bei der freilich die Zitadelle der Stadt unbezwungen blieb. Zu den Folgen gehörte eine neue Verständigung mit dem Hause Vermandois: Albert, der sich unter den Söhnen Heriberts II. als Erbe der eigentlichen Grafschaft durchgesetzt hatte, huldigte dem König und bekam bald darauf Gerbergas gleichnamige Tochter aus deren erster Ehe mit Giselbert von Lothringen zur Frau, während sein Bruder Heribert III., Laienabt von Saint-Médard in Soissons, 951 die Königsmutter Eadgifu heiratete. Endgültig fallengelassen wurde dabei der weitere Bruder Hugo, der in Ingelheim verurteilte Erzbischof, der jahrelang Reims den Karolingern vorenthalten hatte. Auch der Robertiner Hugo, dessen Kirchenbann 949 sogar Papst Agapit II. (946–955) in Rom bestätigte, fand sich Ende 950 bei einem von Herzog Konrad dem Roten vermittelten Treffen an der Marne zum Ausgleich mit König Ludwig bereit und überließ ihm nun auch wieder die Laoner Zitadelle; nach neuen Verwicklungen wurde der Friede zwischen dem *rex Francorum* und dem *dux Francorum* am 20.3.953 in Soissons feierlich bekräftigt. Ludwig kam in die Lage, sich auch wieder dem Süden seines Reiches zu widmen, sah sich 951 und 954 durch Ungarneinfälle bis nach Aquitanien herausgefordert und hielt vor allem weiter ständig Fühlung mit Adelskreisen beiderseits der östlichen Grenze zu Lothringen. Anders als 939 hütete er sich, in den neuen Aufstand gegen Otto I. einzugreifen, bei dem Herzog Konrad der Rote, sein bisheriger Beschützer, 953 auf die Seite der Gegner des Königs trat, und er erlebte, daß Otto das *regnum Lothariense* – und damit die Wahrung seiner politischen Interessen nach Westen hin – nicht dem gegen Konrad aufgetretenen Neffen Giselberts, dem Grafen Reginar III. von Hennegau, sondern seinem eigenen Bruder Brun übertrug, der seit 953 als Erzbischof von Köln geistliche und weltliche Vollmachten miteinander zu verbinden hatte.

In seiner Familie war Ludwig IV. seit der Geburt Lothars, seines Ältesten, von manchem Unglück betroffen worden. Sein zweiter Sohn namens Karl, der 945 nach und vor je einer Schwester zur Welt gekommen war, mußte während der Gefangenschaft des Vaters (946) den Normannen als Geisel gestellt werden und kam in deren Haft zu Tode. Auch ein dritter Sohn Ludwig, den Gerberga 948 gebar, starb im Kindesalter noch vor dem Vater. Als die Königin 953 in Laon mit Zwillingen niederkam, erhielten sie die Namen ihrer königlichen Großväter, Karls des Einfältigen und Heinrichs I., doch nur der Erstgenannte überlebte. Etwa gleichzeitig zeichneten sich neue politische Möglichkeiten in Burgund ab, wo 952 mit dem *marchio* Hugo dem Schwarzen die bosonidische Linie ausgestorben war. Doch ein weiteres Mal traf das Karolingerhaus die Ungunst des Schicksals: Ludwig IV., der nach schwierigem Beginn und argen Rückschlägen eben erst seine königliche Stellung einigermaßen gefestigt zu haben schien, verunglückte durch einen Sturz vom Pferd und starb an den Folgen im Alter von 33 Jahren am 10.9.954 in Reims, wo er in Saint-Remi begraben liegt.

XI. Die zehnte und elfte Generation: Lothar und Ludwig V. (954–987)

Das spannungsvolle Verhältnis von Karolingern und Robertinern, das seit Odos Königswahl 888 die Geschichte Westfrankens hundert Jahre lang in Bewegung hielt, ist dynastisch dadurch gekennzeichnet, daß nie eine Eheverbindung untereinander zustandekam, aber beide Häuser sich 937/39 mit den sächsischen Liudolfingern versippten. Das hatte zur Folge, daß ihre Rivalität in der zweiten Hälfte des 10. Jahrhunderts zwischen Enkeln Heinrichs I. ausgetragen wurde, die neben der Erinnerung an ihre Väter und deren Vorväter auch vom ottonischen Familienbewußtsein ihrer Mütter geprägt waren. Anschaulich wird dies am Auftauchen der zuvor fremden Namen Otto und Heinrich, die nun zumindest zweiten und dritten Söhnen gegeben wurden. Der exklusive Vorrang, der viele Generationen hindurch den Karl, Pippin, Ludwig, Lothar und Karlmann eigen gewesen und im Hinblick auf die Königswürde schon seit 879/88 dahin war, verblaßte immer weiter vor dem zunehmenden Glanz des neuen Herrschergeschlechts im Osten, das sich nach der Einigung der rechtsrheinischen Stämme und dem Erwerb Lothringens gerade anschickte, Italien und das Kaisertum zu gewinnen, also eine Vormacht nach unverkennbar karolingischem Muster zu begründen. Dort lag das Gravitationszentrum des nach-karolingischen Europa, das auch nach Westfranken hineinwirkte und hier die überkommenen Maßstäbe für vornehme Abkunft verschob. Bei gleicher Nähe zum Kaiserhaus gab am Ende die überlegene Machtfülle der Robertiner den Ausschlag gegen die ruhmreiche *stirps regia* der Karolinger.

Zunächst war es noch das 946 entstandene karolingisch-ottonische Bündnis, das nach dem jähen Ende Ludwigs IV. Hugo den Großen bewog zuzulassen, »daß erstmals seit dem Tode Ludwigs II. 879 eine direkte Sohnesfolge in der karolingischen westfränkischen Königsfamilie zustandekam« (B. Schneidmüller). Wenn der 13jährige Lothar, der ältere der beiden Erben Ludwigs, ohne Berücksichtigung seines kleinen Bruders Karl am 12.11.954 in Reims von Erzbischof Artold im Beisein nicht nur Bruns von Köln, sondern auch Hugos von Franzien gekrönt werden konnte, so ist dies dem Robertiner durch bedeutende Zugeständnisse der Königinmutter Gerberga sehr erleichtert worden. Er wurde erneut als *dux Francorum,* deutlicher denn je auch mit Erstreckung auf Aquitanien und Burgund, anerkannt, bekam Einfluß auf die Entwicklung des jungen Königs, der ihn im Sommer 955 auf einem Feldzug ins Poitou zu begleiten hatte, und wurde auch nicht daran gehindert, gerade in diesem Jahr für sein Haus höchst aussichtsreiche weitere Eheverbindungen zu knüpfen: Seine älteste Tochter Beatrix verheiratete er mit dem Grafen Friedrich von Bar, der 959 Herzog im südlichen Lothringen wurde, ihre Schwester Emma verlobte er mit Herzog Richard von der Normandie, und vor allem vermählte er seinen zweiten Sohn Otto mit der Erbin des Herzogtums Burgund, dessen Inhaber prompt 956 starb.

Auf dem Höhepunkt der Erfolge ereilte jedoch auch Hugo den Großen am 16./17.6.956 der Tod. Er hinterließ drei heranwachsende Söhne, nämlich Hugo mit dem nicht zeitgenössischen Beinamen »Capet« (geb. um 940) als Haupterben, Otto von Burgund und den jüngeren Odo-Heinrich, so daß vorerst die Witwe Hadwig die Sache der Robertiner zu führen hatte ebenso wie Gerberga auf karolingischer Seite. Die beiden ottonischen Schwestern stützten sich stark auf ihren Bruder Brun, den Erzbischof von Köln und faktischen Herzog *(archidux)* in Lothringen, der in den folgenden Jahren zu maßgeblichem Einfluß in Westfranken kam. Dazu gehörte, daß er Gerberga mit König Lothar wie auch Hadwig in Köln empfing, zwischen ihren Vasallen vermittelte, 962 den Metzer Kanoniker Odelrich zum Nachfolger des verstorbenen Erzbischofs Artold von Reims bestimmte und notfalls in Absprache mit Gerberga auch militärisch zugunsten Lothars eingriff. Gemeinsam gingen alle drei Geschwister mit ihren Aufgeboten 957 gegen die Bestrebungen Reginars III., des Grafen im Hennegau, vor, dem Haus seines Oheims Giselbert eine neue Machtstellung im Grenzgebiet zu verschaffen, und trieben ihn in die Verbannung, seine Söhne zur Flucht nach Westfranken. Die liudolfingische Hegemonie, die 962 in Rom Otto den Großen zur Erneuerung des seit Jahrzehnten vakanten Kaisertums emportrug, fand ihren sichtbarsten Ausdruck in dem glanzvollen Kölner Pfingsthoftag von 965, wozu sich bei dem heimgekehrten Kaiser außer Erzbischof Brun die Königinnen Mathilde, Witwe Heinrichs I., und Gerberga, Witwe Ludwigs IV., sowie die Könige Otto II. und Lothar (samt dessen jungem Bruder Karl) einfanden, während Hugos Witwe Hadwig damals wohl bereits tot war. Die anscheinend in diesem »Familienrat« verabredete Heirat des 24jährigen westfränkischen Königs mit Emma, einer Tochter der Kaiserin Adelheid aus deren erster Ehe mit König Lothar von Italien, fand bald darauf statt und führte übers Jahr zur Geburt eines Sohnes Ludwig (V.). Der karolingische Mannesstamm, der sich in ihm noch einmal fortpflanzte, schien zu einer Nebenlinie des ottonischen Kaiserhauses zu werden.

Der Eindruck täuschte indes, denn der Tod Bruns noch im Jahr 965 (auf einer neuen westfränkischen Vermittlungsmission in Reims), Gerbergas 968/69 und schließlich auch Kaiser Ottos I. 973 lockerte die enge Verflechtung König Lothars mit der ottonischen Politik wieder, nahm ihm aber auch den sicheren Rückhalt, den er jahrelang daraus bezogen hatte. Ein eigenständigeres Vorgehen in Westfranken mochte ihm durchaus nicht verwegen erscheinen, da die robertinische Position in Neustrien und Franzien inzwischen fühlbar gelitten hatte. Während der Minderjährigkeit Hugos Capet, der erst 960 seine Bestätigung in der väterlichen Stellung eines *dux Francorum* erlangte, verselbständigten sich manche Grafen, die es den *marchiones* älteren Typs gleichtun wollten und eine unmittelbare Beziehung zum Königtum suchten. So konnte Lothar bereits 962 den mächtigen Grafen Tedbald von Blois, der einst seinen Vater Ludwig IV. im Auftrag Hugos des Großen inhaftiert hatte, auf seine Seite ziehen und aus dem Hause Vermandois außer Graf Albert auch dessen Bruder Heribert III. gewinnen, der 967 die Grafschaften Meaux und Troyes erbte und vom König mit dem Titel eines *comes Francorum* (in Analogie zum *dux Francorum)* geschmückt wurde. Günstig entwickelten sich auch Lothars Beziehungen zu Graf Arnulf I. von Flandern († 964), der nach dem Tod seines Sohnes Balduin (962) den Schutz des Königs suchte, um dem kleinen Enkel Arnulf II. das Erbe zu sichern. Dazu kam etwa 964 die Verheiratung von Lothars Schwester Mathilde mit dem welfischen König Konrad von Burgund. Auch die Gegenkoalition, die Hugo Capet langsam aufbaute, nahm in familiären Banden Gestalt an und umfaßte vor allem den jüngeren Bruder Odo-Heinrich, der 965 Otto als Herzog im westfränkischen Burgund nachfolgte, den normannischen Schwager Richard sowie den aquitanischen *marchio* Wilhelm IV. Eisenarm, Wilhelms III. († 963) Sohn, dessen Schwester

Adelheid Hugo um 970 ehelichte, ferner als weiteren Schwager Herzog Friedrich im südlichen Lothringen und schließlich Graf Gottfried I. von Anjou.

Daß aus der vorsichtigen Distanzierung König Lothars vom ottonischen Imperium ein erster offener Konflikt mit längerfristig fatalen Konsequenzen wurde, lag an Machtverschiebungen, die mit dem Tod Ottos des Großen einsetzten. Ob sich Lothar damals unter dem Druck seiner wichtigsten Gefolgsleute, Heribert von Meaux-Troyes und Tedbald von Blois († 973/75) sowie dessen Sohn Odo I., und vermutlich gegen den Rat des seit 969 amtierenden Erzbischofs Adalbero von Reims, eines Neffen des lothringischen Herzogs Friedrich, sogleich grundsätzlich entschlossen hat, dem neuen Kaiser, seinem Vetter Otto II., das alte Lotharreich abzuringen, steht dahin; jedenfalls aber ließ er zu, daß die Söhne des 958 verbannten lothringischen Grafen Reginar III., Reginar IV. und Lambert, seit 973 von Westfranken aus mit Gewalt in ihre Heimat an Maas und Schelde einfielen, zwei dortige Grafen töteten und von Otto II. persönlich 974 aus dem Hennegau vertrieben werden mußten. Sie gaben sich keineswegs geschlagen, sondern verschafften sich für einen neuerlichen Vorstoß im Jahre 976 die Hilfe der Grafen Albert und Heribert aus dem Hause Vermandois sowie des inzwischen 23jährigen, immer noch funktionslosen Königsbruders Karl. Auch diese Attacke wurde, ohne Eingreifen des Kaisers, vor Mons blutig abgeschlagen, brachte aber Otto II. 977 doch zu einer Revision seiner bisherigen Politik in Lothringen, denn er versprach sich dort nun mehr davon, den Reginarsöhnen ihren Familienbesitz im Hennegau und in Brabant zurückzugeben. Überdies nahm er ihren Verbündeten Karl als Vasallen an und stattete ihn mit der Herzogsgewalt im nördlichen Lothringen rund um Brüssel aus. Was wie eine versöhnliche Abgeltung der alten westfränkischen Ambitionen auf das *regnum Lotharii* unter Wahrung ottonischer Vorherrschaft oder auch wie eine letzte Machtteilung unter zwei karolingischen Brüdern aussehen könnte, war in Wahrheit eine schwere Brüskierung König Lothars, der kurz zuvor den Bruder wegen Ehebruchsvorwürfen, die er gegen die Königin Emma erhob, seines Reiches verwiesen hatte.

So kam es im Sommer 978 zu dem auch von Hugo Capet unterstützten Überraschungsangriff Lothars auf Aachen als »Sitz der Königsherrschaft seiner Väter« (wie ein Annalist betonte), wo der gerade anwesende Kaiser Otto mit der hochschwangeren Gattin Theophanu sein Heil nur noch in hastiger Flucht nach Köln suchen konnte. Zum Zeichen des Triumphes ließ der westfränkische Karolinger den seit Karl dem Großen auf dem Dach der Pfalz angebrachten ehernen Adler gemäß dem Geschichtsschreiber Richer von Reims nach Osten drehen, nachdem früher die *Germani* durch die Westwendung ihre Überlegenheit gegenüber den *Galli zur* Schau gestellt hätten, doch es gelang Lothar nicht, seines Bruders Karl habhaft zu werden, und auch ein Vorstoß auf Metz, wo soeben Herzog Friedrich gestorben war, schlug fehl, weil sich keine Unterstützung im Lande fand. Kaum anders waren freilich die Erfahrungen, die der Kaiser bei seinem Vergeltungsschlag zu machen hatte, als er noch im selben Herbst mit großem Gefolge nach Westfranken zog. Zwar vermochte er die alten Karolingerpfalzen Attigny und Compiègne einzunehmen und zu verwüsten, während Karl sich in Laon bereits zum (Gegen-) König proklamieren ließ, aber vor Paris, im Machtbereich der Robertiner, lief sich das Unternehmen mangels Resonanz fest und mußte auch in Anbetracht der Jahreszeit abgebrochen werden, wobei die deutsche Nachhut noch eine schlimme Schlappe an der Aisne einsteckte. Das Ereignis machte in Frankreich großen Eindruck und ist bald schon rückblickend als definitives Ende aller feindlichen Einfälle aus dem Osten gepriesen worden. Daran ist zumindest richtig, daß grenzüberschreitende Interventionen anders als zu Zeiten der fränkischen Teilreiche nun nicht mehr ohne weiteres auf den Zulauf unzufriedener Großvasallen des angegriffenen Herrschers zählen konnten. Im Mai 980 schloß Lothar mit seinem Vetter Otto II. vor dessen Aufbruch nach Italien einen neuen Frieden und willigte schon durch den Treffpunkt im Grenzort Margut-sur-Chiers in einen abermaligen Verzicht auf Lothringen ein, ebenso wie der Kaiser keinen Gedanken mehr auf ein westfränkisches Königtum seines Herzogs Karl verwandte.

Die Konfrontationen des Jahres 978 hatten zwischen König Lothar und den Ottonen Gräben aufgerissen, ohne indes das Kaiserhaus bereits den robertinischen Verwandten naher zu bringen. Vielmehr nutzte Lothar die nach dem Abwehrerfolg verbreitete westfränkische Einigkeit, um 979 die Königswahl seines 13jährigen Sohnes Ludwig V. durchzusetzen, der mit Billigung Hugos Capet am 8.6. in Reims von Erzbischof Adalbero gekrönt werden und damit erstmals seit 100 Jahren wieder die dynastische Kontinuitat schon zu Lebzeiten des Vaters sichern konnte. Eine Annäherung des Robertiners an den Kaiser wird erst sichtbar, nachdem Lothar ohne ihn den Frieden von Margut geschlossen hatte, denn Hugo reiste zum Osterfest 981 nach Rom und führte dort mit seinem Vetter Otto »viele Gespräche über ihre Freundschaft« (Richer). Demgegenüber gedachte König Lothar mit altbekannten Mitteln seine Machtbasis in Westfranken auszuweiten, indem er 982 für seinen königlichen Sohn Ludwig V. eine Ehe mit Adelheid, der Schwester Gottfrieds von Anjou und Witwe eines Grafen von Gévaudan, stiftete in der Hoffnung, so das karolingische Unterkönigtum in Aquitanien zu neuem Leben zu erwecken. Doch diesmal versagte, was sich so oft bewährt hatte: Die Ehe des jugendlichen Königs mit der wesentlich älteren Frau scheiterte genauso wie sein Bemühen, Anerkennung im Lande zu finden, so daß der Vater ihn zwei Jahre später nach Laon heimholen mußte.

Lothar lag inzwischen ohnehin wieder mehr an Lothringen, wo sich nach dem Tod Kaiser Ottos II. in Rom (7.12.983) neue Aussichten zu bieten schienen. Im Streit um die Regentschaft für den erst 3jährigen gekrönten Königssohn Otto III. erwartete Lothar zunächst den größten Gewinn davon, mit dem nach mehrmaliger Rebellion abgesetzten Bayernherzog Heinrich dem Zänker zu paktieren, hielt es dann aber für günstiger, dem Rat des auf Ottos Erbrecht bedachten Erzbischofs Adalbero von Reims und dessen gelehrten Beraters Gerbert von Aurillac zu folgen und selber als naher Verwandter einen Anteil an der Stellvertretung des unmündigen Königs zu verlangen. Als er indes sah, daß sich im Mai 984 ohne Rücksicht auf seine Wünsche eine Einigung Heinrichs des Zänkers mit den aus Italien zurückkehrenden Kaiserinnen Adelheid und Theophanu anbahnte, ging er zum offenen Angriff über und besetzte im Verein mit seinen Anhängern Heribert IV. von Troyes, dem Sohn des gleichnamigen Grafen († 980/84), und Odo I. von Blois die Stadt Verdun. Damit machte sich Lothar allerdings Gottfried, den dortigen Grafen und Bruder Adalberos von Reims, ebenso zum erbitterten Feind wie den jungen Herzog Dietrich im südlichen Lothringen, hinter dem seine Mutter Beatrix und deren Bruder Hugo Capet standen; obendrein mußte er nun am Hof der beiden Kaiserinnen vollends als gefährlicher Gegner gelten. Ein Bündnis der Ottonen mit dem Robertiner, von Reims her und namentlich durch Gerbert gefördert, nahm deutlichere Konturen an, als Lothar im Vertrauen auf erneute Absprachen mit Heinrich dem Zänker das zwischenzeitlich verlorene Verdun im März 985 nach längerer Belagerung zurückeroberte und die Verteidiger mit Herzog Dietrich und Graf Gottfried an der Spitze als Gefangene wegführte. Die beharrliche Weigerung Gottfrieds, seine Freilassung dadurch zu erreichen, daß er seine Besitzungen von Lothar zu Lehen nähme, macht hinreichend deutlich, wie schwer es mittlerweile fiel, gegen gewachsene Loyalitäten die Reichsgrenzen zu verändern, auch wenn es kaum noch um Lothringen im ganzen, sondern allenfalls um Bistum und Grafschaft Verdun, vielleicht samt weiterem Grenzgebiet, zu tun war. Schon trafen sich Adelheid und Theophanu mit der Herzogin Beatrix, Hugos Schwester, im Sommer 985 zu einem *colloquium dominarum* (Gerbert) in Metz, während Lothar einen Hochverratsprozeß gegen Erzbischof Adalbero einleitete, bei dem ihn auch sein Bruder, Herzog Karl, unterstützte. Die Gerichtsverhandlung wurde jedoch von Hugo Capet verhindert, und das Verfahren blieb in der Schwebe, bis der König am 2.3.986 in Laon einer plötzlichen Krankheit erlag. Wie sein Vater wurde der 44jährige in Saint-Remi in Reims beigesetzt.

Ludwig V., seit 979 bereits zum König gekrönt und nunmehr knapp 20 Jahre alt, konnte allen Turbulenzen zum Trotz unbehindert die Nachfolge antreten und Hugo Capet, den *dux Francorum,* mit den übrigen Großen des Nordens zur Lehnshuldigung empfangen. Die politische Initiative lag zunächst bei der Königinwitwe Emma, Tochter der Kaiserin Adelheid, die in Verbindung mit Erzbischof Adalbero eine Verständigung mit dem ottonischen Imperium erstrebte und sofort die Freigabe der Verduner Gefangenen bis auf Graf Gottfried veranlaßte, also einen westfränkischen Anspruch auf die Bischofsstadt an der Maas, zumindest als diplomatisches Druckmittel, aufrechterhielt. Schon im Sommer 986 war diese moderate Linie jedoch wieder überholt, da König Ludwig unter dem Einfluß gegnerischer Kräfte, darunter wohl seinem Oheim, Herzog Karl, die Mutter vom Hof entfernte und sich heftig gegen Erzbischof Adalbero kehrte, der jetzt auch die Unterstützung der Grafen Heribert und Odo aus König Lothars früherem Anhang fand und sich zunehmend an Hugo Capet anlehnte. Ludwig griff das Gerichtsverfahren gegen den Reimser Erzbischof wieder auf, konnte es aber ebenso wenig wie sein Vater zum Abschluß bringen, denn kurz vor der entscheidenden Beratung mit den Großen starb er am 21./22.5.987 an den Folgen eines

Jagdunfalls. Anders als er gewünscht hatte, wurde ihm nicht in Reims, sondern im nahen Compiègne sein Grab gegeben. Ludwig V., der wegen der Kürze seiner Regierung nachträglich zu der irreführenden Bezeichnung »der Nichtstuer (le Fainéant) « kam, hatte nach seiner unglücklichen aquitanischen Ehe nicht wieder geheiratet und hinterließ keine Nachkommen. Über die Krone Westfrankens konnte und mußte daher neu verfügt werden.

XII. Das Nachspiel: Die letzten Karolinger

Im Sommer 987 fand das karolingische Königtum sein historisches Ende, nicht weil der letzte gekrönte Nachfahr Karls des Großen von seinen Widersachern gestürzt worden wäre, wie es dem Merowinger Childerich III. und unter den Karolingern Kaiser Karl III. sowie Karl dem Einfältigen widerfahren war, und auch nicht weil das Geschlecht keinen vollbürtigen Erben mehr vorzuweisen hatte wie die ostfränkische Linie 911, sondern weil nach Ludwigs V. überraschendem Tod die Wahl der westfränkischen Großen auf einen anderen als den karolingischen Prätendenten fiel, nämlich auf Hugo Capet, den robertinischen *dux Francorum*. Da es nahezu dieselben Magnaten waren, die noch 979 den damals unmündigen Ludwig zum König erhoben und eben erst 986 seine Herrschaftsübernahme gebilligt hatten, kann eine grundsätzliche Aversion gegen die bisherige *stirps regia* kaum unterstellt werden. Auch wäre es falsch, die westfränkische Geschichte des 10. Jahrhunderts im nachhinein als zielstrebige Verdrängung der Karolinger durch die Robertiner zu deuten, obgleich natürlich die innere Aushöhlung ihrer Königsmacht, die spätestens beim Scheitern Karls des Einfältigen unübersehbar wurde, zu den tieferen Ursachen des Dynastiewechsels gehört. Daß er dann 987 tatsächlich eintrat, lag weit mehr an der Besonderheit der personellen Konstellation, die erst aus dem bewegten Verlauf der unmittelbar vorangegangenen Jahre erwachsen war.

Da der kinderlose Ludwig V. nur von zwei illegitimen Brüdern namens Arnulf und Richard überlebt worden war, konnte der karolingische Geblütsanspruch allein von König Lothars Bruder Karl, dem lothringischen Herzog, verfochten werden. Er war damals 34 Jahre alt und mit Adelheid, vermutlich einer Tochter Graf Heriberts III. von Troyes, verheiratet, mit der er mehrere Kinder, darunter einen Sohn Otto, hatte. Wenn daraus nicht die neue Königsfamilie geworden ist, so deshalb, weil Karl seine Machtbasis jenseits der Reichsgrenzen, im »Ausland« gewissermaßen, hatte und in Westfranken ohne ausschlaggebenden Anhang war. Für ihn trat nicht nur keine

Königinwitwe ein wie Gerberga 954 für Lothar, sondern seine Schwägerin Emma war seit Jahren zutiefst mit ihm verfeindet; anders als früher ergriff auch der Erzbischof von Reims nicht die Partei dieses Karolingers, und am ottonischen Hof bestand schon um Lothringens willen kaum Neigung, seine Thronkandidatur zu begünstigen, was zugleich für Hugo Capet jede Zurückhaltung erübrigte. Sämtliche Faktoren, die in der Vergangenheit westfränkischen Karolingern auch aus schwächerer Position heraus die Nachfolge im Königtum ermöglicht hatten, entfielen diesmal, ja waren in ihr Gegenteil verkehrt. So bedurfte es auf der Wahlversammlung im Juni 987 in Senlis gar nicht der von Richer referierten, sachlich fragwürdigen Einwände Adalberos von Reims gegen Karl, er habe sich in den Dienst eines *externus rex* begeben und unter seinem Stand geheiratet, um die Entscheidung zugunsten Hugos, des mächtigsten der bisherigen Lehnsfürsten, zu lenken, der dann am 3.7. in Noyon gekrönt wurde. Kennzeichnend für den politischen Rahmen war, daß Hugo sogleich den Hochverratsprozeß gegen Adelbero niedergeschlagen hatte und die Besetzung von Verdun aufgab, nachdem Graf Gottfried bereits vor der Krönung freigelassen worden war.

König Hugo, der im Geschichtsbild der Franzosen das Zeitalter der Kapetinger einleitet, stützte sich hauptsächlich auf die zahlreichen Vasallen im Kerngebiet seiner Hausmacht vom Pariser Becken bis zur Loire, dazu auf die ihm verwandtschaftlich verbundenen Lehnsfürsten in Burgund, in der Normandie und bald auch in Flandern, nicht zuletzt auf den Erzbischof von Reims mit seinem beachtlichen Potential. Die Abkehr von der aggressiven Politik Lothars und Ludwigs V. gegenüber Lothringen fiel ihm leicht, da er im Unterschied zu den Karolingern nicht mehr den Schwerpunkt der Königsmacht am nordöstlichen Rand Westfrankens hatte und zu dem Land jenseits der Maas in keiner familiengeschichtlichen Beziehung stand. Das schloß nicht aus, daß sich Hugo im Stil und Zeremoniell seiner Herrschaft sehr bewußt in die Tradition der Karolinger einordnete, beförderte aber doch eine fortschreitende Distanzierung zwischen Frankreich und Deutschland, die sich aus dem nun beiderseitigen Erlöschen der karolingischen Monarchie ergab und ihr Verhältnis bis ins 12. Jahrhundert geprägt hat.

Dabei fehlte es in Frankreich anfangs nicht ganz an Stimmen, die die Ausbootung des angestammten Herrscherhauses als Unrecht werteten, was Hugo zusätzlich angetrieben haben mag, sein Königtum dynastisch zu befestigen. Bei Adalbero von Reims setzte er gegen zunächst geäußerte Bedenken die Königskrönung seines Sohnes Robert II. bereits zu Weihnachten 987 in Orléans durch und bestimmte dem künftigen Nachfolger mit der Tochter des von den Ottonen vertriebenen italischen Königs Berengar II. († 966) auch eine standesgemäße Gattin. Erst danach regte sich der überspielte Karl von Lothringen zum Kampf für seine Thronrechte, indem er im Frühjahr 988 im Handstreich die Königsstadt Laon einnahm, wobei ihm verräterische Hilfe seines Neffen Arnulf, eines Reimser Klerikers und vorehelichen Sohnes König Lothars, zustatten kam. Falls er gehofft hatte, damit einen allgemeinen Umschwung zu seinen Gunsten einzuleiten, sah er sich bald enttäuscht, denn sein aktiver Anhang blieb spärlich und umfaßte im französischen Hochadel offenbar nur die Grafen Heribert IV. von Troyes (seinen mutmaßlichen Schwager) und Odo I. von Blois, die schon seinem Bruder Lothar eifrig zur Seite gestanden hatten. Immerhin vermochte er Laon, wo ihm die verhaßte Schwägerin Emma und der dortige Bischof Adalbero (Azzelin), ein Neffe des Reimser Metropoliten, in die Hand gefallen waren, auch gegen zweimalige Belagerungen zu behaupten, zu denen die Könige Hugo und Robert im Sommer und Herbst 988 anrückten. Es wäre wohl beim zähen Ringen um diese befestigte Stadt geblieben, wenn die Kapetinger nicht Anfang 989 nach dem Tode Adalberos von Reims den schwer verständlichen Entschluß gefaßt hätten, ausgerechnet den erwähnten Kleriker Arnulf als Erzbischof einzusetzen. Entgegen allen geleisteten Eiden sorgte dieser nämlich nicht für die anscheinend erwartete Spaltung in Karls Gefolgschaft, sondern übergab im Herbst 989 die Stadt an seinen Oheim. Obgleich auch danach keine förmliche Königswahl und Königskrönung zustande kam, war Karl durch den Gewinn von Reims samt den Vasallen und Besitzungen der dortigen Kirche in einer deutlich gebesserten Position, der Hugo militärisch nicht beizukommen verstand.

Zu Fall brachte den Karolinger erst »das schwärzeste Verbrechen des Jahrhunderts« (W. Kienast): Bischof Adalbero von Laon, der sich Karls Vertrauen erschlichen hatte, öffnete in der Nacht vom 29./30.3.991 unversehens die Tore der Stadt und gab ihn damit in die Gewalt seiner Feinde. Als Aufrührer wurde er zusammen mit seiner Frau Adelheid, dem Sohn Ludwig und den Töchtern Gerberga und Adelheid in einen »festen Turm« König Hugos in Orléans verbracht, wo er zu einem unbekannten Zeitpunkt ums Leben kam. Sein düsteres Ende regte spätere Generationen an, Adalberos Heimtücke mit dem Judasverrat gleichzusetzen und in Karls letztem Mahl in Laon, mit dem er vom kommenden Unheil hatte abgelenkt werden sollen, das Abendmahl des Herrn wiederzuerkennen, dem ebenfalls aus seiner engsten Umgebung das Verderben bereitet worden war. Gesichert scheint zu sein, daß die Familienangehörigen nach Karls Tod von weiterer Haft verschont blieben. Die beiden Töchter sind später als Ehefrauen lothringischer Grafen bezeugt, während der junge Ludwig 995 noch einmal erwähnt wird im Zusammenhang eines vagen Plans Adalberos von Laon, Otto III. gegen die Kapetinger ins Land zu rufen. Um Arnulf, den ungetreuen Karolinger auf dem Reimser Erzstuhl, entspann sich ein langjähriger Streit, in dem der Metropolit dank Rückhalt am Papsttum seine Stellung behauptete († 1021).

In Lothringen zurückgelassen hatte Karl seinen älteren, dem kaiserlichen Großonkel nachbenannten Sohn Otto, der 991 in die Rolle des Herzogs der nördlichen Gegenden um Brüssel aufrückte. Er hielt sich vom politischen Geschehen in Frankreich fern und scheint stattdessen auf vertrautem Fuße mit dem etwa gleichaltrigen Kaiser Otto III., seinem Vetter (zweiten Grades), gestanden zu haben, den er vermutlich im Mai 1000 in Aachen zum Besuch am damals geöffneten Grab Karls des Großen, seines Ahnherrn, empfing. Jedenfalls begleitete er ihn auf dem dort begonnenen letzten Italienzug, der Anfang 1002 mit dem Tod des Kaisers endete, und gehörte zu denen, die den Leichnam bis zur Bestattung in Aachen heimführten. Unter dem Nachfolger Heinrich II., wiederum wie er selbst einem Urenkel Heinrichs I., verliert sich Ottos Spur, zumal auch nichts über eine Ehe und Nachkommen verlautet. Während eine vereinzelte Nachricht seinen Tod zum Jahre 1005 meldet, steht andererseits fest, daß der letzte Karolinger nicht vor 1012 im Herzogsamt ersetzt worden ist.

Der letzte Karolinger? Die Ungewißheit, die über Ottos Ende liegt, zeigt bereits, daß sein Hinscheiden von den zeitgenössischen Berichterstattern kaum als historische Wendemarke empfunden worden ist. In der Tat, mit jenem Otto verschwand allein der Mannesstamm Karls des Großen innerhalb kirchlich anerkannter Ehen, aber es verblieben in großer Zahl

Abkömmlinge aus illegitimer oder weiblicher Deszendenz, die sich dieser Herkunft rühmten und ihren politischen Rang mehr oder minder bewußt auf das karolingische Blut in ihren Adern gründeten. Von vielen dieser Verzweigungen ist schon im Verlauf der langen Familiengeschichte die Rede gewesen, weshalb hier nur an die prominentesten Linien erinnert werden soll, soweit sie sich über die Jahrtausendwende hinweg fortpflanzten. Eine besondere Stellung nehmen unter ihnen die Heribertiner des Grafenhauses Vermandois ein, die sich als reiner Mannesstamm auf Karls Sohn Pippin von Italien und dessen 818 bei der Blendung umgekommenen Sohn Bernhard zurückführen lassen; von ihnen sind in weiblicher Linie zumal die Robertiner/Kapetinger (über Hugos des Großen Mutter Beatrix, eine Tochter Heriberts I. von Vermandois) und die konradinischen Herzöge von Schwaben (über den Wetterau-Grafen Udo, der eine Schwester jener Beatrix heiratete) abzuleiten. Über Gisela, die Tochter Herzog Hermanns II. von Schwaben († 1003) und Gattin Kaiser Konrads II., ergibt sich schon hier eine Abstammung auch der weiteren Salier und Staufer. Unter den eigentlichen karolingischen Tochterstämmen ragen in Frankreich die aquitanischen Herzöge des Hauses Poitou (über Ludwigs des Frommen Töchter Rotrud oder Hildegard mit dem Sohn Ramnulf I.) hervor, die durch die Ehe Hugos Capet auch in den Kapetingern fortlebten, ferner die Grafen von Flandern (über Karls des Kahlen Tochter Judith, die Gattin Balduins I.), während im ottonisch-salischen Imperium alle führenden Familien Lothringens, die Reginare als Nachfahren einer Tochter Lothars I. ebenso wie das »Ardenner-Haus« der Herzöge Friedrich und Gottfried samt den späteren Luxemburgern in der Deszendenz einer Tochter Ludwigs des Stammlers, zu nennen sind und außerdem über Mathilde, die nach Burgund verheiratete Tochter Ludwigs IV. von Westfranken, als Großmutter der Kaiserin Gisela eine weitere Verbindungslinie zu den Saliern und Staufern zutage tritt. Gewiß lehrt die Geschichte des späten 9. und des 10. Jahrhunderts mit den Gegenbeispielen der Widonen und der Ottonen, daß der Aufstieg zu höchsten Würden auch ganz ohne erkennbare Blutsbande zu den Karolingern möglich war, aber je weiter die gegenseitige Verflechtung in der Folgezeit voranschritt, desto zahlreicher wurden die Nachfahren Karls des Großen, die bereits im 13. Jahrhundert in die Tausende gingen und »fast den gesamten europäischen Hochadel« umfaßten (K. F. Werner).

Kein Wunder, daß seit dem 10. Jahrhundert genealogische Aufzeichnungen bekannt sind, die ein mehr oder minder vollständiges Bild der karolingischen Geschlechterfolge bezwecken, meist um deren Fortleben in einer bestimmten Fürstenfamilie zu dokumentieren. Sollte dies 959 beim Priester Witger, der die Herkunft des flandrischen Grafenhauses bis zu Arnulf I., dem Urenkel Kaiser Karls des Kahlen, beschrieb, noch dazu dienen, das Gebet für eine weitere Blüte dieser Dynastie anzuregen, so standen für den Autor einer Genealogie der Brabanter Herzöge im 13. Jahrhundert eindeutig historisch-politische Ansprüche im Vordergrund, wenn er festhielt, Karl von Lothringen, der Sohn König Ludwigs IV., sei von Hugo Capet um sein Erbe an der Krone Frankreichs gebracht worden, aber sein Geschlecht, die *stirps Karoli Magni,* lebe dank der Ehe seiner Tochter Gerberga mit dem Grafen Lambert in Brabant ruhmreich weiter. Zur Ausschmückung und Verdeutlichung solchen geschichtlichen Wissens entstanden seit dem 11. Jahrhundert graphische oder bildliche Darstellungen der Karolinger-Genealogie, die ihren sichtbarsten Ausdruck in der Kölner Chronistik des frühen 13. Jahrhundert gefunden haben: Ein Schaubild mit 38 farbigen Porträt-Medaillons, das sich in der Wiedergabe einer Wolfenbütteler und einer Brüsseler Handschrift erhalten hat, präsentiert absteigend die Generationenfolge vom hl. Arnulf von Metz bis zu Kaiser Ludwig dem Frommen und fährt dann in der Hauptlinie mit Karl dem Kahlen und seinen Deszendenten Ludwig dem Stammler und Ludwig III. fort, dem recht ungenau nur noch zwei Könige namens Lothar angeschlossen sind. In den Nebenlinien finden sich die ostfränkischen Karolinger (einschließlich des Konradiners Konrad des Älteren und seines Sohnes, König Konrad I., als Nachfahren Kaiser Arnolfs), aber auch die italischen Könige Hugo und Lothar aus dem lotharischen Stamm (mit unrichtiger Zuordnung der Kaiserin Kunigunde, Gemahlin Heinrichs II.) sowie die Herleitung Siegfrieds, des ersten Luxemburger Grafen, von Ludwig dem Stammler.

Nur ein geringer Schritt führte aus zweckhafter dynastischer »Ahnenforschung« in die genealogische Fiktion, die ebenso wie am Beginn der karolingischen Familiengeschichte auch in ihren (vermeintlichen) späten Ausläufern und mit ähnlich zählebigen Konsequenzen begegnet. So verfiel um 1150 der unbekannte Verfasser einer Genealogie der französischen Könige darauf, das Problem der Legitimität der frühen Kapetinger zu überwinden, indem er die Gemahlin Roberts II. als Tochter des letzten karolingischen Königs Ludwig V. ausgab. Einflußreicher ist freilich seit dem 13. Jahrhundert die Auffassung geworden, durch die Heirat König Philipps II. August (1180–1223) mit Elisabeth von Hennegau, Nachfahrin Karls des Großen, sei in ihrem gemeinsamen Sohn Ludwig VIII. die *stirps Karoli* wieder auf den französischen Thron »zurückgekehrt«, – obgleich sich mit einer Ausnahme auch sämtliche kapetingische Königinnen zuvor auf die Karolinger zurückführen lassen! In Deutschland waren es vor allem die bayerischen und pfälzischen Wittelsbacher, denen phantasievoller Scharfsinn an sich bereits im 13. Jahrhundert, mit breiterer Resonanz aber erst im 15. Jahrhundert in Kaiser Arnolf einen angeblichen karolingischen Ahnherrn schuf (während die damaligen Habsburger eine »Ansippung« an die Merowinger vorzogen). Auch der thüringischen Landgrafenfamilie mit dem Leitnamen Ludwig, deren Mannesstamm in dem Gegenkönig Heinrich Raspe († 1247) erlosch, wurde eine Abkunft von den westlichen Karolingern nachgesagt, die sich auf Ludwig, den verschollenen Sohn Karls von Lothringen, zuspitzen ließe, aber viel zu spät behauptet wird, um glaubhaft zu sein. Sie dürfte eher in der Linie dessen liegen, was der Chronist ihres Hausklosters Reinhardsbrunn im 14. Jahrhundert als allgemeine Tendenz durchblicken läßt: »Es ist zu bemerken, daß das Geschlecht Karls *(genus Caroli)* nicht völlig sein Ende fand, wie gesagt wird, sondern nur in der Herrschaft über das römische Reich. Denn, wie man in den Chroniken findet, leiten alle Könige der Franzosen und der Deutschen, aber auch die Fürsten, Herzöge und Grafen dieser Länder, nämlich in Thüringen, in Bayern, in Franken, in Pannonien (Österreich?), in Kärnten, in Böhmen, in Mähren, in Schwaben, in Sachsen, in Friesland, in Lothringen und auch alle vornehmen Alemannen, ihre Herkunft von den Karolingern *(a genere Carolorum)* her«. Offenbar waren diese längst zum Urgrund einer jeden Dynastie von Rang geworden.

Zu dem Erscheinungsbild, das ihnen erst die Nachwelt verliehen hat, gehört neben unermeßlicher Nachkommenschaft schließlich auch der zusammenfassende Name »Karolinger«. Während zur Zeit ihrer Königsherrschaft nicht selten die Abstraktion vom »Stamm« *(stirps, genus, genealogia, progenies, prosapia)* des großen Karl in den Quellen auftaucht, scheint die pluralische Summierung zu einem Abstammungsverband eine im

Rückblick entstandene Ausdrucksweise zu sein, wobei der Name des ersten Kaisers auch wegen seiner häufigen Wiederverwendung im Vordergrund blieb: Vom »letzten der Karle bei den Ostfranken« *(ultimus Karolorum apud orientales Francos)* spricht um 965 der sächsische Geschichtsschreiber Widukind von Corvey mit Bezug auf den 911 gestorbenen jungen König, der selber Ludwig hieß, ebenso wie in Westfranken bald nach 987 Richer von Reims die Herrscher der Vergangenheit als »Karle und andere« *(Karolorum aliorumque)* auf einen Nenner bringt. Dies ist seither vielfach wiederholt und sprachlich fortentwickelt worden, wobei die vollere Form *Karlenses* anscheinend eher im französischen Bereich, die Ausdrücke *Kar(o)lingi* und *Karolini* mehr bei deutschen Autoren Verbreitung fanden. Da im Westen das Königtum der Karolinger mehrere Generationen länger währte, ging im übrigen für östliche Betrachter der dynastische Terminus leicht in eine Bezeichnung auch der Beherrschten über. Ähnlich wie früher schon aus dem *regnum Lotharii* der »Volksname« *Lotharienses* o.ä. geworden war, kennzeichnete Thietmar von Merseburg († 1018) den westfränkischen König Lothar als *rex Karolingorum* und nannte Brun von Querfurt († 1009) den gegen diesen gerichteten Feldzug von 978 einen Kampf *cum Karolinis Francis.* Demgemäß blieb für den Annalisten im bayerischen Altaich (um 1070) auch der kapetingische französische König seiner Zeit der *rex Karolingorum,* und es wurde daraus sogar eine im Hochmittelalter geläufige deutschsprachige Bezeichnung für die Franzosen als Volk *(Kerlinge)* und ihr Land *(Kerlingen).*

Wie man sieht, verblaßten die Konturen der historischen Dynastie mit dem zeitlichen Abstand. Tatsächlich haftet der Nachruhm dessen, was sie insgesamt zur Formierung des mittelalterlichen Europa geleistet hat, weniger den Karolingern im ganzen als einzelnen ihrer herausragenden Gestalten an: Karl Martell als dem Bezwinger der Araber, Pippin dem Jüngeren als dem ersten gesalbten König von Gottes Gnaden und Schutzherrn der Päpste, Ludwig dem Frommen als dem Erneuerer der kirchlichen Ordnung, Karl dem Kahlen als dem ersten »roi de France« und seinem Bruder Ludwig als dem »Deutschen«, vor allem aber Karl dem Großen als dem Gründervater schlechthin, dem kaiserlichen Sieger über die Heiden und Verbreiter des christlichen Glaubens, dem Gesetzgeber und Kirchenstifter, dessen sich Dichtung und Sage in mannigfacher Weise bemächtigten. Die Vielfalt ihrer Grabplätze, an die lokales, regionales und später nationales Selbstbewußtsein anknüpfen konnte – neben Aachen, Metz und Prüm auch Saint-Denis und Lorsch, Reims und Regensburg, ja sogar Mailand –, macht besonders sinnfällig, daß uns nicht nur die Gemeinsamkeit der fränkischen Wurzeln, sondern auch die Mannigfaltigkeit und Mehrdeutigkeit der darin angelegten Traditionen durch die Karolinger vermittelt worden ist, eben weil ihre Herrschaft immer wieder von den Wechselfällen familiären Geschicks bestimmt wurde.

Quellen- und Literaturverzeichnis

Abkürzungen

AfD	Archiv für Diplomatik
AKG	Archiv für Kulturgeschichte
Beiträge	R. Schieffer (Hg.), Beiträge zur Geschichte des Regnum Francorum. Referate beim Wissenschaftlichen Colloquium zum 75. Geburtstag v. E. Ewig am 28. Mai 1988 (1990)
CH	Charlemagne's Heir. New Perspectives on the Reign of Louis the Pious (814–840), hg. v. P. Godman/R. Collins (1990)
DA	Deutsches Archiv
Fg.	Festgabe
FMSt	Frühmittelalterliche Studien
Fs.	Festschrift
HJb	Historisches Jahrbuch
HZ	Historische Zeitschrift
Jb.	Jahrbuch
KdG	Karl der Große. Lebenswerk und Nachleben. Bd. 1: Persönlichkeit und Geschichte, hg. v. H. Beumann (1965); Bd. 2: Das geistige Leben, hg. v. B. Bischoff (1965); Bd. 4: Das Nachleben, hg. v. W. Braunfels/P. E. Schramm (1967)
MGH	Monumenta Germaniae Historica
MIÖG	Mitteilungen des Instituts für österreichische Geschichtsforschung
Nascita	Nascita dell'Europa ed Europa carolingia: un'equazione da verificare 1–2 (Settimane 27, 1981)
Nd.	Nachdruck/Neudruck
QFIAB	Quellen und Forschungen aus italienischen Archiven und Bibliotheken
RhV	Rheinische Vierteljahrsblätter
Royauté	R. Le Jan (Hg.), La royauté et les élites dans l'Europe carolingienne (début IXe aux environs de 920) (1998)
Settimane	Settimane di studio del Centro italiano di studi sull'alto medioevo
SZG	Schweizerische Zeitschrift für Geschichte
ZBLG	Zeitschrift für bayerische Landesgeschichte
ZKG	Zeitschrift für Kirchengeschichte

ZRG.GA	Zeitschrift für Rechtsgeschichte, Germanistische Abteilung
ZRG.KA	Zeitschrift für Rechtsgeschichte, Kanonistische Abteilung
Zs.	Zeitschrift

Quellenkunde und Quellenverzeichnung

Wattenbach/Levison, Deutschlands Geschichtsquellen im Mittelalter. Vorzeit und Karolinger, bearb. v. W. *Levison*/H. *Löwe* 1–6 (1952–90), Beiheft: Die Rechtsquellen, bearb. v. R. *Buchner* (1953). – J. F. *Böhmer,* Regesta Imperii 1: Die Regesten des Kaiserreichs unter den Karolingern 751–918, neu bearb. v. E. *Mühlbacher* (^{2}1908, ergänzter Nd. 1966), 1,3: Die Regesten des Regnum Italiae und der burgundischen Regna 1–2: 840–926, bearb. v. H. *Zielinski* (1991–98), 1,4: Papstregesten 844–858, bearb. v. K. *Herbers* (1999).

Quellenausgaben

Erzählende Quellen (Annalen, Chroniken, Viten, Gesta u.ä.) liegen durchweg in der Sammlung Monumenta Germaniae Historica (MGH) vor, und zwar innerhalb der Reihen: Auctores antiquissimi, Scriptores (in Folio), Scriptores rerum Merovingicarum, Scriptores rerum Langobardicarum, Scriptores rerum Germanicarum, Scriptores rerum Germanicarum Nova Series. Außerhalb davon sind hervorzuheben: Beda, Historia ecclesiastica gentis Anglorum, hg. v. B. *Colgrave*/ R. A. B. *Mynors* (1969); Le Liber Pontificalis, hg. v. L. *Duchesne* 1–2 (1886–92, Nachträge v. C. *Vogel,* 1957); Annales de Saint-Bertin, hg. v. F. *Grat* u.a. (1964); Nithard, Histoire des fils de Louis le Pieux, hg. v. Ph. *Lauer* (1926); Les Annales de Flodoard, hg. v. Ph. *Lauer* (1905). – Nachdrucke wichtiger MGH-Ausgaben mit deutscher Übersetzung: Quellen zur karolingischen Reichsgeschichte, hg. v. R. *Rau* 1–3 (1955–60).

Rechtsquellen: MGH Leges nationum Germanicarum, Capitularia regum Francorum, Concilia, Capitula episcoporum, Formulae Merowingici et Karolini aevi, Fontes iuris Germanici antiqui.

Königs- und Kaiserurkunden: MGH Diplomata Karolinorum 1 : Die Urkunden Pippins, Karlmanns und Karls des Großen, hg. v. E. *Mühlbacher* (1906), 3: Die Urkunden Lothars I. und Lothars II., hg. v. Th. *Schieffer* (1966), 4: Die Urkunden Ludwigs II., hg. v. K. *Wanner* (1994); MGH Diplomata regum Germaniae e stirpe Karolinorum 1: Die Urkunden Ludwigs d. Dt., Karlmanns und Ludwigs d.J., hg. v. P. *Kehr* (1932–34), 2: Die Urkunden Karls III., hg. v. P. *Kehr* (1937), 3: Die Urkunden Arnolfs, hg. v. P. *Kehr* (1940), 4: Die Urkunden Zwentibolds und Ludwigs d. K., hg. v. Th. *Schieffer* (1960). – Chartes et di-

plômes relatifs à l'histoire de France: Actes de Pépin Ier et de Pépin II, rois d'Aquitaine (814–848), par L. *Levillain* (1926); Actes de Charles II le Chauve, par G. *Tessier* 1–3 (1943–55); Actes des rois de Provence (855–928), par R. *Poupardin* (1920); Actes de Louis II de Bègue, Louis III et Carloman II, par R. H. *Bautier* (1978); Actes d'Eudes, par G. *Tessier*/ R. H. *Bautier* (1968); Actes de Charles III le Simple, par Ph. *Lauer* (1949); Actes de Robert Ier et de Raoul, par J. *Dufour* (1978); Actes de Louis IV, par Ph. *Lauer* (1914); Actes de Lothaire et de Louis V, par L. *Halphen*/ F. *Lot* (1908).
Briefe: MGH Epistolae, Epistolae selectae.
Dichtung: MGH Poetae latini; außerhalb davon: Ermold le Noir, Poème sur Louis le Pieux et épitres au roi Pépin, hg. v. E. *Faral* (1932); Abbon, Le siège de Paris par les Normands, hg. v. H. *Waquet* (1942); Ludwigslied, hg. v. E. *v. Steinmeyer,* Die kleineren althochdeutschen Sprachdenkmäler (1916) S. 85 f.

Allgemeine Darstellungen

H. *Fichtenau,* Das karolingische Imperium. Soziale und geistige Problematik eines Großreiches (1949). – J. *Fleckenstein,* Grundlagen und Beginn der deutschen Geschichte ([3]1988). – *Ders.*, Das Großfränkische Reich: Möglichkeiten und Grenzen der Großreichsbildung im Mittelalter, in: HZ 233 (1981) S. 265–295. – J. *Fried*, Die Formierung Europas ([2]1993). – *Ders.*, Der Weg in die Geschichte. Die Ursprünge Deutschlands bis 1024 (1994). – R. *McKitterick* (Hg.), The New Cambridge Medieval History 2: c. 700 - c. 900 (1995). – E. *Perroy,* Le monde carolingien ([2]1974). – F. *Prinz,* Grundlagen und Anfänge. Deutschland bis 1056 (1985). – P. *Riché,* La vie quotidienne dans l'empire carolingien (1973), dt. Die Welt der Karolinger ([2]1999). – *Ders.*, Les carolingiens. Une famille qui fit l'Europe (1983), dt. Die Karolinger. Eine Familie formt Europa (1987). – Th. *Schieder* (Hg.), Handbuch der europäischen Geschichte 1: Europa im Wandel von der Antike zum Mittelalter, hg. v. Th. *Schieffer* (1976). – R. *Schneider,* Das Frankenreich ([4]2000). – H. K. *Schulze,* Vom Reich der Franken zum Land der Deutschen. Merowinger und Karolinger (1987).

Übergreifende Einzelaspekte

A. *Albertoni*, L'Italia carolingia (1997). – A. *Angenendt,* Kaiserherrschaft und Königstaufe (1984). – H. H. *Anton,* Fürstenspiegel und Herrscherethos in der Karolingerzeit (1968). – C. *Brühl,* Fränkischer Krönungsbrauch und das Problem der Festkrönungen, in: HZ 194 (1962) S. 265–326. – K. *Brunner,* Oppositionelle Gruppen im Karolingerreich (1979). – K. *Bund,* Thronsturz und Herrscherabsetzung im Frühmittelalter (1979). – J.W. *Busch,* Vom Attentat zur Haft. Die Behandlung von Konkurrenten und Opponenten der frühen Karolinger, in: HZ 263 (1996) S. 561–588. – E. *Ewig,* Überlegungen zu den merowingischen und karolingischen Teilungen, in: Nascita 1 S. 225–253. – J. *Fleckenstein,* Die Hofkapelle der deutschen Könige 1 : Grundlegung. Die karolingische Hofkapelle (1959). – W. *Hartmann,* Die Synoden der Karolingerzeit im Frankenreich und in Italien (1989). – K. *Heinemeyer,* Zu Entstehung und Aufgaben der karolingischen Pfalzstifte, in: Studien zum weltlichen Kollegiatstift in Deutschland, hg. v. I. *Crusius* (1995) S. 110–151. – H. *Löwe,* Die karolingische Reichsgründung und der Südosten (1937). – R. *McKitterick,* The Carolingians and the written Word (1989). – J.L. *Nelson,* Bad Kingship in the Earlier Middle Ages, in: The Haskins Society Journal 8 (1996) S. 1–26. – *Dies.*, Violence in the Carolingian World and the Ritualization of Ninth-Century Warfare, in: Violence and Society in the Early Medieval West, hg. v. G. *Halsall* (1997) S. 90–107. – W. *Schlesinger,* Karlingische Königswahlen, in: Zur Geschichte und Problematik der Demokratie. Fg. f. H. Herzfeld (1958) S. 207–264; verbesserter Nd. in: Königswahl und Thronfolge in fränkisch-karolingischer Zeit, hg. v. E. *Hlawitschka* (1975) S. 190–266. – M. *Sierck,* Festtag und Politik. Studien zur Tagewahl karolingischer Herrscher (1995). – J.M.H. *Smith,* Province and Empire. Brittany and the Carolingians (1992). – G. *Tellenbach,* Die geistigen und politischen Grundlagen der karolingischen Thronfolge, in: FMSt 13 (1979) S. 184–302. – W. *Vogel,* Die Normannen und das fränkische Reich bis zur Gründung der Normandie (799–911) (1906). – J.M. *Wallace-Hadrill,* The Frankish Church (1983). – K.F. *Werner,* Bedeutende Adelsfamilien im Reich Karls des Großen, in: KdG 1 S. 83–142. – H. *Wolfram,* Intitulatio I: Lateinische Königs- und Fürstentitel bis zum Ende des 8. Jahrhunderts (1967). – H. *Wolfram* (Hg.), Lateinische Herrscher- und Fürstentitel im neunten und zehnten Jahrhundert (1973). – H. *Zielinski,* Die Kloster- und Kirchengründungen der Karolinger, in: Beiträge zur Geschichte und Struktur der mittelalterlichen Germania Sacra, hg. v. I. *Crusius* (1989) S. 95–134. – E. *Zöllner,* Die politische Stellung der Völker im Frankenreich (1950).

Zur Entwicklung der Dynastie

C. *Carozzi,* Les Carolingiens dans l'au-delà, in: Haut Moyen-Age. Culture, Éducation et Société. Études offertes à P. Riché (1990) S. 367–376. – A. *Dierkens,* Autour de la tombe de Charlemagne. Considérations sur les sépultures et les funérailles des souverains carolingiens et des membres de leur famille, in: Byzantion 61 (1991) S. 156–180. – I. *Heidrich,* Von Plectrud zu Hildegard. Beobachtungen zum Besitzrecht adliger Frauen im Frankenreich des 7. und 8. Jahrhunderts und zur politischen Rolle der Frauen der frühen Karolingerzeit, in: RhV 52 (1988) S. 1–15. – S. *Hellmann,* Die Heiraten der Karolinger, in: Fg. K. Th. v. Heigel (1903) S. 1–99. – E. *Hlawitschka,* Die Vorfahren Karls des Großen, in: KdG 1 S. 51–82. – *Ders.*, Adoptionen im mittelalterlichen Königshaus, in: Beiträge zur Wirtschafts- und Sozialgeschichte des Mittelalters. Fs. H. Heibig (1976) S. 1–32. – K.-U. *Jäschke,* Die Karolingergenealogien aus Metz und Paulus Diaconus. Mit einem Exkurs über Karl »den Kahlen«, in: RhV 34 (1970) S. 190–218. – B. *Kasten,* Königssöhne und Königsherrschaft. Untersuchungen zur Teilhabe am Reich in der Merowinger- und Karolingerzeit (1997). – R. *Le Jan,* Famille et pouvoir dans le monde franc (VIIe-Xe siècle) (1995). – O. G. *Oexle,* Die Karolinger und die Stadt des heiligen Arnulf, in: FMSt 1 (1967) S. 250–364. – R. *Schieffer,* Väter und Söhne im Karolingerhause, in: Beiträge S. 149–164. – *Ders.*, Karolingische Töchter, in: Herrschaft, Kirche, Kultur. Fs. F. Prinz (1993) S. 125–139. – K.F. *Werner,* Die Nachkommen Karls des Großen bis um das Jahr 1000 (1.-8. Generation), in: KdG 4 S. 403–482. – *Ders.*, Il y a mille ans, les carolingiens: Fin d'une dynastie, début d'un mythe, in: Annuaire-Bulletin de la Société de l'histoire de France, Années 1991–1992 (1993) S. 17–89.

Die Zeit vor 687

E. *Ewig,* Die Merowinger und das Frankenreich (^{3}1997). – P. *Geary,* Before France and Germany (1988), dt. Die Merowinger. Europa vor Karl dem Großen (1996). – I. *Wood,* The Merovingian Kingdoms 450–751 (1994). – R. *Kaiser,* Das römische Erbe und das Merowingerreich (^{2}1997). – H. E. *Bonnell,* Die Anfänge des karolingischen Hauses (1866). – E. *Hlawitschka,* Studien zur Genealogie und Geschichte der Merowinger und der frühen Karolinger, in: RhV 43 (1979) S. 1–99. – M. *Weidemann,* Adelsfamilien im Chlotharreich. Verwandtschaftliche Beziehungen der fränkischen Aristokratie im 1. Drittel des 7. Jahrhunderts, in: Francia 15 (1987) S. 829–851. – E. *Ewig,* Die fränkischen Teilreiche im 7. Jahrhundert, in: Trierer Zs. 22 (1954) S. 85–144. – P.J. *Fouracre,* The Nature of Frankish Political Institutions in the Seventh Century, in: Franks and Alamanni in the Merovingian Period, hg. v. I. *Wood* (1998) S. 285–301. – M. *Werner,* Der Lütticher Raum in frühkarolingischer Zeit. Untersuchungen zur Geschichte einer karolingischen Stammlandschaft (1980). – *Ders.*, Adelsfamilien im Umkreis der frühen Karolinger. Die Verwandtschaft Irminas von Oeren und Adelas von Pfalzel (1982). – I. *Haselbach,* Aufstieg und Herrschaft der Karlinger in der Darstellung der sogenannten Annales Mettenses priores (1970). – H. *Ebling,* Prosopographie der Amtsträger des Merowingerreiches von Chlothar II. (613) bis Karl Martell (714) (1974). – H. *Wunder,* Zur Entmachtung des austrasischen Hausmeiers Pippin, in: Ex ipsis rerum documentis. Fs. H. Zimmermann (1991) S. 39–54. – Th. *Kölzer,* Merowingerstudien I-II (1998–99). – J. *Verseuil,* Les rois fainéants de Dagobert à Pépin le Bref (1996). – I. *Heidrich,* Titulatur und Urkunden der arnulfingischen Hausmeier, in: AfD 11/12 (1965/66) S. 71–279. – J. *Jarnut,* Agilolfingerstudien. Untersuchungen zur Geschichte einer adligen Familie im 6. und 7. Jahrhundert (1986). – F. *Prinz,* Frühes Mönchtum im Frankenreich. Kultur und Gesellschaft in Gallien, den Rheinlanden und Bayern am Beispiel der monastischen Entwicklung (4. bis 8. Jahrhundert) (1965, Nd. mit Nachwort 1988). – H. *Müller,* Bischof Kunibert von Köln. Staatsmann im Übergang von der Merowinger- zur Karolingerzeit, in: ZKG 98 (1987) S. 167–205. – A. *Dierkens,* Abbayes et Chapitres entre Sambre et Meuse (VIIe-XIe s.) (1985). – H. *Thomas,* Die Namenliste des Diptychon Barberini und der Sturz des Hausmeiers Grimoald, in: DA 25 (1969) S. 17–63. – R. A. *Gerberding,* The Rise of the Carolingians and the Liber historiae Francorum (1987). – E. *Ewig,* Die fränkischen Königskataloge und der Aufstieg der Karolinger, in: DA 51 (1995) S. 1–28. – J. *Fischer,* Der Hausmeier Ebroin (1954). – E. *Hlawitschka,* Zu den Grundlagen des Aufstiegs der Karolinger. Beschäftigung mit zwei Büchern von Matthias Werner, in: RhV 49 (1985) S. 1–61. – K. *Hauck,* Lebensnormen und Kultmythen in germanischen Stammes- und Herrschergenealogien, in: Saeculum 6 (1955) S. 186–223. – I. *Heidrich,* Les maires du palais neustriens du milieu du VIIe au milieu du VIIIe s., in: La Neustrie. Les pays au nord de la Loire de 650 à 850, hg. v. H. *Atsma* 1 (1989) S. 217–229.

I. Generation (687–714)

P.J. *Fouracre,* Observations on the Outgrowth of Pippinid Influence in the »Regnum Francorum« after the Battle of Tertry (687–715), in: Medieval Prosopography 5/6 (1984) S. 1–31. – K. F. *Werner,* Les principautés périphériques dans le monde franc du VIIIe s., in: I problemi dell'Occidente nel secolo VIII 2 (Settimane 20, 1973) S. 483–514. – M. *Rouche,* L'Aquitaine des Wisigoths aux Arabes 418–781. Naissance d'une région (1979). – W. *Schlesinger,* Zur politischen Geschichte der fränkischen Ostbewegung vor Karl dem Großen, in: Althessen im Frankenreich, hg. v. W. *Schlesinger* (1975) S. 9–61. – W. H. *Fritze,* Zur Entstehungsgeschichte des Bistums Utrecht. Franken und Friesen 690–734, in: RhV 35 (1971) S. 107–151. – A. *Angenendt,* Willibrord im Dienste der Karolinger, in: Annalen des Hist. Vereins für den Niederrhein 175 (1973) S. 63–113. – H. *Wolfram,* Der heilige Rupert und die antikarolingische Adelsopposition, in: MIÖG 80 (1972) S. 4–34. – W. *Joch,* Legitimität und Integration. Untersuchungen zu den Anfängen Karl Martells (1999).

II. Generation (714–741)

Karl Martell in seiner Zeit, hg. v. J. *Jarnut* u.a. (1994). – Th. *Breysig,* Jahrbücher des fränkischen Reiches 714–741. Die Zeit Karl Martells (1869). – U. *Nonn,* Das Bild Karl Martells in den lateinischen Quellen vornehmlich des 8. und 9. Jahrhunderts, in: FMSt 4 (1970) S. 70–137.

– J. *Semmler,* Zur pippinidisch-karolingischen Sukzessionskrise 714–723, in: DA 33 (1977) S. 1–36. – *Ders.*, Bonifatius, die Karolinger und "die Franken", in: Mönchtum – Kirche – Herrschaft 750–1000, hg. v. D.R. *Bauer* u.a. (1998) S. 3–49. – E. *Ewig,* »Milo et eiusmodi similes«, in: St. Bonifatius. Gedenkgabe zum zwölfhundertsten Todestag (1954) S. 412–440. – F. *Prinz,* Der fränkische Episkopat zwischen Merowinger- und Karolingerzeit, in: Nascita 1 S. 101–133. – W. *Kienast,* Die fränkische Vasallität. Von den Hausmeiern bis Ludwig dem Kind und Karl dem Einfältigen, hg. v. P. *Herde* (1990). – J. *Jahn,* Ducatus Baiuvariorum (1991). – E. *Zöllner,* Das Geschlecht der Agilolfinger, in: Die Anfänge des Klosters Kremsmünster, hg. v. S. *Haider* (1978) S. 83–110. – Th. *Schieffer,* Winfrid-Bonifatius und die christliche Grundlegung Europas (1954, Nd. mit Nachwort 1972). – A. *Angenendt,* Monachi peregrini (1972). – I. *Heidrich,* Die urkundliche Grundausstattung der elsässischen Klöster, St. Gallens und der Reichenau in der ersten Hälfte des 8. Jahrhunderts, in: Die Gründungsurkunden der Reichenau, hg. v. P. *Classen* (1977) S. 31–62. – U. *Nonn,* Die Schlacht bei Poitiers 732. Probleme historischer Urteilsbildung, in: Beiträge S. 37–56. – P.J. *Geary,* Aristocracy in Provence (1985). – J. *Semmler,* Die Aufrichtung der karolingischen Herrschaft im nördlichen Burgund im VIII. Jahrhundert, in: Aux origines d'une seigneurie ecclésiastique. Langres et ses évêques, VIIIe-XIe s. (1986) S. 19–41. – *Ders.,* Episcopi potestas und karolingische Klosterpolitik, in: Mönchtum, Episkopat und Adel zur Gründungszeit des Klosters Reichenau, hg. v. A. *Borst* (1974) S. 305–395. – E. *Hlawitschka,* Karl Martell, das Römische Konsulat und der Römische Senat, in: Die Stadt in der europäischen Geschichte. Fs. E. Ennen (1972) S. 74–90. – U. *Nonn,* Vom maior domus zum Rex. Die Auffassung von Karl Martells Stellung im Spiegel der Titulatur, in: RhV 37 (1973) S. 107–116. – M. *Becher,* Zum Geburtsjahr Tassilos, in: ZBLG 52 (1989) S. 3–12.

III. Generation (741–768)

H. *Hahn,* Jahrbücher des fränkischen Reichs 741–752 (1863). – H.J. *Schüssler,* Die fränkische Reichsteilung von Vieux-Poitiers (742) und die Reform der Kirche in den Teilreichen Karlmanns und Pippins. Zu den Grenzen der Wirksamkeit des Bonifatius, in: Francia 13 (1985) S. 47–112. – J. *Jarnut,* Alemannien zur Zeit der Doppelherrschaft der Hausmeier Karlmann und Pippin, in: Beiträge S. 57–66. – M. *Borgolte,* Geschichte der Grafschaften Alemanniens in fränkischer Zeit (1984). – H. *Michels,* Das Gründungsjahr der Bistümer Erfurt, Büraburg und Würzburg, in: Archiv f. mittelrheinische Kirchengeschichte 39 (1987) S. 11–42. – F. *Staab,* Die Gründungen der Bistümer Erfurt, Büraburg und Würzburg durch Bonifatius im Rahmen der fränkischen und päpstlichen Politik, in: Archiv f. mittelrheinische Kirchengeschichte 40 (1988) S. 31–41. – I. *Heidrich*, Synode und Hoftag in Düren im August

747, in: DA 50 (1994) S. 415–440. – M. *Becher,* Neue Überlegungen zum Geburtsdatum Karls des Großen, in: Francia 19/1 (1992) S. 37–60. – K. H. *Krüger,* Königskonversionen im 8. Jahrhundert, in: FMSt 7 (1973) S. 169–222. – M. *Becher,* Drogo und die Königserhebung Pippins, in: FMSt 23 (1989) S. 131–153. – W. *Affeldt,* Untersuchungen zur Königserhebung Pippins, in: FMSt 14 (1980) S. 95–187. – H. *Büttner,* Aus den Anfangen des abendländischen Staatsgedankens, in: Das Königtum. Seine geistigen und rechtlichen Grundlagen (1954) S. 155–167. – K. H. *Krüger,* Sithiu/Saint-Bertin als Grablege Childerichs III. und der Grafen von Flandern, in: FMSt 8 (1974) S. 71–80. – M.J. *Enright,* Iona, Tara and Soissons. The origins of the royal anointing ritual (1985). – A.Th. *Hack,* Zur Herkunft der karolingischen Königssalbung, in: ZKG 110 (1999) S. 170–190. – J. *Jarnut,* Wer hat Pippin 751 zum König gesalbt?, in: FMSt 16 (1982) S. 45–57. – L. *Oelsner,* Jahrbücher des fränkischen Reiches unter König Pippin (1871). – P. *Classen,* Italien zwischen Byzanz und dem Frankenreich, in: Nascita 2 S. 919–967. – J. T. *Hallenbeck,* Pavia and Rome: The Lombard Monarchy and the Papacy in the Eighth Century (1982). – K. *Hauck,* Von einer spätantiken Randkultur zum karolingischen Europa, in: FMSt 1 (1967) S. 3–93. – G. *Tangl,* Die Sendung des ehemaligen Hausmeiers Karlmann in das Frankenreich im Jahre 754 und der Konflikt der Brüder, in: QFIAB 40 (1960) S. 1–42. – W. H. *Fritze,* Papst und Frankenkönig (1973). – J. *Jarnut,* Quierzy und Rom. Bemerkungen zu den »Promissiones donationis« Pippins und Karls, in: HZ 220 (1975) S. 265–297. – A. *Angenendt,* Das geistliche Bündnis der Päpste mit den Karolingern (754–796), in: HJb 100 (1980) S. 1–94. – O. *Engels,* Zum päpstlich-fränkischen Bündnis im 8. Jahrhundert, in: Ecclesia et regnum. Fs. F.-J. Schmale (1989) S. 21–38. – Th. F. X. *Noble,* The Republic of St. Peter. The Birth of the Papal State, 680–825 (1984). – J. *Semmler,* Pippin III. und die fränkischen Klöster, in: Francia 3 (1975) S. 88–146. – J. *Fleckenstein,* Fulrad von Saint-Denis und der fränkische Ausgriff in den süddeutschen Raum, in: Studien und Vorarbeiten zur Geschichte des großfränkischen und frühdeutschen Adels, hg. v. G. *Tellenbach* (1957) S. 9–39. – A. *Stoclet,* Autour de Fulrad de Saint-Denis (v. 710–784) (1993). – P. *Classen,* Bayern und die politischen Mächte im Zeitalter Karls des Großen und Tassilos III., in: Kremsmünster (wie II) S. 169–187. – M. *Becher,* Eid und Herrschaft. Untersuchungen zum Herrscherethos Karls des Großen (1993). – E. *Ewig,* Zum christlichen Königsgedanken im Frühmittelalter, in: Das Königtum (wie oben) S. 7–73. – P. *Riché,* Le renouveau culturel à la cour de Pépin III, in: Francia 2 (1974) S. 59–70. – E. *Ewig,* Beobachtungen zur Entwicklung der fränkischen Reichskirche unter Chrodegang von Metz, in: FMSt 2 (1968) S. 67–77. – J. *Semmler,* Mönche und Kanoniker im Frankenreich Pippins III. und Karls des Großen, in: Untersuchungen zu Kloster und Stift (1980) S. 78–111. – M. *Borgolte,* Der Gesandtenaustausch der Karolinger mit den Abbasiden und mit den Patriarchen von Jerusalem (1976).

IV. Generation (768–814)

S. *Abel*/B. *Simson*, Jahrbücher des Fränkischen Reiches unter Karl dem Großen 1 (^{2}1888), 2 (1883). – J. *Fleckenstein*, Karl der Große (^{3}1990). – R. *Collins*, Charlemagne (1998). – J. *Favier*, Charlemagne (1999). – M. *Becher*, Karl der Große (1999). – D. *Hägermann*, Karl der Große. Herrscher des Abendlandes (2000). – H.H. *Anton*, Beobachtungen zum fränkisch-byzantinischen Verhältnis in karolingischer Zeit, in: Beiträge S. 97–119. – U. *Nonn*, Zur Königserhebung Karls und Karlmanns, in: RhV 39 (1975) S. 386 f. – J. *Jarnut*, Ein Bruderkampf und seine Folgen: Die Krise des Frankenreiches (768–771), in: Herrschaft, Kirche, Kultur. Fs. F. Prinz (1993) S. 165–176. – J. L. *Nelson*, Making a Difference in Eighth-Century Politics: The Daughters of Desiderius, in: After Rome's Fall. Fs. W. Goffart (1998) S. 171–190. – B. *Kasten*, Adalhard von Corbie (1986). – H. D. *Kahl*, Karl der Große und die Sachsen. Stufen und Motive einer historischen »Eskalation«, in: Politik, Gesellschaft, Geschichtsschreibung. Gießener Fg. f. F. Graus (1982) S. 49–130. – M. *Becher*, Non enim habent regem idem Antiqui Saxones ..., in: Studien zur Sachsenforschung 12, hg. v. H.-J. *Häßler* (1999) S. 1–31. – P. *Classen*, Karl der Große, das Papsttum und Byzanz. Die Begründung des karolingischen Kaisertums, hg. v. H. *Fuhrmann*/C. *Märtl* (1985; erstm. in: KdG 1 S. 537–608). – K. *Schmid*, Zur Ablösung der Langobardenherrschaft durch die Franken, in: QFIAB 52 (1972) S. 1–36. – E. *Hlawitschka*, Franken, Alemannen, Bayern und Burgunder in Oberitalien (774–962) (1960). – R. *Schieffer*, Charlemagne and Rome, in: Early Medieval Rome and the Christian West. Fs. D. Bullough (2000) S. 279–295. – K. *Hauck*, Karl als neuer Konstantin 777. Die archäologischen Entdeckungen in Paderborn in historischer Sicht, in: FMSt 20 (1986) S. 513–540. – R. H. *Bautier*, La campagne de Charlemagne en Espagne (778), in: La bataille de Roncevaux dans l'histoire, la légende et l'historiographie (1979) S. 1–51. – J. *Jarnut*, Chlodwig und Chlothar. Anmerkungen zu den Namen zweier Söhne Karls des Großen, in: Francia 12 (1985) S. 645–651. – M. *Lintzel*, Die Vorgänge in Verden im Jahre 782, in: Niedersächsisches Jb. 15 (1938) S. 1–41. – E. *Schubert*, Die Capitulatio de partibus Saxoniae, in: Geschichte in der Region. Fs. H. Schmidt (1993) S. 3–28. – P. *Classen*, Karl der Große und die Thronfolge im Frankenreich, in: Fs. H. Heimpel 3 (1972) S. 109–134. – J. *Ferluga*, L'Italia bizantina dalla caduta dell'esarcato di Ravenna alla metà del secolo IX, in: Bisanzio, Roma e l'Italia nell'alto medioevo 1 (Settimane 34, 1988) S. 169–193. – H. *Thomas*, Der Ursprung des Wortes Theodiscus, in: HZ 247 (1988) S. 295–331. – R. *Ernst*, Die Nordwestslaven und das fränkische Reich (1976). – W. *Pohl*, Die Awaren (1988). – H. *Beumann*, Die Hagiographie »bewältigt« Unterwerfung und Christianisierung der Sachsen durch Karl den Großen, in: Cristianizzazione ed organizzazione ecclesiastica delle campagne nell'alto medioevo: espansione e resistenze 1 (Settimane 28, 1982) S. 129–163. – L. *Weinrich*, Wala. Graf, Mönch und Rebell (1963). – P.E. *Schramm,* Karl der Große im Lichte seiner Siegel und Bullen sowie der Bild- und Wortzeugnisse über sein Aussehen, in: KdG 1 S. 15–23. – J. *Fleckenstein,* Karl der Große und sein Hof, in: KdG 1 S. 24–50. – J. L. *Nelson,* La famille de Charlemagne, in: Byzantion 61 (1991) S. 194–212. – *Dies.*, Women at the Court of Charlemagne, in: J. C. *Parsons* (Hg.), Medieval Queenship (1993) S. 43–61. – *Dies.*, La cour impériale de Charlemagne, in: Royauté S. 177–191. – F. *Brunhölzl,* Der Bildungsauftrag der Hofschule, in: KdG 2 S. 28–41. – C. *Leonardi,* Alcuino e la scuola palatina: le ambizioni di una cultura unitaria, in: Nascita 1 S. 459–496. – L. *Falkenstein*, Charlemagne et Aix-la-Chapelle, in: Byzantion 61 (1991) S. 231–289. – Karl der Große und sein Nachwirken. 1200 Jahre Kultur und Wissenschaft in Europa, hg. v. P.L. *Butzer* u.a. 1–2 (1997–98). – F. L. *Ganshof,* Charlemagne et les institutions de la monarchie franque, in: KdG 1 S. 349–393. – J. *Fried,* Der karolingische Herrschaftsverband im 9. Jahrhundert zwischen »Kirche« und »Königshaus«, in: HZ 235 (1982) S. 1–43. – H. *Mordek,* Kapitularien und Schriftlichkeit, in: Schriftkultur und Reichsverwaltung unter den Karolingern, hg. v. R. *Schieffer* (1996) S. 34–66. – K. F. *Werner,* Missus – Marchio – Comes, in: Histoire comparée de l'administration, hg. v. W. *Paravicini*/K. F. *Werner* (1980) S. 191–239. – J. *Hannig,* Consensus fidelium. Frühfeudale Interpretationen des Verhältnisses von Königtum und Adel am Beispiel des Frankenreiches (1982). – *Ders.*, Zentrale Kontrolle und regionale Machtbalance, in: AKG 66 (1984) S. 1–46. – F. L. *Ganshof,* L'immunité dans la monarchie franque, in: Les liens de vassalité et les immunités (Recueils de la Société Jean Bodin 1, ^{2}1958) S. 171–216. – H. *Witthöft,* Münzfuß, Kleingewichte, pondus Caroli und die Grundlegung des nordeuropäischen Maß- und Gewichtswesens in fränkischer Zeit (1984). – J. *Fleckenstein,* Adel und Kriegertum und ihre Wandlung im Karolingerreich, in: Nascita 1 S. 67–94. – F. L. *Ganshof,* Charlemagne et l'administration de la justice dans la monarchie franque, in: KdG 1 S. 394–419. – H. *Löwe,* »Religio Christiana«. Rom und das Kaisertum in Einhards Vita Karoli Magni, in: Storiografia e Storia. Studi in onore di E. Duprè Theseider 1 (1974) S. 1–20. – N. *Staubach,* »Cultus divinus« und karolingische Reform, in: FMSt 18 (1984) S. 546–581. – R. *Kottje,* Einheit und Vielfalt des kirchlichen Lebens in der Karolingerzeit, in: ZKG 76 (1965) S. 323–342. – H. *Fuhrmann,* Das Papsttum und das kirchliche Leben im Frankenreich, in: Nascita 1 S. 419–456. – J. *Fleckenstein,* Bemerkungen zu den Bildungserlassen Karls des Großen und zum Verhältnis von Reform und Renaissance, in: Società, Istituzioni, Spiritualità. Fs. C. Violante (1994) S. 345–360. – B. *Bischoff,* Die Bibliothek im Dienste der Schule, in: La scuola nell'occidente latino dell'alto medioevo 1 (Settimane 19, 1972) S. 385–415. – A. *Pratesi,* Le ambizioni di una cultura unitaria: La riforma della scrittura, in: Nascita 1 S. 507–523. – W. *Haubrichs,* Die Anfänge: Versuche volkssprachiger Schriftlichkeit im frühen Mittelalter (ca. 700–1050/60) (1988). – A.

Freeman, Carolingian Orthodoxy and the fate of the Libri Carolini, in: Viator 16 (1985) S. 65–108. – Das Frankfurter Konzil von 794. Kristallisationspunkt karolingischer Kultur, hg. v. R. *Berndt* 1–2 (1997). – C. *Erdmann,* Forschungen zur politischen Ideenwelt des Frühmittelalters, hg. v. F. *Baethgen* (1951). – D. *Schaller,* Das Aachener Epos für Karl den Kaiser, in: FMSt 10 (1976) S. 134–168. – W. *Hentze* (Hg.), De Karolo rege et Leone papa (1999). – 799. Kunst und Kultur der Karolingerzeit. Karl der Große und Papst Leo III. in Paderborn, hg. v. Ch. *Stiegemann* u.a. 1–3 (1999). – Am Vorabend der Kaiserkrönung, hg. v. P. *Godman* u.a. (2000). – M. *Kerner,* Der Reinigungseid Leos III. vom Dezember 800, in: Zs. d. Aachener Geschichtsvereins 84/85 (1977/78) S. 131–160. – H. *Beumann,* Nomen imperatoris. Studien zur Kaiseridee Karls d. Gr., in: HZ 185 (1958) S. 515–549. – K.J. *Benz,* »Cum ab oratione surgeret«. Überlegungen zur Kaiserkrönung Karls des Großen, in: DA 31 (1975) S. 337–369. – P. E. *Schramm,* Die Anerkennung Karls des Großen als Kaiser, in: HZ 172 (1951) S. 449–515. – O. *Hageneder,* Das crimen maiestatis, der Prozeß gegen die Attentäter Papst Leos III. und die Kaiserkrönung Karls des Großen, in: Aus Kirche und Reich. Fs. F. Kempf (1983) S. 55–79. – Ph. *Grierson,* The Carolingian Empire in the Eyes of Byzantium, in: Nascita 2 S. 885–916. – W. *Schlesinger,* Kaisertum und Reichsteilung. Zur Divisio regnorum von 806, in: Forschungen zu Staat und Verfassung. Fg. f. F. Hartung (1958) S. 9–51. – D. *Hägermann,* "Quae ad profectum et utilitatem pertinent". Normen und Maximen zur "Innen- und Außenpolitik" in der Divisio regnorum von 806, in: Peasants & Townsmen in Medieval Europe. Fs. A. Verhulst (1995) S. 605–617. – H. *Zettel,* Karl der Große, Siegfried von Dänemark und Gottfried von Dänemark, in: Zs. d. Gesellschaft für Schleswig-Holsteinische Geschichte 110 (1985) S. 11–25. – F. L. *Ganshof,* La fin du règne de Charlemagne. Une décomposition, in: Zs. f. Schweizerische Gesch. 28 (1948) S. 433–452. – K. F. *Werner,* Hludovicus Augustus. Gouverner l'empire chrétien – Idées et réalités, in: CH S. 3–123. – J. *Fried,* Elite und Ideologie oder Die Nachfolgeordnung Karls des Großen vom Jahre 813, in: Royauté S. 71–109. – H. *Beumann.* Grab und Thron Karls des Großen zu Aachen, in: KdG 4 S. 9–38. – K.F. *Werner,* Karl der Große oder Charlemagne? Von der Aktualität einer überholten Fragestellung (1995).

V. Generation (814–840)

B. *Simson,* Jahrbücher des Fränkischen Reiches unter Ludwig dem Frommen 1–2 (1874–76). – E. *Boshof,* Ludwig der Fromme (1996). – Ph. *Depreux,* Prosopographie de l'entourage de Louis le Pieux (781–840) (1997). – W. *Schlesinger,* Die Auflösung des Karlsreiches, in: KdG 1 S. 792–857. – Th. *Schieffer,* Die Krise des karolingischen Imperiums, in: Aus Mittelalter und Neuzeit. Fs. G. Kallen (1957) S. 1–15. – F. L. *Ganshof,* Louis the Pious Reconsidered, in: History 42 (1957) S.

171–180. – T. *Reuter,* The End of the Carolingian Military Expansion, in: CH S. 391–405. – R. *Schieffer,* Ludwig »der Fromme«. Zur Entstehung eines karolingischen Herrscherbeinamens, in: FMSt 16 (1982) S. 58–73. – Ph. *Depreux,* Wann begann Kaiser Ludwig der Fromme zu regieren?, in: MIÖG 102 (1994) S. 253–270. – J. *Fried,* Ludwig der Fromme, das Papsttum und die fränkische Kirche, in: CH S. 231–273. – A. *Hahn,* Das Hludowicianum. Die Urkunde Ludwigs d. Fr. für die römische Kirche von 817, in: AfD 21 (1975) S. 15–135. – J. *Semmler,* Renovatio Regni Francorum: Die Herrschaft Ludwigs des Frommen im Frankenreich 814–829/830, in: CH S. 125–146. – D. *Geuenich,* Kritische Anmerkungen zur sogenannten "anianischen Reform", in: Mönchtum – Kirche – Herrschaft 750–1000, hg. v. D.R. *Bauer* u.a. (1998) S. 99–112. – J. *Semmler,* Die Kanoniker und ihre Regel im 9. Jahrhundert, in: Studien zum weltlichen Kollegiatstift in Deutschland, hg. v. I. *Crusius* (1995) S. 62–109. – Th. *Schilp,* Norm und Wirklichkeit religiöser Frauengemeinschaften im Frühmittelalter (1998). – H. *Beumann,* Unitas Ecciesiae – Unitas Imperii – Unitas Regni. Von der imperialen Reichseinheitsidee zur Einheit der Regna, in: Nascita 2 S. 531–571. – E. *Boshof,* Einheitsidee und Teilungsprinzip in der Regierungszeit Ludwigs des Frommen, in: CH S. 161–189. – J. *Jarnut,* Kaiser Ludwig der Fromme und König Bernhard von Italien, in: Studi Medievali III 30 (1989) S. 637–648. – D. *Schaller,* Theodulfs Exil in Le Mans, in: Mittellateinisches Jb. 27 (1992) S. 91–101. – J. *Fleckenstein,* Über die Herkunft der Welfen und ihre Anfänge in Süddeutschland, in: Studien und Vorarbeiten (wie III) S. 71–136. – Th. *Zotz,* Ludwig der Fromme, Alemannien und die Genese eines neuen Regnum, in: Wirkungen europäischer Rechtskultur. Fs. K. Kroeschell (1997) S. 1481–1499. – E. *Boshof,* Erzbischof Agobard von Lyon. Leben und Werk (1969). – J. *Jarnut,* Ludwig der Fromme, Lothar I. und das Regnum Italiae, in: CH S. 349–362. – Th. F. X. *Noble,* Louis the Pious and the Frontiers of the Frankish Realm, in: CH S. 333–347. – K. *Hauck,* Der Missionsauftrag Christi und das Kaisertum Ludwigs des Frommen, in: CH S. 275–296. – R. *Ernst,* Karolingische Nordostpolitik zur Zeit Ludwigs des Frommen, in: Östliches Europa. Spiegel der Geschichte. Fs. M. Hellmann (1977) S. 81–107. – E. *Ward,* Caesar's Wife. The Career of the Empress Judith, 818–829, in: CH S. 205–227. – F. L. *Ganshof,* Am Vorabend der ersten Krise der Regierung Ludwigs des Frommen, in: FMSt 6 (1972) S. 39–54. – H. H. *Anton,* Zum politischen Konzept karolingischer Synoden und zur karolingischen Brüdergemeinschaft, in: HJb 99 (1979) S. 55–132. – R. *Collins,* Pippin I and the Kingdom of Aquitaine, in: CH S. 363–389. – J. *Nelson,* The Last Years of Louis the Pious, in: CH S. 147–159.

VI. Generation (840–877)

E. *Dümmler,* Geschichte des ostfränkischen Reiches 1–2 (^{2}1887). – E. *Hlawitschka,* Vom Frankenreich zur Formierung der europäischen Staaten- und Völkergemeinschaft 840–1046 (1986). – J. *Nelson,* The search for peace in a time of war: the Carolingian Brüderkrieg, 840–843, in: Träger und Instrumentarien des Friedens im hohen und späten Mittelalter, hg. v. J. *Fried* (1996) S. 87–114. – E.J. *Goldberg*, Popular Revolt, Dynastic Politics, and Aristocratic Factionalism in the Early Middle Ages: The Saxon Stellinga Reconsidered, in: Speculum 70 (1995) S. 467–501. – F. L. *Ganshof,* Zur Entstehungsgeschichte und Bedeutung des Vertrages von Verdun (843), in: DA 12 (1956) S. 313–330. – Th. *Bauer*, Die Ordinatio Imperii von 817, der Vertrag von Verdun 843 und die Herausbildung Lotharingiens, in: RhV 58 (1994) S. 1–24. – U. *Penndorf,* Das Problem der »Reichseinheitsidee« nach der Teilung von Verdun (843). Untersuchungen zu den späten Karolingern (1974). – R. *Schneider,* Brüdergemeine und Schwurfreundschaft (1964). – I. *Voss,* Herrschertreffen im frühen und hohen Mittelalter. Untersuchungen zu den Begegnungen der ostfränkischen und westfränkischen Herrscher im 9. und 10. Jahrhundert sowie der deutschen und französischen Könige vom 11. bis 13. Jahrhundert (1987). – J.L. *Nelson*, Charles the Bald (1992). – O. G. *Oexle,* Bischof Ebroin von Poitiers und seine Verwandten, in: FMSt 3 (1969) S. 138–210. – P. *Classen,* Die Verträge von Verdun und von Coulaines 843 als politische Grundlagen des westfränkischen Reiches, in: HZ 196 (1963) S. 1–35. – Charles the Bald: Court and Kingdom, hg. v. M. T. *Gibson*/J. *Nelson* ([2]1990). – G. *Lanoë*, L'ordo de couronnement de Charles le Chauve à Sainte-Croix d'Orléans (6 juin 848), in: Kings and Kingship in Medieval Europe, hg. v. A.J. *Duggan* (1993) S. 41–68. – H. *Zielinski,* Ein unbeachteter Italienzug Kaiser Lothars I. im Jahre 847, in: QFIAB 70 (1990) S. 1–22. – F. *Bougard*, La cour et le gouvernement de Louis II (840–875), in: Royauté S. 249–267. – K. *Herbers*, Leo IV. und das Papsttum in der Mitte des 9. Jahrhunderts (1996). – W. *Eggert,* Das ostfränkisch-deutsche Reich in der Auffassung seiner Zeitgenossen (1973). – E.J. *Goldberg*, "More devoted to the equipment of battle than the splendor of banquets": Frontier kingship, martial ritual, and early knighthood at the court of Louis the German, in: Viator 30 (1999) S. 41–78. – F.-R. *Erkens*, Der Herrscher als gotes drút. Zur Sakralität des ungesalbten ostfränkischen Königs, in: HJb 118 (1998) S. 1–39. – Th. *Zotz*, Le palais et les élites dans le royaume de Germanie, in: Royauté S. 233–247. – M. *Borgolte,* Karl III. und Neudingen, in: Zs. f. Gesch. d. Oberrheins 125 (1977) S. 21–55. – J. *Semmler,* Francia Saxoniaque oder Die ostfränkische Reichsteilung von 865/76 und die Folgen, in: DA 46 (1990) S. 337–374. – M. *Eggers*, Das "Großmährische Reich": Realität oder Fiktion? (1995). – Ch. R. *Bowlus*, Die militärische Organisation des karolingischen Südostens, in: FMSt 31 (1997) S. 46–69. – H. *Löwe,* Cyrill und Methodius zwischen Byzanz und Rom, in: Gli slavi occidentali e meridionali nell'alto medioevo 2 (Settimane 30, 1983) S. 631–686. – R. *Parisot*, Le royaume de Lorraine sous les Carolingiens 843–923 (1898). – R. *Poupardin*, Le royaume de Provence sous les Carolingiens 855–933? (1901). – H.H. *Anton*, Verfassungspolitik und Liturgie. Studien zu Westfranken und Lotharingien im 9. und 10. Jahrhundert, in: Geschichtliche Landeskunde der Rheinlande. G. Droege zum Gedenken (1994) S. 65–103. – F.-R. *Erkens*, "Sicut Esther regina". Die westfränkische Königin als consors regni, in: Francia 20/1 (1993) S. 15–38. – J. *Devisse*, Hincmar. Archevêque de Reims 845–882 1–3 (1975–76). – J. *Fried*, Gens und regnum. Wahrnehmungs- und Deutungskategorien politischen Wandels im früheren Mittelalter, in: Sozialer Wandel im Mittelalter. Wahrnehmungsformen, Erklärungsmuster, Regelungsmechanismen, hg. v. J. *Miethke* u.a. (1994) S. 73–104. – S. *Coupland*, The Frankish Tribute Payments to the Vikings and their Consequences, in: Francia 26/1 (1999) S. 57–75. – K.F. *Werner*, Les premiers Robertiens et les premiers Anjou (IXe siècle - début Xe siècle), in: Pays de Loire et Aquitaine de Robert le Fort aux premiers Capétiens, hg. v. O. *Guillot* u.a. (1997) S. 9–67. – Th. *Bauer*, Rechtliche Implikationen des Ehestreits Lothars II., in: ZRG.KA 80 (1994) S. 41–87. – H.H. *Anton*, Synoden, Teilreichsepiskopat und die Herausbildung Lotharingiens (859–870), in: Herrschaft, Kirche, Kultur. Fs. F. Prinz (1993) S. 83–124. – W. *Schlesinger*, Zur Erhebung Karls des Kahlen zum König von Lothringen 869 in Metz, in: Landschaft und Geschichte. Fs. F. Petri (1970) S.454–475. – R. *Kaiser*, Aachen und Compiègne: Zwei Pfalzstädte im frühen und hohen Mittelalter, in: RhV 43 (1979) S. 100–119. – G. *Arnaldi*, Natale 875. Politica, ecclesiologia, cultura del papato altomedievale (1990). – E. *Hlawitschka*, Die Widonen im Dukat von Spoleto, in: QFIAB 63 (1983) S. 20–92. – J. *Prinz*, Der Feldzug Karls des Kahlen an den Rhein im September 876, in: DA 33 (1977) S. 543–545. – C. *Brühl*, Karolingische Miszellen I: Die Vorgänge in Westfranken beim Thronwechsel des Jahres 877, in: DA 44 (1988) S. 355–370. – J.L. *Nelson*, La mort de Charles le Chauve, in: Médiévales 31 (1996) S. 53–66.

VII. Generation (877–887/88)

E. *Dümmler*, Geschichte des ostfränkischen Reiches 3 (^{2}1888). – J. *Fried*, Boso von Vienne oder Ludwig der Stammler? Der Kaiserkandidat Johanns VIII., in: DA 32 (1976) S. 193–208. – H. *Mordek*/G. *Schmitz*, Papst Johannes VIII. und das Konzil von Troyes (878), in: Geschichtsschreibung und geistiges Leben im Mittelalter. Fs. H. Löwe (1978) S. 179–225. – K. F. *Werner*, Gauzlin von Saint-Denis und die westfränkische Reichsteilung von Amiens (März 880), in: DA 35 (1979) S. 395–462. – R.-H. *Bautier*, Aux origines du royaume de Provence. De la sédition avortée de Boson à la royauté légitime de Louis, in: Provence historique 23 (1973) S. 41–68. – F. *Staab*, Jugement moral et propagande. Boson de Vienne vu par les élites du royaume de l'Est, in: Royauté S. 365–382. – J. *Carles*, Le Ludwigslied et la victoire de Louis III sur les Normands à Saucourt-en Vimeu en 881, in: La chanson de geste et le mythe carolingien. Mélanges R. Louis (1982) S. 101–109. – K. *Schmid,* Liutbert von Mainz und Liutward von Vercelli im Winter 879/880 in Italien, in: Geschichte, Wirtschaft, Gesellschaft. Fs. C. Bauer (1974) S. 41–60. – J. *Fried,* König Ludwig der Jüngere in seiner Zeit, in: Geschichtsblätter f. den Kreis Bergstraße 16 (1983) S. 5–26. – H. *Löwe,* Das Karlsbuch Notkers von St. Gallen und sein zeitgeschichtlicher Hintergrund, in: SZG 20 (1970) S. 269–302. – R. *Schieffer,* Karl III. und Arnolf, in: Fs. E. Hlawitschka (1993) S. 133–149. – E. *Hlawitschka,* Nachfolgeprojekte aus der Spätzeit Kaiser Karls III., in: DA 34 (1978) S. 19–50. – H.J. *Oesterle,* Die sogenannte Kopfoperation Karls III. 887, in: AKG 61 (1979) S. 445–451. – E. *Ewig,* Kaiser Lothars Urenkel, Ludwig von Vienne, der präsumtive Nachfolger Kaiser Karls III., in: Das Erste Jahrtausend 1, hg. v. V. H. *Elbern* (1962) S. 336–343. – H. *Keller,* Zum Sturz Karls III., in: DA 22 (1966) S.333–384.

VIII. Generation (887/88–923/29)

E. *Hlawitschka,* Lotharingien und das Reich an der Schwelle der deutschen Geschichte (1968). – A. *Krah,* Bayern und das Reich in der Zeit Arnolfs von Kärnten, in: Fs. St. Gagnér (1996) S. 1–31. – K.F. *Werner,* Les origines (avant l'an mil) (1984), dt. Die Ursprünge Frankreichs bis zum Jahr 1000 (1989). – C. *Brühl,* Deutschland – Frankreich. Die Geburt zweier Völker (1990). – E. *Favre,* Eudes, comte de Paris et roi de France (1893). – O. *Guillot,* Les étapes de l'accession d'Eudes au pouvoir royal, in: Media in Francia... Fs. K.F. Werner (1989) S. 199–223. – E. *Hlawitschka,* Kaiser Wido und das Westfrankenreich, in: Person und Gemeinschaft im Mittelalter. Fs. K. Schmid (1988) S. 187–198. – R. *Poupardin,* Le royaume de Bourgogne 888–1038 (1907). – W. *Kienast,* Der Herzogstitel in Frankreich und Deutschland (9. bis 12. Jahrhundert) (1968). – G. *Schneider,* Erzbischof Fulco von Reims und das Frankenreich (1973). – D. C. *Jackman,* The Konradiner. A Study in Genealogical Methodology (1990). – A. *Eckel,* Charles le Simple (1899). – B. *Schneidmüller,* Karolingische Tradition und frühes französisches Königtum. Untersuchungen zur Herrschaftslegitimation der westfränkisch-französischen Monarchie im 10. Jahrhundert (1979). – *Ders.,* Die »Einfältigkeit« Karls III. von Westfranken als frühmittelalterliche Herrschertugend. Überlegungen zum Cognomen simplex, in: SZG 28 (1978) S. 62–66. – H. *Zimmermann,* Imperatores Italiae, in: Historische Forschungen f. W. Schlesinger (1974) S. 379–399. – J. *Jarnut,* Die Eroberung Bergamos (894). Eine Entscheidungsschlacht zwischen Kaiser Wido und König Arnulf, in: DA 30 (1974) S. 208–215. – Th. *Schieffer,* Die lothringische Kanzlei um 900, in: DA 14 (1958) S. 16–148. – H. *Beumann,* König Zwentibolds Kurswechsel im Jahre 898, in: RhV 31 (1966/67) S. 17–41. – R. *Hiestand,* Byzanz und das Regnum Italicum im 10. Jahrhundert (1964). – H. *Beumann,* Die Einheit des ostfränkischen Reiches und der Kaisergedanke bei der Königserhebung Ludwigs des Kindes, in: AfD 23 (1977) S. 142–163. – R. *Hiestand*, Preßburg 907. Eine Wende in der Geschichte des ostfränkischen Reiches?, in: ZBLG 57 (1994) S. 1–20. – K. *Reindel,* Die bayerischen Luitpoldinger 893–989. Sammlung und Erläuterung der Quellen (1953). – H. *Stingl,* Die Entstehung der deutschen Stammesherzogtümer am Anfang des 10. Jahrhunderts (1974). – H.-W. *Goetz,* »Dux« und »Ducatus«. Begriffs- und verfassungsgeschichtliche Untersuchungen zur Entstehung des sogenannten »jüngeren« Stammesherzogtums an der Wende vom neunten zum zehnten Jahrhundert (1977). – M. *Becher,* Rex, Dux und Gens. Untersuchungen zur Entstehung des sächsischen Herzogtums im 9. und 10. Jahrhundert (1996). – K.F. *Werner,* La genèse des duchés en France et en Allemagne, in: Nascita 1 S. 175–207. – J. *Ehlers,* Die Anfänge der französischen Geschichte, in: HZ 240 (1985) S. 1–44. – R. *Fossier.* Le Vermandois au Xe s., in: Media in Francia (wie oben) S. 177–186. – G. *Schmitz,* Heriveus von Reims (900–922). Zur Geschichte des Erzbistums Reims am Beginn des 10. Jahrhunderts, in: Francia 6 (1978) S. 59–105. – I. *Schröder,* Die westfränkischen Synoden von 888–987 und ihre Überlieferung (1980). – H. *Hattenhauer,* Die Aufnahme der Normannen in das westfränkische Reich (1990). – J. *Fleckenstein,* Über die Anfänge der deutschen Geschichte (1987). – E. *Hlawitschka,* Von der großfränkischen zur deutschen Geschichte. Kriterien der Wende (1988). – J. *Ehlers,* Die Entstehung des deutschen Reiches (^{2}1998). – H.-W. *Goetz,* Der letzte »Karolinger«? Die Regierung Konrads I. im Spiegel seiner Urkunden, in: AfD 26 (1980) S. 56–125. – Th. *Bauer,* Lotharingien als historischer Raum. Raumbildung und Raumbewußtsein im Mittelalter (1997). – G. *Althoff,* Die Ottonen (2000). – H. *Büttner,* Heinrichs I. Südwest- und Westpolitik (1964). – Ph. *Lauer,* Robert Ier et Raoul de Bourgogne (1910). – K. *Schmid,* Unerforschte Quellen aus quellenarmer Zeit. Zur amicitia zwischen Heinrich I. und dem westfränkischen König Robert im Jahre 923, in: Francia 12 (1984) S. 119–147.

IX. Generation (936–954)

Ph. *Lauer,* Le règne de Louis IV d'Outremer (1900). – B. *Schneidmüller,* Regnum und Ducatus. Identität und Integration in der lothringischen Geschichte des 9. bis 11. Jahrhunderts, in: RhV 51 (1987) S. 81–114. – E. *Boshof,* Lotharingien – Lothringen. Vom Teilreich zum Herzogtum, in: Zwischen Gallia und Germania, Frankreich und Deutschland, hg. v. A. *Heit* (1987) S. 129–153. – W. *Kienast,* Deutschland und Frankreich in der Kaiserzeit (900–1270). Weltkaiser und Einzelkönige 1–3 (1974–75). – H. *Sproemberg,* Die lothringische Politik Ottos des Großen, in: RhV 11 (1941) S. 1–101. – H. *Zimmermann,* Das Privilegium Ottonianum von 962 und seine Problemgeschichte, in: Fs. zur Jahrtausendfeier der Kaiserkrönung Ottos des Großen (MIÖG Erg. Bd.

20. 1962) S. 147–190. – H. *Fuhrmann,* Die Synoden von Ingelheim, in: Ingelheim am Rhein. Forschungen und Studien zur Geschichte Ingelheims, hg. v.J. *Autenrieth* (1964) S. 147–173. – R. *Kottje,* Eine zeitgenössische Notiz über den Frieden zwischen Ludwig IV. und Herzog Hugo 953, in: Francia 12 (1984) S. 652 f.

X./XI. Generation (954–987)

F. *Lot,* Les derniers Carolingiens. Lothaire, Louis V, Charles de Lorraine (954–991) (1891). – J. *Laudage,* "Liudolfingisches Hausbewußtsein". Zu den Hintergründen eines Kölner Hoftages von 965, in: Köln. Stadt und Bistum in Kirche und Reich des Mittelalters. Fs. O. Engels (1993) S. 23–59. – K. und M. *Uhlirz,* Jahrbücher des deutschen Reiches unter Otto II. und Otto III. 1–2 (1902–54). – B. *Schneidmüller,* Ottonische Familienpolitik und französische Nationsbildung im Zeitalter der Theophanu, in: Kaiserin Theophanu. Begegnung des Ostens und Westens um die Wende des ersten Jahrtausends 2, hg. v. A. *von Euw*/P. *Schreiner* (1991) S. 345–359. – J. *Laudage,* Das Problem der Vormundschaft über Otto III., in: Kaiserin Theophanu 2 (wie oben) S. 261–275. – R. *Hamann-MacLean,* Die Reimser Denkmale des französischen Königtums im 12. Jahrhundert. Saint-Remi als Grabkirche im frühen und hohen Mittelalter, in: Beiträge zur Bildung der französischen Nation im Früh- und Hochmittelalter, hg. v. H. *Beumann* (1983) S. 93–259.

Die Zeit nach 987

F. *Lot,* Études sur le règne de Hugues Capet et la fin du Xe siècle (1903). – Le roi de France et son royaume autour de l'an Mil, hg. v. M. *Parisse* u.a (1992). – L. *Theis,* L'avènement d'Hugues Capet, 3 juillet 987 (1984). – Y. *Sassier,* Hugues Capet. Naissance d'une dynastie (1987). – V. *Huth,* Erzbischof Arnulf von Reims und der Kampf um das Königtum im Westfrankenreich, in: Francia 21/1 (1994) S. 85–124. – C. *Carozzi,* Le dernier des Carolingiens: de l'histoire au mythe, in: Le Moyen Age 82 (1976) S. 453–476. – N. *Gädecke,* Eine Karolingergenealogie des frühen 10. Jahrhunderts?, in: Francia 15 (1987) S. 777–792. – R. *Schieffer,* Das Familienbild der Karolinger, in: H. *Altrichter* (Hg.), Bilder erzählen Geschichte (1995) S. 29–45. – *E. Freise,* Die »Genealogia Arnulfi comitis« des Priesters Witger, in: FMSt 23 (1989) S. 203–243. – K. F. *Werner,* Die Legitimität der Kapetinger und die Entstehung des »Reditus regni Francorum ad stirpem Karoli«, in: Welt als Geschichte 12 (1952) S. 203–225. – G. *Althoff,* Genealogische und andere Fiktionen in mittelalterlicher Historiographie, in: Fälschungen im Mittelalter 1 (MGH-Schriften 33, 1, 1988) S. 417–441.

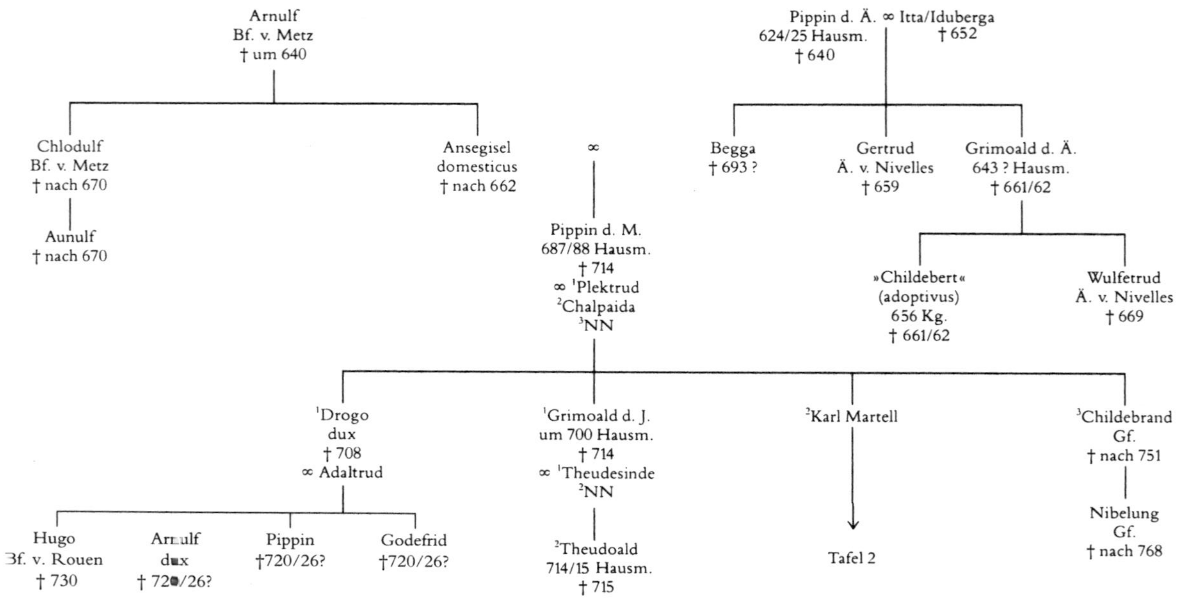

Stammtafel 1: Arnulfinger, Pippiniden, Karolinger (I.–II. Generation)

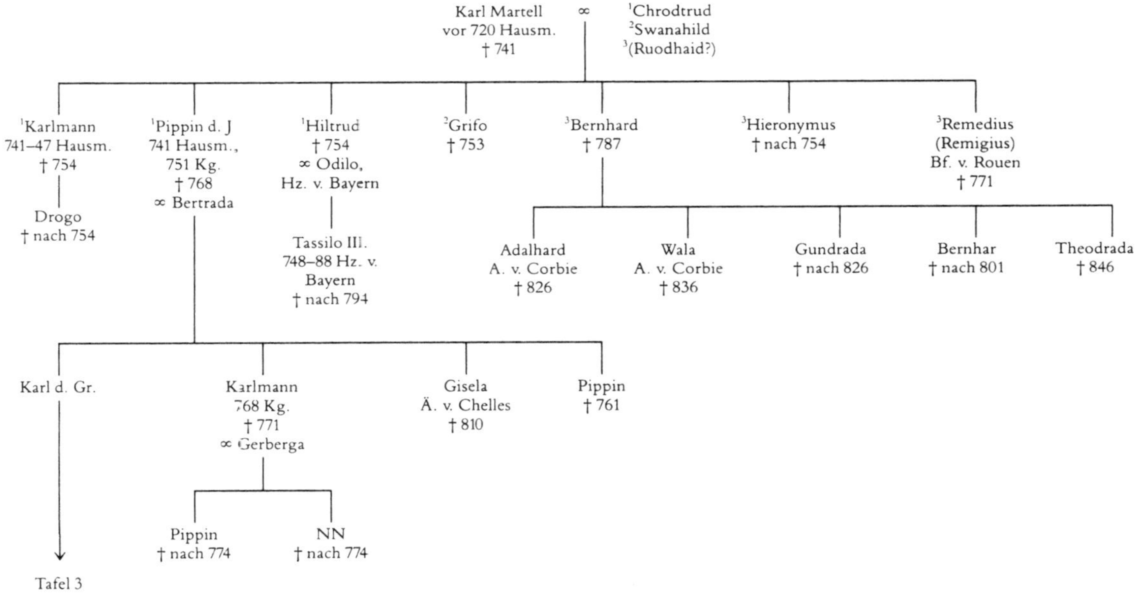

Stammtafel 2: Von Karl Martell zu Karl dem Großen (II.–IV. Generation)

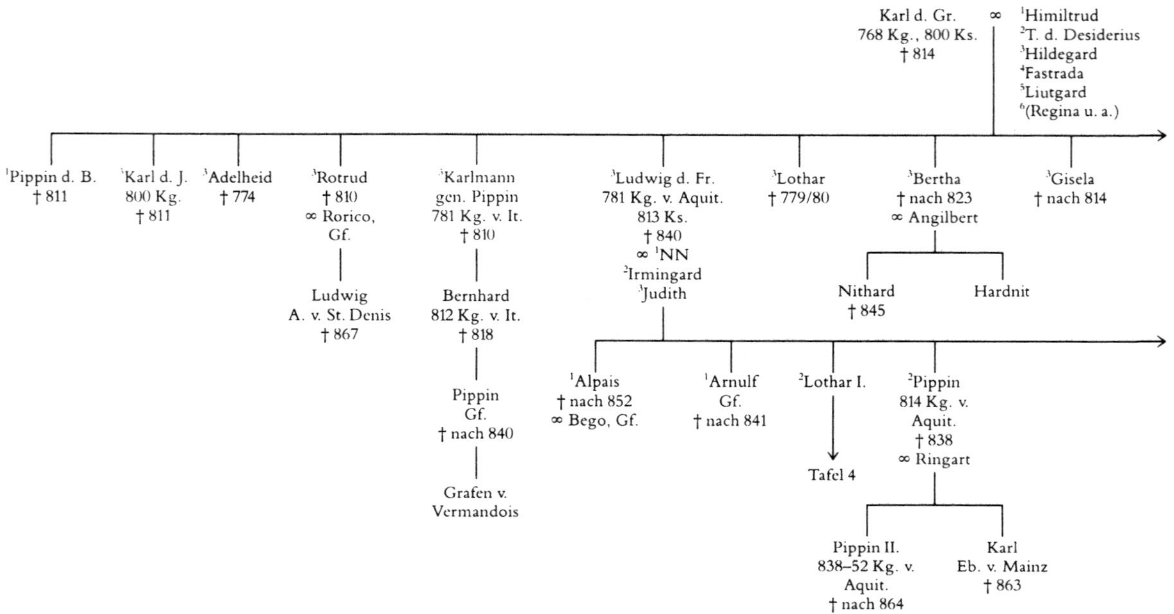

Stammtafel 3: Kinder und Enkel Karls des Großen (IV.–VI. Generation)

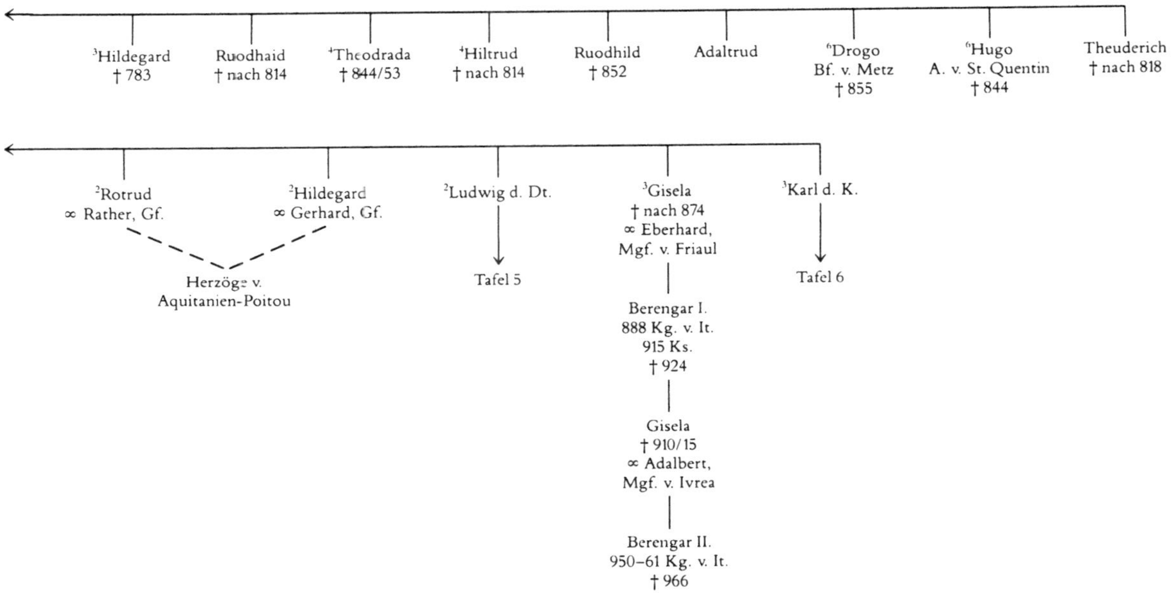

Stammtafel 3: (Fortsetzung)

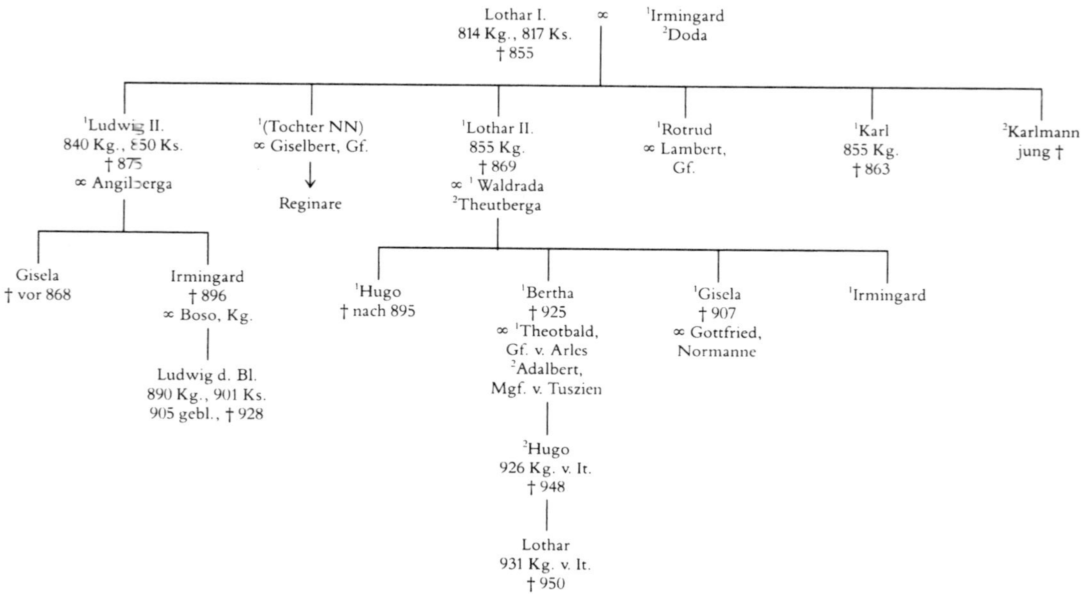

Stammtafel 4: Das Haus Lothars I. (Mittelreich, VI./VII. Generation)

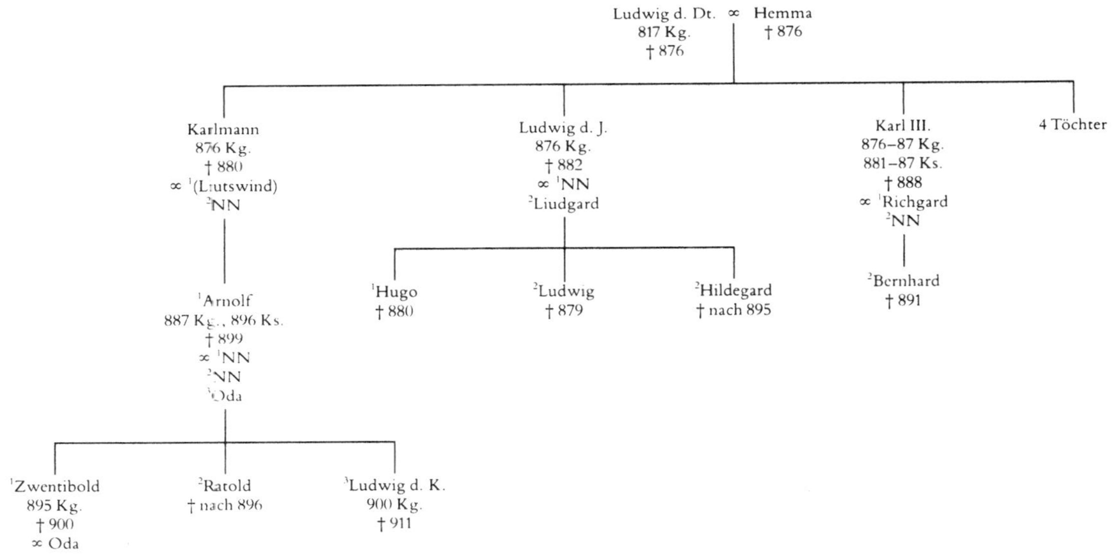

Stammtafel 5: Das Haus Ludwigs des Deutschen (Ostfranken, VI.–IX. Generation)

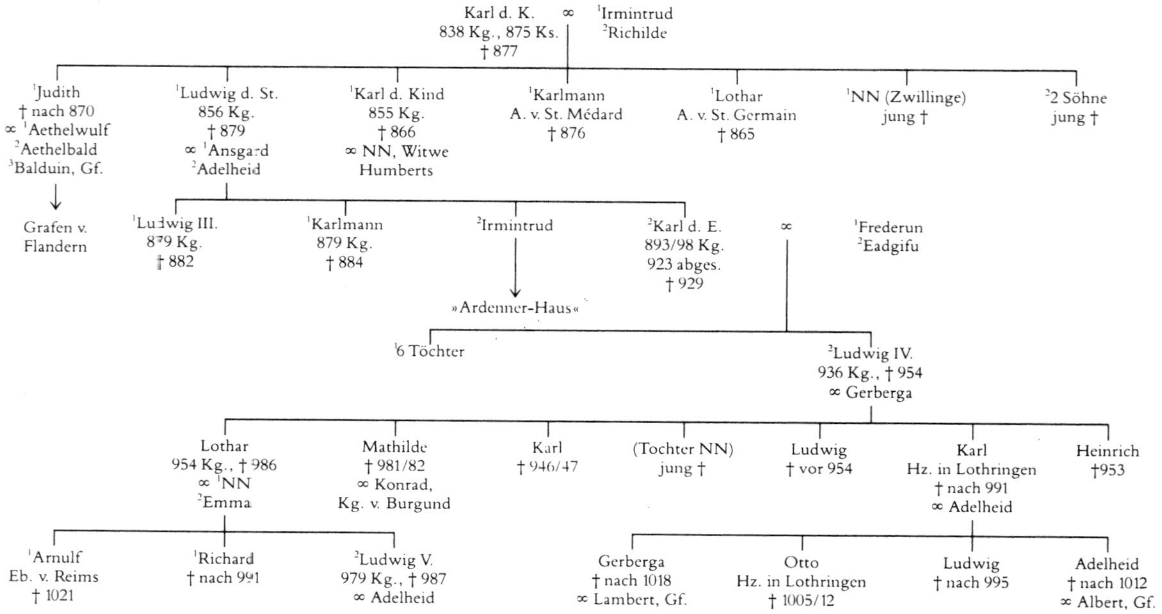

Stammtafel 6: Das Haus Karls des Kahlen (Westfranken, VI.–XI. Generation)

Personenregister

Berücksichtigt sind nur Personen innerhalb des Zeitrahmens der behandelten karolingischen Geschichte. Bei gleichen Namen werden sie, soweit möglich, in chronologischer Reihenfolge aufgeführt.